I0203239

**MIÑO y DÁVILA**
✦ E D I T O R E S ✦

© 2015-Miño y Dávila srl
© 2015-Miño y Dávila sl

Tacuarí 540 (C1071AAL)
tel-fax: (54 11) 4331-1565
Buenos Aires · Argentina
e-mail producción: produccion@minoydavila.com
e-mail administración: info@minoydavila.com
Web: www.minoydavila.com
Twitter: @MyDeditores
Facebook: www.facebook.com/MinoyDavila

**UNSAM**
EDITA

© 2015-UNSAM EDITA de
Universidad Nacional
de General San Martín

Campus Miguelete. Edificio Tornavía
Martín de Irigoyen 3100
(B1650HMK) San Martín, Buenos Aires, Argentina
e-mail: unsamedita@unsam.edu.ar
Web: www.unsamedita.unsam.edu.ar

Colección Educación y Didáctica
Serie **Fichas de Aula**


Director: José Villella

Corrección general y cuidado de la edición, a cargo de
Javier Beramendi

La maquetación y el armado del interior estuvieron a cargo de
Eduardo Rosende

El diseño de cubierta fue realizado por
Ángel Vega

El diseño del interior fue realizado por
Gerardo Miño

Primera edición
Febrero de 2015

ISBN: 978-84-15295-88-4

Tirada: 500 ejemplares

Impreso en
Buenos Aires,
Argentina

Cualquier forma de reproducción, distribución, comunicación
pública o transformación de esta obra solo puede ser realizada
con la autorización de sus titulares, salvo excepción prevista
por la ley. Diríjase a CEDRO (Centro Español de Derechos
Reprográficos, www.cedro.org) si necesita fotocopiar o
escanear algún fragmento de esta obra.

# Para una didáctica con perspectiva de género

Ana María Bach (coordinadora)

**Autores**
Ana María Bach
Mabel Alicia Campagnoli
Graciela Tejero Coni
Mónica da Cunha
Brisa Varela
Pablo Martín Vicari

UNSAM
EDITA

MIÑO y DÁVILA
EDITORES

# Índice

**Capítulo 6**

De la monodia patriarcal a la polifónica de género. Nuevas perspectivas
para la planificación didáctica en la enseñanza de la música

# Presentación

*Ana María Bach*

## 1. ¿De qué se trata este libro?

La propuesta de este volumen es proveer de bases teóricas para implementar una didáctica con perspectiva de género. No se pretende ofrecer una nueva didáctica —estrategias, recursos y actividades para lograr un proceso de enseñanza y aprendizaje más efectivo—, sino cuestionar los lentes teóricos a través de los que leemos nuestro entorno y nuestro quehacer. Lo nuevo (aunque no tan nuevo), entonces, es el enfoque, capaz de visibilizar discriminaciones para con las mujeres, en particular, y para con otros grupos vulnerables, en general.

Sabemos que las mujeres, la mitad de la humanidad, tradicionalmente no tuvieron la palabra en los ámbitos públicos; el sufragio femenino empezó a incorporarse recién a mediados del siglo pasado. Asimismo, paulatinamente y en forma lenta, fueron ganando espacios para educarse en todos los niveles de enseñanza. En este proceso jugaron un importante papel los movimientos de mujeres, en especial las feministas, que, a su vez, dieron lugar a que otros sujetos que tampoco eran tenidos en cuenta fueran visibilizados. Así, por ejemplo, las personas discapacitadas o con supuestas enfermedades, mantenidas fuera del sistema por no ser consideradas "normales", fueron logrando atención a sus necesidades y pudieron ingresar al mundo activo.

Nos centraremos en la educación. Se podría decir que las mujeres reciben la misma educación que los varones desde que se logró que hubiera escuelas mixtas, ya que en las segregadas los contenidos eran distintos, adaptados a lo propio de su condición.[1] Pero no es así. Quienes ejercemos la docencia transmitimos, en muchos casos, los estereotipos y prejuicios de la sociedad en donde vivimos. De esta manera, sin ser conscientes aún establecemos

---

[1] No olvidamos las diferencias entre las escuelas públicas y las de educación religiosa sobre todo en la formación del magisterio. Pero abriríamos mucho esta introducción si tratáramos el asunto.

en el alumnado diferencias entre femenino y masculino, sin darnos cuenta de que estas son construcciones sociales que nos han inculcado durante nuestra propia educación.

Como afirma Marta Lamas:

> Una premisa de la acción antidiscriminatoria es reconocer que la cultura introduce el sexismo, o sea, la discriminación en función del sexo mediante el género. Al tomar como punto de referencia la anatomía de mujeres y de hombres, con sus funciones reproductivas evidentemente distintas, cada cultura establece un conjunto de prácticas, ideas, discursos y representaciones sociales que atribuyen características específicas a mujeres y a hombres. Esta construcción simbólica que en las ciencias sociales se denomina género, reglamenta y condiciona la conducta objetiva y subjetiva de las personas. O sea, mediante el proceso de constitución del género, la sociedad fabrica las ideas de lo que deben ser los hombres y las mujeres, de lo que se supone es "propio" de cada sexo (Lamas, 1995: 14).

Un modelo superador de la escuela mixta es la escuela coeducadora, que todavía no existe pero que aspiramos a lograr. Es una escuela que

> parte de una base imprescindible en todo proceso de cambio: el reconocimiento, análisis y crítica de la realidad en los aspectos que se desean cambiar. En este caso el reconocimiento y análisis del sexismo escolar y cultural (…). El modelo de la escuela coeducadora es el de las oportunidades equitativas, según elecciones, cualidades, diferencias personales y no de género. Es un modelo mosaico, en el que cada pieza tiene su necesidad de reconocimiento, su espacio, su tratamiento. El objetivo es la equivalencia, la neutralización definitiva de la división sexual del trabajo: en el plano real, en el sentimental, en el simbólico. La orientación sería "a favor de los bagajes positivos, verdaderamente universalizados, para todos". El método, el de la cooperación, negociación, intercambio.[2]

De lo que hablaremos es de educar con perspectiva de género y con conciencia de género. Esto significa incluir las experiencias de las mujeres, que tienen tanto valor como las de los varones. Pero para educar con perspectiva de género es necesario conocer el origen de las discriminaciones: las de las mujeres, en particular, y las de los grupos que son considerados "minoritarios", en general. Por supuesto que no se trata de reemplazar el androcentrismo por un ginocentrismo, sino de tomar en cuenta la experiencia de las mujeres para una educación efectivamente igualitaria.

---

2   María Elena Simón Rodriguez (2001). "Coeducar chicos con chicas: el reverso de la escuela mixta", en Nieves Blanco (coord.): *Educar en femenino y masculino*. Madrid, AKAL, p. 67.

## 2. ¿Cómo está compuesto el libro?

El origen de la obra fue una propuesta de José A. Villella, director de la colección en la que se incorpora este título, a quien agradezco profundamente por haberme puesto al tanto de la voluntad de continuar tratando el tema de género, que no es nuevo en el catálogo de las casas coeditoras.

El desafío estaba planteado y, al instante, consideré que era trabajo para un equipo de docentes investigadores especialistas en el tema de género y, a la vez, en alguna didáctica especial. Esto era importante debido a la configuración de los capítulos, ya que estos debían ofrecer una primera parte dedicada a la exposición teórica, seguida de actividades sugeridas y recursos para ser utilizados por quienes enseñan.

Los seis capítulos que resultaron son independientes, pero están relacionados. Independientes porque se refieren a temas curriculares distintos y cada uno desarrolla la parte teórica que le compete. Y relacionados porque se puede encontrar el asunto de la teoría de género tratado desde distintos puntos de vista complementarios, tal como sucede cuando se desarrolla el patriarcado en los capítulos primero y segundo.

El primer capítulo, "Género, estereotipos y otras discriminaciones como puntos ciegos", trata los tres puntos teóricos importantes: feminismo, patriarcado y género; desarrolla la genealogía de los tres ejes y presenta conceptos centrales, como androcentrismo y sexismo. Introduce la teoría feminista y los cambios que esta produjo en el campo del conocimiento y en la concepción de las/os sujetos tradicionales.

"*¡Andá a lavar los platos!* Androcentrismo y sexismo en el lenguaje", el segundo capítulo, tematiza, en primer lugar, el patriarcado en varias de sus dimensiones y complejidades, haciendo foco en el carácter violento de su estructura y en el aspecto invisible de dicha violencia. Luego, se aboca al lenguaje en su dimensión performativa y lo relaciona con la generación de violencia simbólica y la producción de subjetividades. Por último, describe el androcentrismo, el sexismo y sus efectos lingüísticos.

El tercer capítulo, "Aspectos histórico-antropológicos de la sexualidad", introduce conocimientos históricos y científicos acerca de la sexualidad, necesarios para la tarea docente, que tomaron especial importancia desde que se sancionó la legislación correspondiente a la Educación Sexual Integral (ESI/2006), a pesar de que la problemática de la enseñanza de la educación sexual se había presentado, con anterioridad, como un asunto que debía ser tratado. Por ello, este capítulo atiende a la deontología profesional del ejercicio de la docencia en todas sus áreas y niveles, al facilitar herramientas para el abordaje transversal de una temática que actualmente exige la ESI.

El cuarto capítulo, "El currículum como *Speculum*", aborda, en primer término, el significado de los currículum, tanto el implícito u oculto como el nulo, así como los espacios de lo no dicho. Luego, se dedica a analizar el silencio epistemológico que genera violencia epistémica, desde la perspectiva del feminismo de la diferencia de la filósofa y psicoanalista Luce Irigaray. De esta manera, se complementa la descripción de los feminismos realizada en el primer capítulo, en el que no se trata específicamente el feminismo de la diferencia. Posteriormente, el cuarto capítulo, habiendo analizado otras bases teóricas, ofrece un extenso examen de los programas de Psicología y Filosofía vigentes y se proponen actividades y recursos acordes con las teorías desarrolladas.

En el quinto capítulo, "Agenda pendiente. Geografías de género, problemas y su didáctica", se analiza la incorporación de la perspectiva de género en los estudios geográficos y la consideración de la Geografía como una ciencia que sale del grupo de las ciencias naturales para formar parte de las sociales. Tránsito que se inicia con el fin de la Segunda Guerra Mundial y se concreta a fines del siglo XX. Para dar cuenta de ello, se indaga en la recuperación de la experiencia femenina en diversas líneas interpretativas y analíticas geográficas, así como su actual estado en América Latina. Finalmente, se trata la importancia de introducir la perspectiva de género en la enseñanza de la Geografía, tanto en el espacio de la formación docente como en los distintos niveles del sistema educativo.

Cierra esta obra el sexto capítulo, "De la monodia patriarcal a la polifónica de género. Nuevas perspectivas para la planificación didáctica en la enseñanza de la música", que trata sobre la ausencia y el silencio de las mujeres en el arte de la música. Explica cómo en una asignatura considerada "de menor importancia" en el currículum también se pueden recuperar las voces silenciadas y cuáles son las investigaciones que en la actualidad llevan a considerar la perspectiva de género en las artes. En los distintos tipos de música también se pueden detectar, por ejemplo, problemáticas, como el sexismo, que si bien se presenta en el primer capítulo, recorre toda la obra.

Las disciplinas tratadas son una muestra, a la vez, reducida y amplia. Reducida porque hay otros campos que son considerados desde una perspectiva de género y no se presentan aquí, pero amplia debido a la disimilitud de las temáticas curriculares que transita: Educación Sexual, Geografía, Música, Filosofía, Psicología y Lengua.

Aclaramos que quienes escribimos no solo poseemos formaciones disímiles, sino distintas posiciones tanto teóricas como políticas. Cada uno/a es responsable de sus afirmaciones y lo que interesa es que se fomente la pluralidad de puntos de vista.

# Capítulo 1

# Género, estereotipos y otras discriminaciones como puntos ciegos

*Ana María Bach*[1]

> *La gente está dispuesta a pensar en muchas cosas. Lo que las*
> *personas se niegan a hacer, o no se les permite hacer o se resisten*
> *a hacer, es cambiar su forma de pensar.*
> (Andrea Dworkin, 1974, en Woman Hating)[2]

Cuando manejamos un automóvil, los puntos ciegos son aquellas zonas que, a pesar de que utilicemos los retrovisores, tanto los laterales como el exterior, quedan fuera de nuestro campo visual. A la hora de manejar, es importante recordar su existencia, ya que, de lo contrario, podría suceder un accidente. Entonces, ¿a qué puntos ciegos nos referiremos en el capítulo? ¿Género, estereotipos y otras discriminaciones son puntos ciegos en lo que respecta a la didáctica? ¿En qué consiste una didáctica desde una perspectiva de *género*? Más aún, ¿en qué sentido hablamos de género y por qué? En una primera aproximación se anticipa que no se trata de género en cuanto categoría de la gramática ni de los tantos otros sentidos con que tradicionalmente se usa en español, sino de la construcción cultural que se realiza sobre los sexos, considerados desde el punto de vista biológico. ¿Qué es femenino y qué es masculino? Desde que nace una criatura se le asignan los colores correspondientes a sus genitales y se la viste primordialmente de rosa o de celeste (o sus variaciones) y no se van a cambiar esos colores de acuerdo con el sexo. A las nenas se les regalarán muñecas y a los nenes pelotas y la camiseta del cuadro de fútbol de su padre. Por supuesto que también habrá sonajeros, mordillos y otros accesorios y juguetes…, pero rosa o celeste básicamente. Y así comienza a integrarse al nuevo ser en la cultura (patriarcal). Así empiezan a jugar los estereotipos. Se sabe que la escuela, en cuanto institución social, puede actuar manteniendo el *statu quo* o promoviendo cambios. En estos

---

1    Profesora de Filosofía por el Instituto Superior del Profesorado "Dr. Joaquín V. González", licenciada en Metodología de la Investigación por la Universidad de Belgrano y doctora en Ciencias Sociales por la Universidad de Buenos Aires.

2    Citado en MacKinnon, 2013. Traducción propia.

momentos es necesario que actúe como uno de los agentes transformadores de los estereotipos relacionados con los papeles aceptados sobre lo que se considera femenino y masculino. Pero para lograr este propósito es necesaria una docencia con perspectiva de género, que se remonte a los orígenes y revea las concepciones acerca del significado de género.

Trazar una caracterización de *género* nos remite tanto al movimiento social y político del *feminismo*,[3] un vocablo que tiene connotaciones negativas para muchas personas, como al concepto de *patriarcado*, una de sus hipótesis fundamentales. El capítulo está dedicado a proveer conocimientos básicos para avanzar en la propuesta de adoptar una perspectiva de género tanto en nuestras vidas como en nuestros quehaceres docentes y profesionales. Instalarnos en una perspectiva de género equivale a tomar una postura más inclusiva y permitir la entrada activa de las mujeres al conocimiento; permite escuchar a quienes están en la subalternidad, marginadas. Luego del desarrollo teórico, se adjuntan actividades para resolver en el ámbito escolar.

## 1. Feminismos

Averiguar el porqué de la connotación negativa del feminismo me llevó a consultar las raíces etimológicas en el *Diccionario de la Real Academia Española*, donde es definido como una voz que proviene del latín: *femĭna*, que significa 'mujer', 'hembra', e –*ismo*, que proviene de *-ismus* y este, a su vez, del griego –*ισμός*, que tiene dos acepciones:

- Sufijo que forma sustantivos que suelen significar doctrinas, sistemas, escuelas o movimientos, por ejemplo, *Socialismo, platonismo, impresionismo*.
- Sufijo que indica actitudes, como en *egoísmo, individualismo, puritanismo*.

Y, volviendo al vocablo *feminismo*, da dos significaciones:

1. m. Doctrina social favorable a la mujer, a quien concede capacidad y derechos reservados antes a los hombres.
2. m. Movimiento que exige para las mujeres iguales derechos que para los hombres.

El Diccionario no justifica la connotación negativa, pero podemos suponer que se puede haber formado al tomar *ismo* en el sentido de actitud y

---

3  Aunque hablemos de *feminismo* en singular no tiene que llevar a pensar que es un movimiento homogéneo. En realidad, habría que referirse siempre a *los feminismos*.

considerar, erróneamente, que feminista es una persona que aborrece a los varones o que pretende ocupar su lugar.

Para comprender en qué consiste el feminismo en sus múltiples facetas, las teórico-académicas u otras ligadas al compromiso de políticas públicas o de militancia activa, les proponemos un viaje hacia los comienzos de este movimiento heterogéneo.

## 1.1. Los comienzos

Marc Bloch[4] afirmó que "La incomprensión del presente nace fatalmente de la ignorancia del pasado. Pero no es, quizás, menos vano esforzarse por comprender el pasado si no se sabe nada del presente" (Bloch, 1967: 38). Muchos años atrás, cuando leí la obra de Bloch, y en especial la frase citada, comencé a analizar de distinta manera el presente. La interacción entre pasado y presente que señala hace que comprendamos mejor nuestra situación y que inevitablemente juzguemos el pasado mediante el prisma del presente. Es por eso que nos remontaremos a la época moderna para, en una tarea inevitable de poda, rescatar algunas raíces de la lucha de las mujeres por mejorar su situación.

Aunque hubo antecedentes de mujeres que mostraron que no somos inferiores a los varones, tal como se creía y en algunos casos se sigue creyendo, se considera que esta reivindicación se inicia con la Ilustración y la Revolución francesa, que rápidamente mostró que su lema "Libertad, Igualdad, Fraternidad" no se aplicaba a todos los seres humanos, ya que para las mujeres y los miembros de algunas clases sociales este no regía.

Dos posiciones antagónicas y emblemáticas con respecto a la posición de las mujeres en el siglo XVIII son las de Rousseau y Wollstonecraft. Jean Jacques Rousseau, uno de los defensores de la igualdad política y económica, considera que por el orden biológico la mujer es diferente al varón y tiene que recibir una educación que le permita atender mejor el espacio doméstico, hacerse cargo de "su destino", las tareas reproductivas y agradar al varón ciudadano. De esta manera, excluye de lo político a las mujeres y refuerza la división de los ámbitos: *público* para los varones ciudadanos y *privado* para las mujeres, no ciudadanas. Mary Wollstonecraft, considerada como un símbolo del feminismo por su obra *Vindicación de los derechos de la mujer*, se declara contraria a la teoría de Rousseau y reconoce que la única diferencia de los sexos es la fuerza, pero no el intelecto o la virtud. Afirma Ciriza:

---

4    Marc Bloch nació en Lyon el 6 de julio de 1886, y murió por su patria, fusilado por los alemanes, el 16 de julio de 1944 en un campo de concentración al norte de Lyon. Su *Introducción a la historia* forma parte de sus manuscritos no concluidos.

Una radical historización, unida a la idea de progreso, organiza la lógica argumentativa de Wollstonecraft y la impulsa a colocar la disputa en el terreno de lo público y la política, de las transformaciones sociales y la educación, de la universalidad de los principios de justicia que han de asegurar una distribución igualitaria de poder, oportunidades y educación. Si todos los seres humanos son iguales en cuanto a racionalidad y capacidades, no queda sino desear una educación igual para todos y todas, aún más, una educación que, al ser practicada en espacios compartidos, prepare a ambos sexos para la asunción de sus responsabilidades futuras (Ciriza, 2002).

Las llamadas Primera Revolución Industrial, de fines del XVIII, y la Segunda Revolución Industrial, iniciada en la década de 1870, provocaron una clara aceleración del movimiento feminista en el último tercio del siglo XIX, producto de profundos cambios sociales, como el surgimiento del proletariado, el traslado de los campesinos y talleres familiares a las urbes y el trabajo de hombres, mujeres y niños en fábricas y minas con escasos salarios y largas jornadas de trabajo. A partir de aquellos momentos, en Europa Occidental y Norteamérica el feminismo luchó por la igualdad de la mujer y su liberación.

El primer documento colectivo del feminismo norteamericano lo constituye la denominada Declaración de Seneca Falls, leída por Elizabeth Candy Staton y aprobada el 19 de julio de 1848 en una capilla metodista de esa localidad del estado de Nueva York. La importante participación femenina en movimientos humanitarios por la abolición de la esclavitud ayudó a la rápida concienciación de las mujeres. La analogía entre los esclavos sin derechos y las mujeres era evidente. Nacía así el movimiento sufragista, conocido también como parte de la primera ola del feminismo.[5]

Las condiciones sociales y culturales en EE. UU. fueron especialmente favorables para la extensión de los movimientos de las mujeres. Las prácticas religiosas protestantes que promovían la lectura e interpretación individual de los textos sagrados favorecieron el acceso de las mujeres a niveles básicos de alfabetización, lo que provocó que el analfabetismo femenino estuviera prácticamente erradicado a principios del siglo XIX. A diferencia de Europa, desde mediados del siglo XIX, se observa una amplia capa de mujeres educadas de sectores medios que se convirtieron en el núcleo impulsor del primer feminismo.

---

5 Suele utilizarse la metáfora de las olas para referirse a distintas etapas del feminismo y, aunque considero que no es totalmente pertinente, la utilizaré por la divulgación que alcanzó. No obstante, no hay unanimidad respecto de su uso. Para Amelia Valcárcel, por ejemplo, la primera ola del feminismo se corresponde con la que comienza durante la Ilustración; la segunda, con las sufragistas y la tercera, con la década de 1960 (Valcárcel, 2008).

La acción de las mujeres se incrementó cuando se produjeron las Guerras Mundiales. Tanto en la primera, que tuvo lugar entre 1914 y 1918, como en la segunda, desde 1939 hasta 1945, se necesitó de las mujeres para cubrir los puestos de trabajo que dejaban libres los varones al ir a luchar. Sin embargo, cuando finalizaron las guerras, fueron "devueltas" al ámbito doméstico con un discurso que reivindicaba su valor en el hogar, que luego fue llamado "la mística de la feminidad". No obstante, el tomar conciencia de su valor social alentó sus demandas respecto del derecho de sufragio, derecho que, supuestamente, les serviría para lograr "igualdad" con los varones.

En tanto, en el Reino Unido, a mediados del siglo XIX se observaba como el número de mujeres solteras mayores de 45 años había crecido entre las clases medias. La "carrera del matrimonio" dejaba de ser la única opción para las mujeres, incluso, como opción económica.

El movimiento sufragista, que se consolidó a principios del siglo XX, se distinguió por la búsqueda de la igualdad jurídica, lucha que se entabló mediante la conquista del derecho al voto. Costó mucho conseguirlo y en los distintos países se obtuvo en épocas disímiles. Cuando el sufragio "universal" se hizo realidad, se consideró que el feminismo había terminado, pero había otros derechos que las mujeres no poseíamos, a la par que se mantuvieron la discriminación y la exclusión en muchos ámbitos, como los educativos y laborales. Así, a partir de la década de 1960 surge la llamada segunda ola del feminismo y se produce un *corpus* de teoría feminista que, geográficamente hablando, tuvo un gran impulso en los EE. UU. por ser un lugar de tránsito cultural. Recordemos que, durante la Segunda Guerra Mundial, importantes teóricos y teóricas se refugiaron en ese país y comenzó el influjo y la interpretación de las ideas europeas en las distintas universidades estadounidenses.

Durante la llamada primera ola coexistieron distintas corrientes feministas, básicamente: la liberal, que consideraba que la igualdad era lo que había que lograr desde lo jurídico; la socialista y la marxista, que sostenían que la opresión de las mujeres está ligada al capitalismo como sistema que se beneficia materialmente de las mujeres. Estas ideas continuarán en la segunda ola, aunque complejizadas.

## 1.2. Panorama del feminismo teórico

El estereotipo de feminidad que reinaba en EE. UU. fue descripto en 1963 por Betty Friedan en *La mística de la feminidad*, que resultó ser un éxito editorial. Friedan, que fue criticada por su adhesión al feminismo *liberal*, no solo se dedicó a la teoría, sino que en 1966 creó la National Organization for Women (NOW), de índole activista. Relata:

… hay algo muy poderoso en la manera en que las mujeres de los EE. UU. están tratando de vivir su vida hoy en día. Al principio lo sentía como un punto de interrogación en mi propia vida como esposa y madre de tres criaturas, con cierto sentimiento de culpa, y por lo tanto con cierto desgano (…). Fue aquel punto de interrogación personal el que me condujo, en 1957, a pasar gran parte de mi tiempo elaborando un cuestionario pormenorizado para mis compañeras de *college*, quince años después de que nos graduáramos en Smith. Las respuestas que ofrecieron 200 mujeres a aquellas preguntas íntimas y abiertas me llevaron a pensar que lo que no encajaba no tenía que ver con los estudios, contrariamente a lo que entonces se creía. Los problemas que tenían, y el grado de satisfacción que sentían con su vida, y yo con la mía, así como la manera en que el hecho de estudiar había contribuido a ello, sencillamente no encajaban con la imagen de la mujer estadounidense moderna tal como se describía en las revistas femeninas, como se estudiaba y analizaba en las aulas y en las clínicas, tal como se la alababa y se la condenaba a través de una avalancha de palabras, desde las postrimerías de la Segunda Guerra Mundial. Había una extraña discrepancia entre la realidad de nuestras vidas como mujeres y la imagen a la que estábamos tratando de amoldarnos, la imagen que yo di en llamar la mística de la feminidad. Me preguntaba si otras mujeres también experimentaban aquel desgarro esquizofrénico y lo que significaba (Friedan, 2009: 47).

Paralelamente, otra corriente feminista se destacaba: la *radical*. En 1967, Kathie Sarachild, junto con otras teóricas y activistas como Carol Hanisch, comienza los *grupos de autoconciencia*, donde lo que interesa es crear teoría a partir de las experiencias de las mujeres. En la misma época, Kate Millet escribe su tesis doctoral *Política sexual*, que aún continúa vigente, y Shulamith Firestone, *La dialéctica del sexo*. Se considera que el feminismo radical es un movimiento antisistema. Afirman, además de la hipótesis del patriarcado, el lema de que lo personal es político, que hay relaciones de poder que estructuran la familia y la sexualidad, que las mujeres son iguales y no hay jerarquías, así como la idea de la *hermandad* de las mujeres.

Por esos años el feminismo comienza a tener un lugar en la academia al dictarse el primer curso en la Cornell University e inaugurarse los primeros programas en San Diego State College y The State University of New York (SUNY) at Buffalo.

Desde otras perspectivas, en Europa este tipo de feminismo se conoce como *Feminismo de la diferencia*, mientras que en EE. UU. toma el nombre de *cultural*. En general, acentúan una esencia femenina a partir de la biología y proponen una contracultura femenina. Mujeres y varones tendrían formas distintas de pensar y actuar moralmente.

En las décadas de 1980 y 1990 proliferaron en EE. UU. teorías feministas que efectuaron críticas superadoras. Así, en contra del feminismo blanco heterosexual de clase media,[6] se alzó el *Feminismo negro* a partir de bell hooks en su obra *Ain't I A Woman*, título que recuerda la afirmación en forma de pregunta que realizó Sojourner Truth, retomada en la obra de Patricia Hill Collins, entre muchas otras teóricas y activistas.

Para bell hooks, las mujeres negras fueron silenciadas y en ese momento en que se luchaba por los derechos de las mujeres, ellas no podían unirse para luchar porque no veían que la "condición de ser mujer" (*womanhood*) fuera un importante aspecto de su identidad. Temían reconocer que el sexismo es tan opresivo como el racismo.

Opina que las feministas blancas tienden a romantizar la experiencia de las mujeres negras más que a discutir el impacto negativo de la opresión. No hay otro grupo en los EE. UU. que tenga su identidad socializada por fuera de su existencia como las mujeres negras. No son reconocidas como un grupo aparte, ya que cuando se habla acerca del racismo se piensa en los varones negros y cuando se habla acerca de sexismo, se piensa en mujeres blancas. Así, está convencida de que las luchas por el fin del racismo y el fin del sexismo están entrelazadas en la medida en que raza y sexo son facetas inmutables de la identidad humana. Por otra parte, el lazo que se había formado entre las primeras sufragistas y abolicionistas, como Elizabeth Staton y los negros, se rompió porque las blancas que luchaban por el sufragio de los negros ignoraban a las mujeres negras y mantenían así el orden patriarcal (bell hooks, 1984).

Por su parte, Patricia Hill Collins piensa que solo las mujeres negras pueden hablar de su opresión y teorizar sobre ella porque son las que la han experimentado. Hill Collins hace aportes relevantes. En primer lugar, procura un cambio fundamental de paradigma en cuanto a la manera en que se experimenta la opresión. Esto surge de considerar al eje de raza, clase y género como un sistema inextricable de opresión, en el que el pensamiento negro vuelve a conceptualizar las relaciones sociales como de dominación y resistencia. Además considera que ofrecer a los grupos subordinados nuevas

---

6   Se conoce como WASP (acrónimo en inglés de "blanco, anglosajón y protestante": White, Anglo-Saxon and Protestant) a los colonizadores y sus descendientes. Son quienes detentan los privilegios y la hegemonía del país. Claro que, por ejemplo Betty Friedan, al ser judía, perteneciente a una minoría, no debería estar comprendida en la sigla, pero lo estuvo para quienes la criticaron.

perspectivas acerca de sus propias experiencias los capacita para el ejercicio del poder (*empowerment*).

En un trabajo de 1990, enfatiza el carácter múltiple y complejo de las diversas opresiones en contraste con los modelos aditivos de opresión que están firmemente enraizados en el pensamiento dicotómico androcéntrico occidental (mujer, lesbiana, aborigen...). Estas múltiples opresiones no afectan solo a las afronorteamericanas, sino que pueden ser padecidas por quienes son considerados o consideradas como *otros* u *otras* por la cultura occidental e incluso por las mujeres blancas de sectores medios. No hay que olvidar que un mismo grupo puede ser oprimido, por ejemplo las mujeres lesbianas de clase media, por su orientación sexual, pero, al mismo tiempo, sentirse privilegiadas frente a las mujeres de color (Hill Collins, 1990).

Otro grupo que también critica al feminismo heterosexista de las blancas es el de las *Mujeres de color*, en el que actúan muchas chicanas, entre las que se destacan Gloria Anzaldúa, Cherrie Moraga, Chela Sandoval, y como siempre agregamos "muchas otras". Se valen del lenguaje como herramienta de lucha y mezclan en su escritura diversos idiomas como el inglés, el español y palabras de dialectos propios, además de declarar varias de ellas su lesbianismo, lo que también las ha separado, inclusive y sobre todo, de sus familias. Comienzan a ser visibles otras formas de opresión como la orientación sexual, la edad, las discapacidades...

Por otra parte, el *Ecofeminismo*, con una amplia difusión por parte de Vandana Shiva y María Mies, las teóricas más conocidas, representa una fusión entre los problemas ambientales y los feministas. Para Shiva, la marginación de las mujeres y la destrucción de la biodiversidad con fines puramente comerciales son características del patriarcado capitalista. Rescata el valor del conocimiento de la naturaleza que tienen las mujeres (Mies, 2002).

Otro movimiento es el de las Postcolonialistas, que, en general, provienen de la India y se abocan a los problemas relativos a las colonias británicas recientemente liberadas. Algunas de sus representantes más conocidas e influyentes son Gayatri Chakravorty Spivak y Chandra Mohanty. Esta última aboga por un feminismo transnacional, un feminismo sin fronteras:

> [Ese feminismo] reconoce que no hay un único sentido de límite, que las líneas entre y a través de las naciones, las razas, las sexualidades, las religiones, las discapacidades son reales y que un feminismo sin fronteras debe prever cambio y justicia social que crucen esas líneas de demarcación y división. Deseo hablar de feminismo sin silencios ni exclusiones para dirigir la atención hacia la tensión entre la simultánea pluralidad y la estrechez de límites y el emanci-

pador potencial del cruce a través, con y al otro lado de esos límites en nuestras vidas diarias (Mohanty, 2004: 2).

Por provenir de distintos grupos colonizadores, las ex colonias británicas tienen problemas distintos a los de otras colonias americanas. Surge, así, el *Descolonialismo*, basado en los *estudios culturales* y en los *estudios postcoloniales*, de Aníbal Quijano y Walter Mignolo, entre otros teóricos. En realidad, los estudios poscolonialistas en general buscan "descolonizar" el conocimiento.

María Lugones es una de las teóricas que sustentan este movimiento. Otro ejemplo es Francesca Gargallo, filósofa italiana radicada en México, cuyo libro *Feminismos desde Abya Yala*, habla de feminismos indígenas, desde la experiencia que vivió al visitar 607 pueblos de Nuestra América.

Esta corriente tiene como preocupación, entre otros temas, recuperar los saberes, los modos de vida y las tierras de los aborígenes. Respecto de un enfoque más etnográfico, podemos citar los trabajos de campo de Linda Tuhiwai Smith, de Nueva Zelanda, quien, habiendo estudiado en la academia dominante, escribió sobre la descolonización de las metodologías, mientras residía con grupos aborígenes.

Las postestructuralistas Teresa de Lauretis y Judith Butler son muy estudiadas y han influido en otros movimientos. Estando en contra de cualquier esencialismo, emplearon en sus trabajos técnicas deconstructivas y psicoanalíticas. En la medida en que el postestructuralismo no ha perdido vigencia y está presente en el pensamiento de varias teóricas que viven en los EE. UU., estas fueron consideradas precursoras de la Teoría Queer.

Sin embargo, no debemos dejar de mencionar, por lo menos, el trabajo influyente de algunas teóricas europeas, aunque somos concientes de que hay muchas que hemos dejado de lado en nuestro recorte. Las influencias de los escritos de Carla Lonzi y de la Librería de las mujeres de Milán, por citar solo algunas, son notables.[7] En Francia, junto a la ya nombrada belga Luce Irigaray, debemos añadir a Françoise Heritier, François Collin (fundadora de la revista *Cahiers du Grif*) y Genevive Fraisse. En España se destacan Celia Amorós Puente, Josefina Birulés, Victoria Sendón, Amalia Varcárcel, entre las representantes de los distintos feminismos, fundamentalmente los de la igualdad y la diferencia. En Latinoamérica quizás hemos estado más en contacto con las teóricas citadas más que con el feminismo de Alemania, de los Países Bajos y otras partes de Europa.

---

7    La revista mexicana *Debate Feminista* dedicó el volumen 2 de 1990 al "Feminismo en Italia". Sugiero su lectura para quienes se interesen por esta temática.

Cabe señalar que todas las corrientes descriptas continúan existiendo y muchas de ellas son sincrónicas. Así el NOW liberal y las Redstockings radicales continúan en el activismo, aunque han ido variando sus agendas conforme a los tiempos. El NOW, que en sus comienzos no había querido luchar por el control de las mujeres sobre su propio cuerpo, lo que implica tratar el tema del aborto, incorporó este reclamo años más tarde, cuando quedó bien establecido que no se propiciaba el aborto, sino que exista la opción que tienen las mujeres de mayores recursos económicos y del que carecen otras, para acceder a dispositivos de prevención de embarazo e infecciones de transmisión sexual (ITS), además de la necesaria concientización de los varones en cuanto a su rol en las relaciones sexuales.

El feminismo es un movimiento complejo que se ha desarrollado en diversos planos, fundamentalmente a partir de las praxis. A grandes rasgos, reconocemos feminismos teóricos, en general académicos; organizaciones activistas que luchan por sus demandas de variadas y creativas maneras, que acompañan a las mujeres que necesitan de ayuda, y que dependen de los gobiernos en el marco de las políticas públicas nacionales e internacionales (ver cuadro 1). Todos los feminismos son fundamentales y sus acciones son complementarias. Aunque es necesario acotar que por hablar de género o ser mujer no se es necesariamente feminista. Así como Simone de Beauvoir afirmó que no se nace mujer sino que se hace, marcando el componente

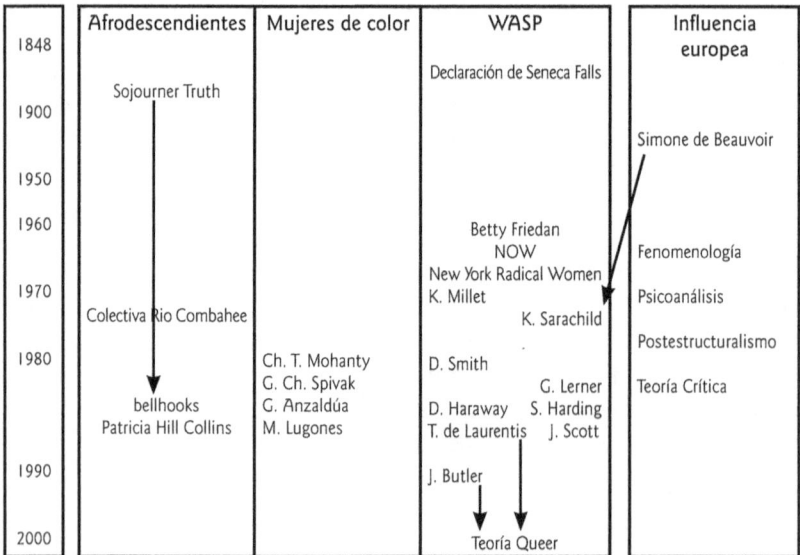

| | Afrodescendientes | Mujeres de color | WASP | | Influencia europea |
|---|---|---|---|---|---|
| 1848 | | | Declaración de Seneca Falls | | |
| 1900 | Sojourner Truth | | | | |
| 1950 | | | | | Simone de Beauvoir |
| 1960 | | | Betty Friedan NOW New York Radical Women | | Fenomenología |
| 1970 | Colectiva Rio Combahee | | K. Millet | K. Sarachild | Psicoanálisis |
| 1980 | | Ch. T. Mohanty G. Ch. Spivak | D. Smith | G. Lerner | Postestructuralismo Teoría Crítica |
| | bellhooks Patricia Hill Collins | G. Anzaldúa M. Lugones | D. Haraway T. de Laurentis | S. Harding J. Scott | |
| 1990 | | | J. Butler | | |
| 2000 | | | Teoría Queer | | |

Cuadro 1. Genealogías. Fuente: Elaboración propia.

sociocultural del ser mujer, Chandra Mohanty aclaró que no se es feminista por ósmosis.

En el cuadro 2 se busca sintetizar lo expuesto de forma abarcativa; no obstante, como en todo recorte teórico, no figuran efectivamente todas las teóricas; entre otras, se excluyeron las feministas posmodernas, de posiciones sumamente complejas como la de Donna Haraway.

| Lugar | Feminismo | Representantes | Características |
|---|---|---|---|
| Francia | Precursora de la segunda ola, 1949 | Simone de Beauvoir | "La mujer no nace, llega a serlo". |
| EE. UU. | *Liberal*, 1963 | Betty Friedan<br>NOW (activismo) | Busca obtener la igualdad entre los sexos.<br>*La mística de la feminidad.* |
| | *Radical*, 1966 | Kate Sarachild<br>Women´s Liberation<br>Kate Millet<br>Shulamith Firestone<br>Gerda Lerner<br>Adrienne Rich<br>Gayle Rubin | Grupos de autoconciencia.<br>Teoría a partir de la praxis.<br>El patriarcado como opresión sexual.<br>Lo personal es político.<br>Hay relaciones de poder que estructuran la familia y la sexualidad.<br>Las mujeres son iguales y no hay jerarquías.<br>La hermandad de las mujeres.<br>Movimiento antisistema. |
| | *Negro*, 1980-1990 | bell hooks<br>(*Ain´t I a woman*)<br><br>Patricia Hill Collins | Crítica al feminismo blanco de clase media.<br><br>Triple eje de opresión: raza, clase, género (interseccionalidad). |
| | *Mujeres de color* | Gloria Anzaldúa<br>Cherrie Moraga<br>(chicanas) | Crítica al feminismo blanco de clase media.<br>Hacen teoría a partir de la literatura. |
| | *Ecofeminismo* | Vandana Shiva (India) | Las mujeres y la naturaleza están oprimidas.<br>Las mujeres están ligadas a la naturaleza. |
| | *Poscolonialistas* | Gayatri Chakravorty Spivak<br>Chandra Mohanty (India) | En su mayoría, provienen de colonias británicas recientemente liberadas. |
| | *Posestructuralistas* | Teresa de Lauretis<br>Judith Butler | Utilizan la deconstrucción, diversos psicoanálisis y están en contra de cualquier esencialismo. |
| | *Descolonialistas* | María Lugones<br>Linda Tuhiwai Smith | Ex colonias de América que buscan recuperar el saber de los pueblos aborígenes. |
| | *Cultural* | Carol Gilligan<br>Mary Daly | Acentúan la diferencia a partir de la biología.<br>Proponen una contracultura femenina. |
| Francia | de la diferencia | Luce Irigaray (1974)<br>François Collin | |
| Italia | | Librería de las mujeres de Milán<br>Carla Lonzi | |
| España | | Fina Birulés (Barcelona) | |
| | *de la igualdad* | Celia Amorós (Madrid) | Proponen igualdad formal. |

Cuadro 2. Esquema de los feminismos. Fuente: Elaboración propia.

## 1.3. La militancia feminista

Es conveniente señalar que la lucha por los derechos de las mujeres se ha realizado a partir de diferentes y creativas iniciativas de distintos movimientos de mujeres. Sin ellos, los feminismos teóricos por sí solos no hubieran producido la asistencia a las mujeres ni escuchado sus voces. Los feminismos son múltiples y muchas veces difieren en sus puntos de vista sobre la lucha: un crudo ejemplo es el de la prostitución; ciertas agrupaciones exigen que sea considerada como un trabajo, mientras que muchas otras luchan por su abolición. Existen cruces entre las militancias sociales organizadas por temas comunes, así como en aquellas que se reúnen para realizar estudios teóricos por fuera de las instituciones. En América Latina, se hallan múltiples grupos de feministas diseminados por cada país, que se agrupan con la finalidad de encontrar soluciones a los problemas locales de sexismo, como el abuso o la violencia, además de discutir las problemáticas desde diversas fuentes. A veces, hacen conocer sus intervenciones a través de internet por medio de blogs o mediante la producción de publicaciones o programas radiales. En general, adoptan nombres precedidos por "Colectiva" y no cuentan con subsidios ni aportes más que los personales. En caso de estar formadas por académicas, pueden verse favorecidas por ayudas económicas a través de subsidios otorgados para la investigación y de la que sus acciones forman parten.

No damos ejemplos porque sería una injusticia nombrar solo algunas de las agrupaciones de nuestro país, pues, estas actúan en cada rincón con tenacidad.

## 1.4. Feminismo y políticas públicas

Otro punto altamente significativo en la historia del movimiento fue el reconocimiento del tema a nivel legal internacional. En 1946 se creó la Comisión de la Condición Jurídica y Social de la Mujer para examinar la situación de la mujer y promover sus derechos. Tras treinta años de trabajo, el 18 de diciembre de 1979, la Asamblea General de las Naciones Unidas aprobó la *Convención sobre la eliminación de todas las formas de discriminación contra la mujer* (CEDAW), que entró en vigor como tratado internacional el 3 de septiembre de 1981 tras su ratificación por 20 países. Al cumplirse los diez años de la convención, un centenar de naciones han declarado quedar obligadas por sus disposiciones.

Desde 1975 hasta 1995, se llevaron a cabo cuatro conferencias mundiales en México, Copenhague, Nairobi y Pekín con el objetivo de elaborar planes y estrategias de acción en pos de los derechos de las mujeres.

Más concretamente en México, en 1975, tuvo lugar un diálogo mundial donde se propusieron tres objetivos que no solo aclararon la concepción de mujer, sino que introdujeron otros aspectos como:

- La igualdad plena de género y la eliminación de la discriminación por motivos de género.
- La integración y plena participación de la mujer en el desarrollo.
- Una contribución cada vez mayor de la mujer al fortalecimiento de la paz mundial.

Las conferencias mundiales continuaron a través de etapas de revisión y evaluación cada cinco años luego de la de Pekín, en esta se introdujo el término de género.[8] Otro de los temas tratados fue la no inclusión de las mujeres dentro de los derechos humanos. "Los derechos humanos de las mujeres" fue una frase acuñado por Charlotte Bunch. Y Butler da cuenta de lo que ese término expresa:

> Dice que lo "humano" es contingente, que tuvo en el pasado y tiene en el presente que definir una población variable y restringida, que puede o no puede incluir a las mujeres. Dice que las mujeres tienen su propia serie de derechos humanos, que cuando pensamos en la humanidad de las mujeres lo "humano" es quizás diferente de lo que ha significado cuando ha funcionado como presumiblemente masculino (Butler, 2001b: 96).

Debido a que el feminismo y los reclamos de derechos para las mujeres se internacionalizaron, podemos encontrar corrientes que pugnan por la igualdad de género en todos los rincones del mundo, sean indios, árabes, neozelandeses o pertenecientes a pueblos aborígenes.

## 1.5. Los Encuentros feministas

En nuestra región la necesidad de estar en contacto con otras feministas hizo que en 1981, en Bogotá, tuviera lugar el Primer Encuentro Feminista Latinoamericano y del Caribe. Desde entonces y sin interrupción, se ha repetido en diversas ciudades con una periodicidad de tres años.

La complicada urdimbre de las distintas agendas de las feministas que trabajan en diversas instituciones, como la academia, los gobiernos, las ONG o el trabajo de aquellas que hacen sus prácticas en agrupaciones no institucionalizadas (lo que implica, como señaláramos antes, no contar

---

8    Aconsejamos buscar en internet el sitio de las conferencias para quienes deseen profundizar en sus programas.

con subsidios ni ayudas económicas) hizo eclosión y se produjo una división entre las asistentes, que se llamaron "autónomas" en contra de las "institucionalizadas".

El poder recorre todos los ámbitos de la sociedad y las feministas no pueden quedar al margen... aunque lo reconozcan y lo critiquen. Lo importante es que, a pesar de las luchas internas, los encuentros continúan.

## 2. Feminismos y democracias

Como los feminismos, las democracias modernas son también herederas de la Ilustración y de la Revolución francesa y, en la medida en que parten de una doctrina liberal, amparan la democracia en cuanto expresión política y el capitalismo como expresión económica. Se supone que, para lograr sus objetivos de igualdad, el feminismo debería desarrollarse en épocas de democracia, pero la situación ha cambiado mucho: el neoliberalismo y el capitalismo avanzado y global son cada vez más deshumanizantes. Se ha puesto el acento más en lo económico que en lo social, es por eso que para contrarrestar esta carencia en políticas sociales se ha investigado cómo debería ser la democracia con vistas a una democracia genérica, donde tengan real cabida las mujeres y se protejan los derechos de quienes componen la sociedad y que, hasta ahora, permanecen no representados.

La llamada democracia radical, sugerida por algunos científicos sociales, ha tenido repercusión en la filosofía política feminista. Nancy Fraser, estadounidense de renombre en la materia, cita, en su obra *Iustitia Interrupta*, un informe de las Naciones Unidas de 1996, en el que observa que

> las desigualdades han aumentado radicalmente en todo el mundo, pues quienes están ubicados de manera que puedan prosperar en la economía de la información global, rápidamente dejan atrás a los muchos que no lo están. Prácticamente en todos los países del mundo, las desigualdades aumentan no solo en cuanto al ingreso y la riqueza, sino también en cuanto a las "capacidades", medidas estas en términos de agua y aire descontaminados; educación, planificación y servicio de salud; trabajo remunerado y alimentación balanceada; ausencia de tortura y de delitos contra la libertad sexual (Fraser, 1997: 7).

Según Fraser, para que haya justicia se requiere, a la vez, del *reconocimiento* y de la *redistribución*. Aunque el separar analíticamente las injusticias no equivale a afirmar que se puedan dar en forma separada. En la práctica ambas se entrecruzan y refuerzan mutuamente. Así, se deben diseñar políticas que presten atención a estas injusticias y traten de superarlas.

Adecuar el sistema democrático a las condiciones resultantes del capitalismo avanzado es una de las tareas a las que se abocaron muchos teóricos de la política, ya que las democracias actuales, que siguen modelos neoliberales, se han mostrado insuficientes respecto de la redistribución y en mayor medida cuando se trata del reconocimiento de las llamadas "minorías". Considerando que la democracia es el mejor sistema de gobierno con el que contamos, si nos preguntamos cómo superar las insuficiencias señaladas, aparece como alternativa el radicalizarla. Pero distintas opciones fueron propuestas.

Una versión de democracia radical es la que brindan Laclau y Mouffe, quienes analizan la historia de las propuestas democráticas, que se remonta a la revolución democrática nacida en los albores de la Revolución francesa. En un primer momento, la crítica democrática estuvo dirigida a la desigualdad política; luego le siguió un desplazamiento hacia la crítica de la desigualdad económica por parte de los socialismos, que Laclau y Mouffe ubican como interiores a la revolución democrática, para pasar a lo que se han denominado "nuevos movimientos sociales", que comprenden luchas tan diversas como las ecológicas, las feministas, las de minorías étnicas, regionales o sexuales, entre otras, a través de las cuales se articula la conflictividad social característica de las sociedades industriales avanzadas.

En la democracia radicalizada no tiene cabida el mito de la sociedad racional y transparente; tampoco se reconoce un único discurso, sino una polifonía de voces en la cual cada una construye su propia identidad discursiva. Esta es la razón por la que caracterizan a la democracia radical como *pluralista* (Laclau y Mouffe, 1987: 199-216). Al añadir esta característica al nombre de democracia radical, explicitan lo que es importante para Fraser: la polifonía, la multiplicidad de discursos y de voces acordes con las distintas posiciones de sujeto.

Fraser aboga por la radicalización de la democracia en el marco del capitalismo como sistema económico global porque considera que la democracia norteamericana no es lo suficientemente igualitaria. En "Multiculturalismo, antiesencialismo y democracia radical", la caracteriza como la concepción que sostiene que la democracia actual requiere tanto de la redistribución económica como del reconocimiento multicultural (Fraser, 1997). Afirma que en EE. UU. se enfrentan quienes sostienen un *antiesencialismo*, comprometido con la deconstrucción de las identidades de grupo, con los *multiculturalistas*, que aspiran al reconocimiento y reevaluación de las diferencias de grupo. La crítica que les hace es que ambos grupos olvidan que las diferencias culturales pueden elaborarse libremente y ser mediadas democráticamente solo sobre la base de la igualdad social. Para superar esta antinomia, propone redimensionar el viejo debate "igualdad contra diferencia", al vincular las diferencias múltiples que se intersecan con la problemática de la igualdad social.

Pero debemos tener en cuenta que la democracia radical, cuyos principios políticos y éticos son la igualdad y la libertad, es en sí misma imposible de realizar porque no podemos eliminar los antagonismos y agonismos entre grupos que luchan por sus respectivas reivindicaciones, así como tampoco debemos olvidar los mecanismos de poder que actúan en todas y cada una de las sociedades. No obstante, necesitamos de esta utopía en su carácter de ideal regulativo.

## 3. Patriarcado

En el movimiento feminista se analiza el patriarcado como un principio que subyace en la opresión, subordinación y dominación de las mujeres. Una importante tarea en el feminismo teórico, que se lleva a cabo desde distintas disciplinas, como la Antropología, la Filosofía y la Sociología, es la de desenmascarar las tácticas de poder, explícitas e implícitas, en las sociedades patriarcales. Las hipótesis sobre el patriarcado subyacen prácticamente a todas las teorías feministas, aunque se las entienda en distintos sentidos y relaciones. Repasaremos a continuación un sentido ordinario de patriarcado, las teorías que lo vinculan con el capitalismo (teorías del sistema dual y del sistema unificado), la que afirma que es un sistema que atraviesa la historia y la propuesta de un patriarcado moderno. Luego veremos las *dicotomías jerárquicas* construidas en el patriarcado y las instituciones de la *heterosexualidad obligatoria* o *heteronormatividad*.

### 3.1. Las hipótesis del patriarcado en las teorías feministas

Una rápida búsqueda en los diccionarios informa que el concepto de "patriarcado" alude a un "sistema político en que la autoridad es ejercida por un patriarca dentro de cada linaje" (Moliner, 1994: 670). En cuanto concepto sociológico, se lo define como "organización social primitiva en que la autoridad es ejercida por un varón jefe de cada familia, extendiéndose este poder a los parientes aún lejanos de un mismo linaje" (Real Academia Española, 2001). Las definiciones provistas, por ejemplo, por el *Diccionario de la Real Academia Española* tienden a trasmitir un sentido que supone que "patriarcado" designa un sistema ya superado, desde el momento en que les fueron concedidos los derechos civiles a las mujeres. Tal es el concepto que prima en la actualidad, en el conocimiento cotidiano. Pero las feministas arguyen que no en todas las sociedades las mujeres tienen derechos civiles;

de hecho, en las que los hay muchas veces no se los puede ejercer y aun en caso de que se los ejerza la ideología patriarcal sigue subsistiendo en formas sutiles.

En la teorización de las feministas marxistas encontramos un fuerte énfasis en la íntima relación entre patriarcado y el modo capitalista de producción, más allá de sus respectivas vertientes, entre las cuales se destaca la diferencia entre las feministas radicales y las feministas socialistas, que tampoco constituyen en sí un bloque homogéneo.

La introducción del tema del patriarcado en el discurso del feminismo de la "segunda ola" data de la publicación de *Política sexual*, de la feminista radical Kate Millet en 1969.[9] En la primera parte de su ensayo, Millet presenta al patriarcado como institución política y a la familia, la sociedad y el Estado como las instituciones patriarcales que lo sostienen y refuerzan. Aunque el patriarcado se vista con distintos ropajes en las diferentes sociedades, Millet considera que en todas ellas se ajusta a dos principios: el primero, que los varones dominan a las mujeres, y el segundo, que los varones mayores dominan a los más jóvenes (Millet, 1995).

Teóricas del feminismo socialista elaboraron la teoría que Iris Marion Young denominó "Sistema Dual", en la cual elementos como el capitalismo y el patriarcado son considerados como sistemas paralelos que se refuerzan y legitiman entre sí. En el modo de producción capitalista la explotación mediante el capital se basa en la apropiación de la plusvalía que generan quienes trabajan, mientras que en el modo de reproducción del sistema patriarcal el que resulta beneficiado con el trabajo doméstico de la mujer es el varón, que, en cuanto receptor de los servicios que le presta la mujer en la casa, queda liberado de los trabajos cotidianos de mantenimiento. Además, en la medida en que estos servicios domésticos no se computan como "trabajo" y por lo tanto no se paga por ellos, tanto el varón como el sistema capitalista, que se sirve de trabajadores listos para continuar su trabajo, resultan favorecidos. Así capitalismo y patriarcado se refuerzan uno al otro.

Pero la teoría de los sistemas duales es más compleja, ya que a pesar de que todas sus expositoras describen al capitalismo como una estructura material o modo de producción enraizado históricamente, solo algunas describen al patriarcado como una estructura material o modo de reproducción/sexualidad enraizado históricamente en un tiempo histórico dado. Fuera de la asociación históricamente dada, otras autoras no describen al patriarcado como un modo de reproducción, sino como una estructura ideológica o psicológica no material que trasciende las contingencias del tiempo y del espacio.

---

9   Las feministas teóricas radicales han utilizado las herramientas teóricas del marxismo, el psicoanálisis y el anticolonialismo.

Las limitaciones que Young le encuentra a las teorías del sistema dual están en consonancia con las críticas que se le realizan al marxismo, en especial el ser ciego al sexismo. Por ello, contrapuso a las teorías de los sistemas duales la del sistema unificado, y lo llamó así porque trata a los sistemas capitalista y patriarcal en forma conjunta. Considera que capitalismo y patriarcado están indisolublemente unidos, como la mente al cuerpo. Pero además porque desde el feminismo se debe luchar contra ambos sistemas tomados en forma conjunta.

Una teoría de la opresión de la mujer que sostenga que el capitalismo es esencialmente patriarcal podría cambiar la relación entre la práctica feminista y la lucha por transformar las instituciones y las relaciones capitalistas. Para Young, si nuestra marginalización y nuestra función como fuerza laboral secundaria han sido centrales para el desarrollo histórico y la existencia actual del capitalismo, entonces la lucha contra nuestra opresión y marginalización dentro de esta sociedad es, en sí misma, anticapitalista (Young, 1992).

Pero una teoría unificada tiene que encontrar un concepto a través de cuyos lentes examinar ambos sistemas. Así, Young lo encontró en la "división del trabajo" y Alison Jaggar en la "alienación" (Beechey, 1979; Amorós, 1994).

Sin embargo, el patriarcado ha sido sujeto de otros análisis que lo consideran anterior al sistema capitalista. Desde un punto de vista histórico, las mujeres se han visto subordinadas a los varones en distintas esferas, desde la privada hasta la política, pasando por la cultural, la social y la familiar.

La dificultad para definir al patriarcado radica en que es un sistema que atraviesa la historia, que se acomoda de acuerdo con las distintas épocas y que solo puede ser explicado con referencia a sí mismo. Un claro ejemplo de esto lo provee la caracterización de patriarcado que propuso la historiadora feminista Gerda Lerner en *La creación del patriarcado*. Para esta autora, en el patriarcado la dominación sexual subyace a la dominación de clases y de razas:

> Patriarcado, en su definición más amplia, es la manifestación y la institucionalización del dominio masculino sobre las mujeres y los niños/as de la familia y la ampliación de ese dominio masculino sobre las mujeres a la sociedad en general. Ello implica que los varones tienen el poder en todas las instituciones importantes de la sociedad y que se priva a las mujeres de acceder a él. No implica que las mujeres no tengan ningún tipo de poder o que se las haya privado totalmente de sus derechos, influencias y recursos. Una de las tareas que supone un mayor desafío a la Historia de las mujeres es rastrear con precisión las diferentes formas y los modos en que aparece históricamente el patriarcado, los giros y los cambios en su estructura y en sus funciones, y las adaptaciones que realiza ante las presiones y demandas femeninas (Lerner, 1990: 341).

No podremos saber a ciencia cierta cuál ha sido el origen del patriarcado, pues su formación fue lenta y se desarrolló en el transcurso de casi 2500 años, desde aproximadamente el 3100 al 600 a. C. Lerner sostiene que la apropiación por parte de los varones de la capacidad sexual y reproductiva de las mujeres ocurrió antes de la formación de la propiedad privada y de la sociedad de clases. Como los estados arcaicos se organizaron como patriarcado, tuvieron sumo interés en mantener la organización de la familia patriarcal, paternalista, institucionalizada por primera vez en el Código de Hammurabi.[10]

Fue durante el segundo milenio a. C. cuando la formación de clases se dio de tal forma que los servicios sexuales y el estatus económico de las mujeres se unieron inextricablemente. Esto contribuyó a separar a las mujeres en "respetables" y "no respetables", diferencia marcada en algunas sociedades por el uso del velo de las mujeres que "pertenecían" a un varón.

Debemos a Aristóteles la elaboración teórica de la diferencia entre varones y mujeres para la civilización occidental, al sostener que "… el macho es por naturaleza superior y la hembra, inferior; uno gobierna y la otra es gobernada, este principio de necesidad se extiende a toda la humanidad" (*Política*, 1254b 13-15). Esta ya clásica cita de la filosofía feminista muestra no solo la naturalización de la diferencia entre varones y mujeres, sino también la existencia de las dicotomías jerárquicas.

En distintos pasajes de su obra afirma como "natural" la inferioridad mental de las mujeres sobre la base de supuestos biológicos esencialistas, como la función en la reproducción que ellas tienen. Asimismo, a partir de la justificación lógica de la diferencia de los sexos y de la inferioridad de las mujeres, Aristóteles justificó la dominación de clases, de los amos respecto de los esclavos, al asimilar los esclavos a las mujeres.

Sin embargo, se sostiene la idea de un patriarcado universal y homogéneo o de dominación masculina al que se debe la opresión de las mujeres. Para Judith Butler, esta idea de un patriarcado universal no da debida cuenta de cómo funciona concretamente en cada sociedad. En este sentido, Butler formula una serie de preguntas críticas que habría que plantear a quienes sostienen esa hipótesis.

> Aunque la afirmación de un patriarcado ya no disfruta de la credibilidad que antes tenía, ha sido mucho más difícil desplazar la noción de un concepto generalmente compartido de las "mujeres", el corolario de aquel marco. Desde luego, ha habido una discusión al

---

10  Sexto rey de la dinastía semita de Babilonia, quien instauró la monarquía hereditaria por vía masculina (c. 2000 a. C.). Quizás, estas reflexiones valgan también para las sociedades preestatales.

respecto. ¿Existe algún elemento que sea común entre las "mujeres" anterior a su opresión, o bien las "mujeres" se vinculan únicamente en virtud de su opresión? ¿Hay una especificidad de la cultura de las mujeres que sea independiente de su subordinación por parte de las culturas masculinas hegemónicas? ¿Están siempre contraindicadas la especificidad y la integridad de las prácticas culturales o lingüísticas de las mujeres? Y, por lo tanto, ¿están siempre dentro de los términos de alguna formación cultural más dominante? ¿Hay una región de lo "específicamente femenino" que se diferencie de lo masculino como tal y se reconozca en su diferencia por una universalidad de las "mujeres" no marcada y, por ende, supuesta? (Butler, 2001a: 36).

Carol Pateman, por otra parte, presenta una visión alternativa que acuerda con la existencia del patriarcado, pero rechaza la necesidad de los estudios de Lerner porque se remontan a un pasado lejano cuando lo que estamos viviendo es un patriarcado que denomina *moderno*. Propone distintas etapas del patriarcado con el propósito de dar fin a los enmarañados debates y aclarar ciertas confusiones acerca de su sentido. Distingue, así, tres formas del argumento patriarcal que no son mutuamente excluyentes. A la primera la denomina pensamiento patriarcal *tradicional* que consiste en asimilar todas las relaciones de poder a la regla del padre.

La segunda corresponde al patriarcalismo *clásico*. Sir Robert Filmer rompió con el argumento patriarcal tradicional al sostener que el poder patriarcal y el poder político no eran solamente análogos, sino *idénticos*. Por último, está el que denomina patriarcado *moderno*, que se caracteriza por ser fraternal, contractual y por estructurar la sociedad civil capitalista (Pateman; 1995: 38).

Pateman destaca que, desde los comienzos de 1970, hay un renovado interés en la teoría del contrato, pero nunca se menciona el contrato sexual, por lo que se puede hablar de la dimensión reprimida de la teoría del contrato. Esa historia desaparecida señala cómo se establece una nueva forma específicamente moderna de patriarcado.

Para esta teórica, es preciso enfatizar que el contrato sexual no es meramente familiar ni está localizado en la esfera privada. El contrato original crea la totalidad de la sociedad moderna, *civil y patriarcal*.

Asimismo, la idea de que los individuos poseen propiedad en sus personas ha sido el punto central de la lucha contra los dominios de clases y patriarcal. La "afirmación de que las mujeres son propietarias de sus personas ha animado muchas campañas feministas del pasado y del presente, desde los intentos de reformar la ley de matrimonio y obtener la ciudadanía hasta las demandas sobre el derecho al aborto" (1995: 25).

Absorbiendo las críticas que se le han formulado, el patriarcado puede entenderse como un sistema dinámico que cambia en distintos ámbitos históricos y que, por tanto, atraviesa las culturas a lo largo de la historia. A través de los estudios históricos, se lo puede comparar con una suerte de camaleón en la medida en que se adapta a los diversos sistemas que han regido a las sociedades a través de los tiempos, y su forma actual puede ser la del patriarcado moderno bajo el disfraz del capitalismo.

El núcleo que lo caracteriza es la opresión de las mujeres, aunque dicha opresión adopte ropajes específicos en cada cultura. La diferencia sexual es más profunda que la de clase y raza, por lo que solucionar las diferencias de clases no valdría como superación, así como el anuncio desde la biología genómica respecto de la inexistencias de fundamentos para hablar de razas, genéticamente hablando, en lo que a las personas atañe no ha sido suficiente para dar por superado el arraigado concepto sociológico de raza (Bach, 2010: 149-154).

## 3.2. Androcentrismo

En su *Diccionario ideológico feminista*, Victoria Sau brinda las siguientes definiciones:

> Sexismo: Conjunto de todos y cada uno de los métodos empleados en el seno del patriarcado para poder mantener en situación de inferioridad, subordinación y explotación al sexo dominado: el femenino. El sexismo abarca todos los ámbitos de la vida y las relaciones humanas, de modo que es imposible hacer una relación exhaustiva, sino aproximada de sus formas de expresión y puntos de incidencia... (Sau, 1990).

Se asume que existe una superioridad de los varones con respecto a las mujeres. Las mujeres somos inferiores por naturaleza. Como dijimos en el apartado anterior, debemos a Aristóteles la enunciación escrita (y por tanto, la fijación) de esta hipótesis.

> Androcentrismo: El hombre como medida de todas las cosas. Enfoque de un estudio, análisis o investigación desde la perspectiva masculina únicamente, y utilización posterior de los resultados como válidos para la generalidad de los individuos, hombres y mujeres. Este enfoque unilateral se ha llevado a cabo sistemáticamente por los científicos, lo cual ha deformado ramas de la ciencia tan importantes como la Historia, Etnología, Antropología, Medicina, Psicología y otras (Sau, 1990).

Se puede considerar que el androcentrismo es una forma de sexismo y a eso obedece el orden que hemos dado a las definiciones. Tanto un concepto como el otro se trasmiten a través del saber cotidiano que compartimos quienes vivimos en una sociedad y que va conformando nuestras subjetividades desde la cuna. Es común escuchar expresiones como las siguientes:

- ¡Qué suerte que tu primer hijo va a ser varón! ¡Porque así se mantiene el apellido!
- ¡Mirá qué movedizo es...!, se nota que es varón (¡Y lo dicen las mujeres!).

Así, desde el nacimiento se van marcando las diferencias entre varones y mujeres, a partir de la repetición de las ideas o creencias fijadas en la tradición y aceptadas en la sociedad con carácter indudable e inmutable. Los estereotipos de esta índole son sexistas y se reflejan a través del lenguaje.

El uso mismo del lenguaje es generalmente sexista y prima el androcentrismo a través de la utilización del género masculino para comprender a ambos sexos. Una de las primeras tareas de las feministas fue desocultar al femenino del lenguaje; visibilizarlo cuando está implícito en el universal masculino, como por ejemplo *hombre*. Para eso, se recurre a estrategias como escribir "las y los", esto es colocar los artículos, los sustantivos y los adjetivos en femenino y masculino al mismo tiempo.[11]

Una tarea aún vigente consiste en bregar por la utilización de un lenguaje inclusivo, que refleje la existencia de las mujeres y visibilice las diversas orientaciones sexuales, las etnias, las discapacidades...[12]

La educación, sea formal o no formal, marca a fuego los roles que se esperan de los sexos. Se destacan y estimulan en el varón la fuerza y destreza física, las aptitudes para las matemáticas y el mundo de las ciencias más abstractas, mientras que en las mujeres se desarrolla lo relacionado con las lenguas (porque a las mujeres nos gusta hablar) y las tareas del ámbito doméstico, "propio de las mujeres".

El androcentrismo se muestra en el ámbito de la producción cultural, en donde las mujeres tradicionalmente no tuvieron ni arte ni parte. No fueron activas en la construcción de las ciencias, de las artes ni de las humanidades, aunque claro está, hubo excepciones, y quienes estudian la historia de cada área rescatan cada vez una mayor cantidad de actoras.

Pero el androcentrismo, que no toma en consideración la experiencia de las mujeres, suele ser también eurocéntrico y girar en torno a la experiencia

---

11  Para un tratamiento más detallado del tema, ver el capítulo siguiente.

12  Aconsejamos buscar programas que sugieran formas de escribir en un lenguaje inclusivo; por ejemplo, *Nombrar en Red*.

de los varones blancos, heterosexuales, adultos de clase media, por lo que tampoco se toma en cuenta, en realidad, a todos los varones.

## 3.3. Dicotomías jerarquizantes

El tratamiento del androcentrismo nos lleva a la consideración de las dicotomías. La dicotomía es un método de división en el que solo hay dos partes. Hasta aquí parecería que no hay problemas, pero estos aparecen rápidamente porque en el pensamiento occidental una de las principales divisiones, varón y mujer, se ha convertido en un binario, en una bipolaridad, donde un término excluye al otro y no existe otra posibilidad. Esta bipolaridad ha sido "naturalizada" y fijada en el pensamiento de Aristóteles, como ya se ha expresado. La lógica aristotélica asegura, mediante el *principio de no contradicción*, que *una* proposición y su negación no pueden ser ambas verdaderas al mismo tiempo y en el mismo sentido. Toda otra posibilidad, a su vez, queda excluida por el *principio de tercero excluido*. Lo peor de esto es que la bipolaridad estipula un lado positivo y otro negativo (ver ejemplos en la tabla 1).

| Ejemplos de dicotomías que implican jerarquías: base del androcentrismo y fosilizadas en estereotipos | |
|---|---|
| *Positivo* | *Negativo* |
| Varón/Masculino | Mujer/Femenino |
| Fuerte | Débil |
| Cultura | Naturaleza |
| Público | Privado/Doméstico |
| Razón | Emoción/Intuición |
| Objetividad | Subjetividad |
| Hechos | Valores |
| Números | Palabras |
| Científico | Humanista |

Tabla 1. Fuente: Elaboración propia.

Los feminismos han producido numerosas argumentaciones en pos de la superación de estas oposiciones. A modo de ejemplo, sobre todo en el terreno político, trabajaremos la oposición público/privado y, en el del conocimiento, las de razón/intuición y objetividad/subjetividad.

Nos detendremos en el análisis de la dicotomía público/privado, contra la cual han luchado las feministas desde los sesenta. Lo público es el dominio de los varones, que manejan los asuntos públicos y la producción, mientras que las mujeres han sido recluidas al ámbito privado, socializadas como emotivas, débiles, relacionadas con el mundo de la naturaleza por su participación en la reproducción. Tanto varones como mujeres hemos sido educadas y educados, ya sea en el plano no formal, ya sea en el formal, con esta lógica patriarcal en la que la sujeción de las mujeres se toma como "natural". Esta división trajo aparejadas numerosas desventajas para las mujeres, ya que, por ejemplo, no estaba permitido que hicieran contratos, dispusieran de sus bienes ni tuvieran propiedades. Esta esfera quedó relegada al manejo del patriarca; no era asunto del Estado. Las feministas radicales han replicado esta división y han propuesto que "lo personal es político", como una manera de sacar a luz temas que suceden en el ámbito de la familia, tales como la violencia, para mostrar que ellos también forman parte de lo público.

Asimismo, a partir de la crítica a esa dicotomía, las feministas desarrollaron lazos de apoyo y solidaridad entre las mujeres con la tesis de que "la hermandad nos empodera".

## 3.4. Heterosexualidad y heteronormatividad

La heterosexualidad es la hipótesis que afirma que solo la relación sexual genital entre un varón y una mujer es normal y que su único objetivo es la reproducción humana y no el placer. Para las feministas, el heterosexismo, en cuanto ideología e institución, es uno de los pilares del patriarcado, y es por esto que también se habla de heteropatriarcado cuando lo que predomina es la dominación de los varones sobre las mujeres con la consecuente subordinación de las últimas. La lógica del heteropatriarcado no reconoce otras formas de sexualidad.

Según Lynn Segal, la "sexualidad" hace su aparición en el *Diccionario Inglés Oxford*, en el siglo XIX, y las nociones de *tipos* de sexualidad, como la homo y la hetero, recién a fines del siglo XIX. Quizás sea por eso que no fue un asunto de importancia para las primeras feministas, las sufragistas. Dentro del feminismo las lesbianas fueron las que contribuyeron a tratar el tema. En 1975, integrantes del grupo de lesbianas feministas holandesas *Purple September* designaron como "heteronormatividad" lo que Adrienne Rich en 1980 denominaría "heterosexualidad compulsiva", en alusión al medio por el cual se perpetúa el poder que sostiene la subordinación de las mujeres.

A comienzos de la década de los noventa del siglo XX, en su análisis de la sexualidad,[13] Catharine MacKinnon afirmó:

---

13  El análisis sociohistórico de la sexualidad se trata en el capítulo 3.

Una teoría feminista de la sexualidad (…) sitúa la sexualidad dentro de una teoría de la desigualdad entre los sexos, que significa la jerarquía social de los hombres sobre las mujeres. Para hacer feminista una teoría, no es suficiente que haya sido creada por una mujer, ni que describa la sexualidad femenina como distinta (aunque igual) de la sexualidad masculina, o como si la sexualidad de las mujeres existiera ineluctablemente en algún ámbito más allá, debajo, sobre, detrás de un orden social desigual y, en todo caso, fundamentalmente intacta e inmóvil en relación con aquel. Una teoría de la sexualidad se hace metodológicamente feminista, entendiendo feminista en sentido postmarxista, en la medida en que trata la sexualidad como interpretación social del poder masculino: definida por los hombres, forzada sobre las mujeres y constituyente del significado del género. Tal enfoque centra al feminismo en la perspectiva de la subordinación de las mujeres a los hombres al identificar el sexo —esto es la sexualidad de dominio y de la sumisión— como algo crucial, fundamental, en cierto sentido definitivo, en ese proceso. La teoría feminista se convierte en el proceso de analizar esa situación para enfrentarse a ella por lo que es y poder cambiarla (MacKinnon, 1995: 227).

## 4. Género

Un concepto clave de la teoría feminista es el de *género*, considerado como una construcción social. Pero si tiene sentido en la lengua inglesa hablar de género para referirse a esa construcción es porque *gender* se aplica a lo relacionados con la diferencia entre los sexos, mientras que en las latinas no, porque es un término polisémico que se aplica a distintas áreas. Género en español es sinónimo de tela; asimismo, es un concepto clasificador, como en las ciencias, en las humanidades, en las artes y en la gramática. Pero se tomó como traducción de *gender* para referirse a la categoría analítica que utiliza el feminismo y que alude a lo construcción cultural.

La categoría de género se remonta a quienes defendieron la idea de que hay una inferioridad *natural* femenina, como en Aristóteles, y quienes consideraron que la desigualdad social entre mujeres y varones no es una consecuencia de una diferenciación cultural, sino que es la misma desigualdad social la que produce teorías de la inferioridad de la naturaleza femenina, como sostuvo Poulin de la Barre en el siglo XVII (Cobo Bedía, 1995).

## 4.1. Género y feminismo

La utilización del concepto de género surge en el ámbito anglosajón a partir de investigaciones en medicina y psicopatología. El trabajo presentado por Robert Stoller en el Congreso Psicoanalítico de Estocolmo en 1963 hablaba de "identidad genérica":

> Formuló el concepto de identidad genérica dentro del entramado de la distinción entre biología y cultura, de tal manera que el sexo fue relacionado con la biología (hormonas, genes, sistema nervioso, morfología) y el género, con la cultura (psicología, sociología). El producto de la cultura que incidía en la biología era la persona acabada y generizada: un hombre o una mujer (Haraway, 1991: 226).

Por la misma época, John Money siguió en la investigación de las diferencias sexo/género e incluyó a la cirugía como medida para "corregir" la "falla" de los nacidos *intersex* y convertirlos en personas "normales", esto es, un varón o una mujer.

Desde Francia, Simone de Beauvoir, considerada una de las precursora de la segunda ola del feminismo, afirmó: "Una no nace mujer, llega a serlo", es decir, deviene mujer a partir de la socialización, habló de lo que, con el tiempo, pasó a llamarse "género". También mostró que la mujer se constituye en lo Otro del varón.

Dentro del feminismo, la antropóloga Gayle Rubin habló, en 1975, de "sistema sexo/género" como un término similar al de patriarcado, pero con otras connotaciones. "Como definición preliminar, un 'sistema sexo/género' es el conjunto de disposiciones por el que una sociedad transforma la sexualidad biológica en productos de la actividad humana, y en el cual se satisfacen esas necesidades humanas transformadoras" (Rubin, 1998: 17).

## 4.2. El género en la academia

Entre las antropólogas feministas surgió la utilización del término *género* porque, a través de sus observaciones en distintos ámbitos, tomaron conciencia del peso cultural en la formación de la subjetividad de las personas y desnaturalizaron el rol de la mujer respecto de los varones, así como la supuesta e inherente inferioridad de las mujeres.

En la década de los sesenta, el *género* entró en la academia de EE. UU. con la creación de los programas universitarios llamados "Estudios de las mujeres" que, al poco tiempo, cambiaron su denominación a "Estudios de género". Se consideró que la categoría de género es más abarcativa porque incluye, en principio, a mujeres y varones. Esta decisión de cambio en los términos se dio también durante diferentes conferencias internacionales. Específicamente, en la de Pekín, se detectó la necesidad de trasladar el centro de atención de la mujer al de género, pues este incorporaba la relación con los varones, y esta debía revisarse.

El género se considera más neutro como denominación y, a la vez, políticamente correcto, por lo que fue preferido para la obtención de subsidios, lo que dejó en la duda a quienes no eran expertas. Algún tiempo atrás, se escuchó en una asociación de mujeres profesionales que ellas no eran feministas (continúa el prejuicio en contra del feminismo), sino que hablaban de teoría de género sin incluir a lo masculino dentro del espectro. Como ellas, todavía en muchos ámbitos se sigue hablando de género, creyendo que se hace referencia a las mujeres únicamente. En otras ocasiones el uso de género ha suplantado al de sexo.

Ya Joan Wallace Scott, en su ensayo seminal "Género: una categoría útil para su análisis", señaló las múltiples asociaciones de este concepto:

> En los últimos años, cierto número de libros y artículos cuya materia es la historia de las mujeres sustituyeron en sus títulos "mujeres" por "género". En algunos casos, esta acepción, aunque se refiera vagamente a ciertos conceptos analíticos se relaciona realmente con la acogida política del tema. En esas ocasiones, el empleo de "género" trata de subrayar la seriedad académica de una obra, porque "género" suena más neutral y objetivo que "mujeres". "Género" parece ajustarse a la terminología científica de las ciencias sociales y se desmarca así de la (supuestamente estridente) política del feminismo. En esta acepción, "género" no comporta una declaración necesaria de desigualdad o de poder, ni nombra al bando (hasta entonces invisible) oprimido (Scott, 1993: 27).

En el mismo ensayo, la historiadora desarrolla extensamente su ineludible definición del género:

> Mi definición de género tiene dos partes y varias subpartes. Están interrelacionadas, pero deben ser analíticamente distintas. El núcleo de la definición reposa sobre una conexión integral entre dos proposiciones: el género es un elemento constitutivo de las relaciones sociales basadas en las diferencias que distinguen los sexos y el género es una forma primaria de relaciones significantes de poder. Los cambios en la organización de las relaciones sociales corresponden siempre a cambios en las representaciones del poder, pero la dirección del cambio no es necesariamente en un solo sentido. Como elemento constitutivo de las relaciones sociales basadas en

las diferencias percibidas entre los sexos, el género comprende cuatro elementos interrelacionados: primero, símbolos culturalmente disponibles que evocan representaciones, múltiples (y a menudo contradictorias) —Eva y María, por ejemplo, como símbolos de la mujer en la tradición cristiana occidental—, pero también mitos de luz y oscuridad, de purificación y contaminación, inocencia y corrupción (...). Segundo, conceptos normativos que manifiestan las interpretaciones de los significados de los símbolos, en un intento de limitar y contener sus posibilidades metafóricas. Esos conceptos se expresan en doctrinas religiosas, educativas, científicas, legales y políticas, que afirman categórica y unívocamente el significado de varón y mujer, masculino y femenino. De hecho, esas declaraciones normativas dependen del rechazo o represión de posibilidades alternativas y, a veces, tienen lugar disputas abiertas sobre las mismas (...). La intención de la nueva investigación histórica es romper la noción de fijeza, descubrir la naturaleza del debate o represión que conduce a la aparición de una permanencia intemporal en la representación binaria del género. Este tipo de análisis debe incluir nociones políticas y referencias a las instituciones y organizaciones sociales, tercer aspecto de las relaciones de género. Algunos estudiosos, sobre todo antropólogos, han restringido el uso del género al sistema del parentesco (centrándose en la casa y en la familia como bases de la organización social). Necesitamos una visión más amplia que incluya no solo a la familia, sino también (en especial en las complejas sociedades modernas) el mercado de trabajo (un mercado de trabajo segregado por sexos forma parte del proceso de construcción del género), la educación (las instituciones masculinas, las de un solo sexo, y las coeducativas forman parte del mismo proceso) y la política (el sufragio universal masculino es parte del proceso de construcción del género) (...). El género se construye a través del parentesco, pero no en forma exclusiva; se construye también mediante la economía y la política que, al menos en nuestra sociedad, actúan hoy día de modo ampliamente independiente del parentesco.

El cuarto aspecto del género es la identidad subjetiva. Estoy de acuerdo con la formulación de la antropóloga Gayle Rubin de que el psicoanálisis ofrece una teoría importante sobre la reproducción del género, una descripción de la "transformación de la sexualidad biológica de los individuos a medida que son aculturados" (...).

La primera parte de mi definición de género consta, pues, de esos cuatro elementos y ninguno de ellos opera sin los demás. Sin embargo, no operan simultáneamente de forma que uno sea simplemente el reflejo de los otros (...).

La teorización del género, sin embargo, se desarrolla en mi segunda proposición: el género es una forma primaria de relaciones significantes de poder. Podría mejor decirse que el género es el campo primario dentro del cual o por medio del cual se articula el poder. No es el género el único campo, pero parece haber sido una forma persistente y recurrente de facilitar la significación del poder en las tradiciones occidental, judeo-cristiana e islámica. Como tal, puede parecer que esta parte de la definición pertenece a la sección normativa del argumento y sin embargo no es así, porque los conceptos de poder, aunque puedan construirse sobre el género, no siempre tratan literalmente al propio género... (Scott, 1993: 35-37).

En suma, Scott describe los elementos culturales constituyentes del género, incluyendo las instituciones sociales que determinan qué se entiende por ser varón o masculino y qué por ser mujer o femenina, sin perder de vista todo lo relativo al poder que ello implica. Asimismo, señala que uno de los elementos constitutivos del género es la identidad subjetiva.

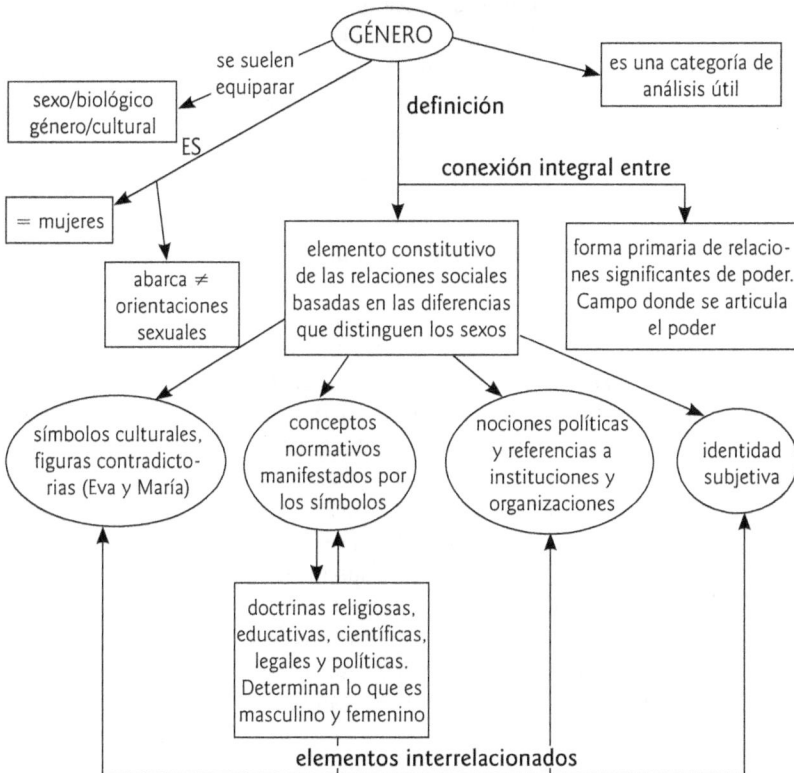

Cuadro 3. Género según Scott: mapa conceptual. Fuente: Elaboración propia.

Con respecto a este tema, Marta Lamas, antropóloga feminista mexicana, efectúa un examen detallado del componente importante que trabajaron las teóricas provenientes del psicoanálisis: el papel del inconsciente. En mayor medida, las lacanianas consideran que el papel de la determinación sexual está en el inconsciente:

> La estructuración psíquica del deseo se da de manera inconsciente, y además lo femenino o lo masculino no corresponden al referente biológico (…) el sexo se construye en el inconsciente independiente de la anatomía, por lo que subraya el papel del inconsciente en la formación de la identidad sexual, y la inestabilidad de tal identidad, impuesta en un sujeto que es fundamentalmente bisexual (Lamas, 2000: 6).

Es a partir de las teóricas con formación psicoanalítica, que consideraron el papel del inconsciente, que se trata de romper el binarismo en que habían caído algunas teóricas al oponer sexo a género como natural/cultural, repitiendo así el esquema dicotómico característico del pensamiento occidental, en contra del que está la teoría feminista.

Ahora bien, desde el punto de vista biológico, no es tan simple abordar la cuestión sexual. Anne Fausto-Sterling, bióloga feminista, criticó las explicaciones biologicistas que no tenían en cuenta los aspectos culturales tanto en lo concerniente a las diferencias sexuales, como en lo relativo a las "razas", por lo que todo se veía reducido a la explicación genética.

Dice Marta Lamas, haciendo referencia a la temprana obra de Fausto-Sterling:

> Los seres humanos simbolizamos un material básico, que es idéntico en todas las sociedades: la diferencia corporal, específicamente el sexo. Aunque aparentemente la biología muestra que los seres humanos vienen en dos sexos, son más las combinaciones que resultan de las cinco áreas fisiológicas de las cuales depende lo que, en términos generales y muy simples, se han dado en llamar el "sexo biológico" de una persona: genes, hormonas, gónadas, órganos reproductivos internos y órganos reproductivos externos (genitales).
>
> Estas áreas controlan cinco tipos de procesos biológicos en un *continuum* —y no una dicotomía—, cuyos extremos son lo masculino y lo femenino. Por eso las investigaciones recientes en el tema señalan que para entender la realidad biológica de la sexualidad es necesario introducir la noción de intersexos. Como dentro del *continuum* podemos encontrar una sorprendente variedad de posibilidades combinatorias de caracteres, cuyo punto medio es

el hermafroditismo,[14] los intersexos serían precisamente, aquellos conjuntos de características fisiológicas en que se combina lo femenino con lo masculino. (…) si nos ponemos a imaginar la multitud de posibilidades a que pueden dar lugar las combinaciones de las cinco áreas fisiológicas ya señaladas, veremos que la dicotomía hombre/mujer es, más que una realidad biológica, una realidad simbólica o cultural. Esta dicotomía se refuerza por el hecho de que casi todas las sociedades hablan y piensan binariamente, y así elaboran sus representaciones (Lamas, 1996).

El concepto de diferencia sexual tiene diversas acepciones según estemos hablando desde la *biología*, en la que, como dijimos, entran a jugar las hormonas, los genes, los órganos reproductivos externos e internos; o desde el *psicoanálisis*, que implica la aceptación del papel del inconsciente; desde las *ciencias sociales* para hablar de la diferencia entre los sexos. Sin embargo, las teóricas formadas o influenciadas por el psicoanálisis, en algunos casos, cayeron en el esencialismo al exaltar la importancia del papel de lo femenino, que le viene dado a las mujeres por su posibilidad de engendrar y, en relación con esto, toda la cultura del cuidado que ello acarrea. En cambio, otras teóricas no enroladas en las filas del psicoanálisis interpretan la *diferencia sexual* exclusivamente en términos biológicos.

Por lo que hemos desarrollado, se advierte que *género* no es una categoría unívoca dentro del feminismo y, por ende, tampoco lo es para las ciencias sociales. Lo cierto es que, cuando leemos sobre el término o escribimos acerca de él, es conveniente contextualizarlo para saber a qué nos estamos refiriendo.

Por último se presentará, en forma sumaria, la caracterización de género de Judith Butler, quien inició un debate en torno a este concepto al cuestionarlo o, como dice ella, ponerlo entre comillas. Teórica feminista estadounidense, activista en la militancia lésbica, compuso *El género en disputa*, un libro académico de lectura no tan sencilla, pero que tuvo amplia repercusión popular y fue uno de los impulsores del surgimiento de la teoría *queer*.[15]

En "La cuestión de la transformación social", relata cuáles eran sus objetivos cuando escribió *El Género en disputa*:

---

14  Se calcula que el 4% de la población mundial está compuesta por hermafroditas desde el punto de vista biológico, es decir, por personas que presentan características fisiológicas de los dos sexos.

15  *Queer* significaba 'raro' en inglés. A partir de la teoría queer, se estudia todo lo relacionado con las personas cuya sexualidad no es *straight* ('recta'), sinónimo, en este caso, de heterosexual.

El primero era exponer lo que entendía como un heterosexismo generalizado en la teoría feminista, el segundo era un intento por imaginar un mundo en el que aquellas personas que viven cierta distancia de las normas de género, o que viven en la confusión de las normas de género, puedan todavía considerarse a sí mismas no solo viviendo vidas vivibles, sino como merecedoras de un cierto tipo de reconocimiento (Butler, 2001a: 9).

Butler desestabilizó no solo el concepto de género, sino el de sexo, al considerarlos social e históricamente configurados y no dependientes de una base material no cuestionada ni independientes de la situación sociocultural. El sexo como *natural* ya está marcado por la lógica binaria del género pre-existente a los sujetos, por la heterosexualidad obligatoria.

La institución de una heterosexualidad obligatoria y naturalizada requiere y reglamenta al género como una relación binaria en que el término masculino se diferencia del femenino, y esta diferenciación se logra por medio de las prácticas del deseo heterosexual. El acto de diferenciar los dos momentos opuestos de la relación binaria da como resultado la consolidación de cada término y la respectiva coherencia interna de sexo, género y deseo (Butler, 2001a: 56).

Esto no equivale a suponer que Butler niega la existencia material del sexo o del cuerpo. Lo que sostiene es que no tenemos un acceso directo, sino que este está intermediado a través de un imaginario social, de los discursos, de las prácticas y de las normas.

Al declarar que mujer es una "situación histórica", de Beauvoir subraya que el cuerpo padece una cierta construcción cultural, no solo por las convenciones que sancionan y proscriben como cada cual actúa su propio cuerpo, el "acto" o la *performance* que el cuerpo de cada cual es, sino también por las convenciones tácitas que estructuran cómo se percibe culturalmente el cuerpo. Desde luego, si el género es la significación cultural que asume el cuerpo sexuado, y si esa significación queda co-determinada por varios actos percibidos culturalmente, entonces es obvio que, dentro de los términos de la cultura no es posible conocer de manera distinta sexo y género (Butler, 1998: 303).

Pero ¿qué es el género para esta teórica? Haremos una digresión para referirnos a los actos de habla, un tema que Butler ha tomado en cuenta para su teoría de la performatividad, aunque no es el único aporte, ya que asimismo recibió influencias de Derrida y Foucault.

Con John Austin se conviene que el lenguaje sirve no solo para describir el mundo, sino también para actuar en él. Los actos de habla son enunciados establecidos a partir de las intenciones de los hablantes y de los efectos que tienen en los destinatarios. Cuando hablamos emitimos un mensaje, pero también actuamos en el mundo: apoyamos, amenazamos, felicitamos, prometemos… Desde ya que importa lo que decimos, pero además comunicamos intenciones y buscamos provocar algún efecto en quienes nos escuchan.

Austin desarrolló un aparato analítico para hablar de cómo los enunciados se convierten en actos sociales. Así distingue, en los actos de habla, tres aspectos: *locutivo*, lo que se dice; *ilocutivo*, la intención, y *perlocutivo*, el efecto que producen. Estos actos se dan en contextos que no solo son lingüísticos, sino también situacionales y socioculturales. Frente a la posición reinante en la época, que sostenía que los enunciados sirven para describir el estado de las cosas en el mundo, Austin plantea la existencia de dos tipos de enunciados: *constatativos* y *performativos*. Los primeros se utilizan para describir determinadas cosas, en tanto que con los segundos no se constata o describe nada, sino que se *realiza* un acto. Los constatativos son verdaderos o falsos, como *Este es un libro*, y radican en el modo locucionario. Mientras que los performativos o realizativos realizan una acción por medio de palabras. Radican en la fuerza ilocucionaria y, en lugar de la verdad, interesan la fuerza y la eficacia. Para que esto suceda, enunció las condiciones de fortuna que deben cumplir: 1) seguir un procedimiento convencional produce un efecto convencional, 2) tienen que darse las circunstancias y estar las personas adecuadas indicadas en el procedimiento y 3) el procedimiento debe hacerse en forma correcta y completa. Uno de los ejemplos que da Austin es el del bautizo de un barco al que quien apadrina le arroja una botella de champagne al tiempo que proclama que lo bautiza con un nombre determinado.[16]

Ahora podemos volver a la caracterización de género de Butler:

> … el género es instituido por actos internamente discontinuos, la *apariencia de sustancia* es entonces precisamente eso, una identidad construida, un resultado performativo llevado a cabo que la audiencia mundana, incluyendo los propios actores, ha venido a actuar como creencia. Y si el cimiento de la identidad de género es la repetición estilizada de actos en el tiempo, y no una identidad aparentemente de una sola pieza, entonces, en la relación arbitraria entre esos actos, en las diferentes maneras posibles de repetición,

---

16 Aunque este no es el único sentido de performativo en que habla Butler, consideramos que esta acepción ayuda a comprender su postura.

en la ruptura o la repetición subversiva de este estilo, se hallarán posibilidades de transformar el género.

(…) En oposición a los modelos teatrales o fenomenológicos que asumen un yo necesariamente antepuesto a sus actos, entenderé los actos constitutivos como actos que, además de constituir la identidad del actor, la constituyen en ilusión irresistible en el objeto de una creencia (Butler, 1998: 297).

Butler, más que a la *performance* teatral, se refiere a la performatividad de los actos de habla y remarca que la teoría de la performatividad de género "presupone que las normas están actuando sobre nosotros antes de que tengamos la ocasión de actuar, y que cuando actuamos remarcamos las normas que actúan sobre nosotros, tal vez de una manera nueva o de maneras no esperadas, pero de cualquier forma en relación con las normas que nos preceden y nos exceden" (Butler, 2009). Estas formas nuevas e inesperadas de las que habla Butler pueden dar lugar a la transformación y a la posibilidad política.

## 4.3. El género como interseccionalidad

Ya anticipamos que el sentido de la interseccionalidad comenzó con la crítica de las teóricas afroamericanas en la década de los ochenta del siglo pasado, cuando Hill Collins habló del triple eje de opresión, pero fue Kimberlé Williams Crenshaw quien introdujo el término en 1989, en su artículo "Desmarginalizando la intersección entre raza y sexo".[17]

En tanto término heurístico, se propuso pensar en función de intersecciones múltiples de poderes, pues los ejes singulares no ofrecen una visión acabada del pensamiento legal, la producción de conocimiento en las disciplinas y las luchas por la justicia social. El término fue utilizado no solo en estudios de género, sino en otras disciplinas. El resultado de pensar en las distintas opresiones como constituidas y constituyentes que interactúan entre sí es más enriquecedor que la referencia a la mera adición de opresiones, por ejemplo, mujer + etnia + clase + edad + orientación sexual + vivir en guerra… La interseccionalidad contribuye a analizar con mayor precisión las diferentes realidades en las que se encuentran las mujeres y, por lo tanto, puede mejorar la acción política.

Se trata de ir más allá de la llamada "doble discriminación" (o triple, o cuádruple, etc.), que se centra en la descripción de la diversidad. El sexismo,

---

17 El título completo de su artículo es "Demarginalizing the Intersection of Race and Sex: A Black Feminist Critique of Antidiscrimination Doctrine, Feminist Theory and Antiracist Politics".

la homofobia, el clasismo, la xenofobia y todas las otras fobias e ismos se construyen siempre en relación. Estas categorías se encarnan, se vuelven corpóreas, son versátiles, están entrelazadas y son casi inseparables analíticamente. Las herramientas de la interseccionalidad y de la transversalidad son usadas como metodologías que restan el sentido estático que puede llegar a tener una categoría. Ambas se usan en el diseño de políticas públicas y políticas sociales, como en las de desarrollo o cuando se trata de evaluar leyes y programas tanto nacionales como internacionales.

La interseccionalidad trata la situación en la que un tipo de discriminación interactúa con dos o más grupos de discriminación y crea una *situación única*. Es una herramienta analítica útil para estudiar y comprender cómo la categoría de género se cruza con otras identidades y cómo los distintos cruces contribuyen a experiencias únicas de opresión y privilegio, tal como lo es estar en los márgenes o en el centro. Dentro del contexto académico, es el método de análisis sociológico que permite interrogarse sobre la reproducción institucional de la desigualdad (Cho, 2013: 434; MacKinnon, 2013: 435).

La importancia del concepto de interseccionalidad es marcada también por una organización como la AWID (Asociación por los derechos de las mujeres en desarrollo):

> Como paradigma teórico, la interseccionalidad nos permite entender situaciones de opresión, de privilegio y de derechos humanos. Nos ayuda a construir planteamientos a favor de una igualdad sustantiva a partir de historias de mujeres o de historia de casos de colectividades (mujeres que hablan o escriben desde la experiencia de sus identidades específicas y la intersección de las mismas), mediante la aplicación de sus lineamientos teóricos y amplios principios. Ello nos permite ver que *el reclamo de las mujeres a favor de la igualdad de derechos no es la expresión egoísta de cierto sector que solo busca promover sus propios intereses, sino que es fundamental para que los derechos humanos plenos, como promesa, pasen a ser una realidad para todos* (AWID, 2004).[18]

## 4.4. El género como transversalidad

El principio de transversalidad se introdujo en el año 1995 en el marco de la Conferencia de Pekín y produjo un cambio en la orientación de las políticas. Se parte de la consideración de que las acciones, las políticas y los programas tienen resultados diferentes para los hombres y las mujeres. Por este motivo la perspectiva de las mujeres debe ser considerada en el diseño,

---

18 Destacado en el original.

la implementación, el seguimiento y la evaluación de las políticas y los programas en todos los ámbitos con el objetivo de que mujeres y hombres se beneficien por igual y la desigualdad no se perpetúe. Incluye actividades específicas y acciones positivas porque las posiciones de partida para hombres y para mujeres no son iguales.

El término transversalidad de género se utiliza como sinónimo de *mainstreaming* de género o enfoque de género para referirse a la responsabilidad de todos los poderes públicos en el avance de la igualdad entre mujeres y hombres. Aunque hay varias definiciones e interpretaciones rescatamos una de las que provee Evangelina García Prince, quien afirma:

> El *gender mainstreaming* es un proceso estratégico. Es una estrategia, no es un fin en sí mismo, el fin es la igualdad: con lo cual podemos entender que de cierta manera representa una opción, un instrumento estratégico para alcanzar la igualdad (…).
>
> El gender mainstreaming tiene como propósito el logro de la igualdad de hombres y mujeres, con lo cual hay un tácito reconocimiento de que la desigualdad es un problema público. Supone considerar la eliminación de las desigualdades de género y el establecimiento de la igualdad, como dimensión o referencia indispensable en todas las fases del proceso de políticas públicas (y aún en el caso de las políticas de organizaciones privadas que promueven políticas de igualdad) así como en el orden institucional y organizacional que les da soporte, en su ejecución y evaluación (García Prince, 2010: 78).

La transversalidad y la interseccionalidad no son herramientas excluyentes en la intervención para superar la desigualdad de género. Por el contrario, se complementan.

## 5. Contribuciones de las teorías feministas al campo del conocimiento

Han sido muchos los aportes de las teorías feministas a los distintos campos teóricos, a las ciencias sociales y humanas pero especialmente relevante ha sido el campo del conocimiento.

La epistemología feminista o teoría del conocimiento feminista ha realizado un aporte sustancial al campo de los saberes al rescatar las experiencias de las mujeres que no fueron tomadas en cuenta por las teorías tradicionales, en las cuales no habían podido expresar sus voces de forma individual o colectiva.

El encuentro entre el feminismo y la epistemología ha dado lugar a diálogos entre el compromiso político feminista y las corrientes tradicionales de la epistemología. Las críticas de los supuestos androcéntricos y los sesgos sexistas de las investigaciones, la pretendida objetividad y la neutralidad valorativa fueron los primeros temas tratados.

Las posturas tradicionales acerca del conocimiento caracterizan al sujeto que conoce como un sujeto adulto, sin rasgos propios, que puede dejar a un lado los efectos perturbadores de la emoción. Si somos seres racionales, nuestra razón puede dominar y convertirnos en seres valorativamente neutrales, universales, donde el conocimiento que uno obtenga valga para todos.[19] Las características mencionadas hacen que los sujetos sean intercambiables y objetivos.

Ya hemos señalado que en el pensamiento androcéntrico occidental las mujeres han sido consideradas inferiores a los varones, carentes de autoridad epistémica al igual que las minorías. Como consecuencia de los conocimientos que producen las teorías patriarcales, las mujeres quedan encerradas en estereotipos sexuales, de clase y de raza. Se las excluyó de las investigaciones en cuanto sujetos y objetos de conocimiento. Y aún más, el trabajo doméstico, en la medida en que pertenece al ámbito de lo privado, es invisible para la economía.

Ahora bien, las teorías feministas, en cambio, reconocen que el pensar es propio de seres *sexuados* y *situados* tanto física y psicológicamente como socialmente: tienen cuerpo, edad, emociones que intervienen en el conocimiento, orientación sexual, pertenecen a una clase, a una etnia, tienen ocupaciones y forman parte de distintos grupos.

El cambio en la concepción del sujeto abstracto de la modernidad a una pluralidad de sujetos produjo, a su vez, distintos enfoques respecto de temas tradicionales, como la distinción entre saber ingenuo y crítico.

Históricamente, dentro de las teorías de conocimiento, el saber cotidiano no ha sido considerado relevante, como se observa en textos de introducción a la filosofía, donde el conocimiento filosófico y el científico se presentan como saber crítico, en contraposición con el saber *vulgar* o *ingenuo*. Se supone que el saber crítico deja de lado esos *influjos perturbadores* que provienen de los sentimientos para operar con una *razón no contaminada* o que, por lo menos, tiene los medios, los métodos necesarios para detectar los desvíos y no caer en el error. A las personas que investigan o ejercen la docencia se los ha instado a dejar los problemas de sus vidas cotidianas ("privadas") colgados con sus abrigos en un perchero antes de entrar a su ámbito de trabajo. Pero esa concepción, al mismo tiempo, deja de lado que el conocimiento ordinario, permite comprender el mundo en que vivimos y orientar nuestras acciones en él, pues, en el día a día, apelamos con regularidad al sentido común e incluso, a veces, aludimos al *criterio* para juzgar

---

19  En masculino, porque las mujeres no están contempladas en esta tradición.

el comportamiento de las personas.[20] Señalamos que un individuo tiene *sentido común* cuando actúa de acuerdo con el modo de pensar y proceder que comparte con el resto[21] del grupo social al que pertenece.

Lorraine Code, teórica canadiense, propone una "epistemología de las vidas diarias". Pretende con esto evitar los límites de las epistemologías que no consideran que el conocimiento sea una construcción producida por agentes que están inmersos en prácticas sociales, ni reconocen la variabilidad de agentes y prácticas a través de los grupos sociales. Para Code, no tiene sentido hablar de *objetividad* sin que se tenga en cuenta la *subjetividad*. La objetividad incluiría a la subjetividad. Las versiones anglo-norteamericanas de la epistemología silencian los relatos y narrativas de la vida cotidiana porque no aceptan que haya conocimiento seguro cuando la subjetividad entra en juego. El conocimiento, según esta corriente epistemológica, es un saber descarnado y, por lo tanto, no narrado ni discursivo (Code, 1993).

Sin embargo, según Code, no deberíamos hablar de conocimiento ordinario y conocimiento crítico, ya que en las investigaciones científicas quien investiga no puede dejar a un lado su conocimiento cotidiano. No habría una línea definida entre una forma de saber y otra, sino un continuo de conocimiento que se daría desde lo más subjetivo hasta lo más objetivo.

Incluso antes de sus escritos feministas, Code se dedicó al tratamiento de la relación entre conocimiento y subjetividad. Desde muy joven percibió que se daba por descontado que quienes *podían* conocer eran los varones. Palpó el androcentrismo y el rechazo a otras formas viables de conocimiento. Hablar de subjetividad y conocimiento a fines de los setenta hizo que en la academia la ubicaran dentro del feminismo, ya que la conjunción entre conocimiento y subjetividad era impensable dentro de la epistemología reinante (Code, 1991).

Lorraine Code considera que la epistemología debe entenderse como teoría del conocimiento e incluir al conocimiento cotidiano, pues ello es central en el pensamiento feminista: las feministas tienen que conocer sus experiencias y las experiencias de las otras mujeres además de las circunstancias de sus vidas. Dar importancia a este camino es lo que permite explicar la ausencia de las mujeres como conocedoras y como conocidas dentro del conocimiento público, donde aún luchan y requieren tener no solo poder epistémico, sino también reconocimiento de autoridad.

---

20  Al igual que otros autores, Berger iguala "sentido común" a conocimiento cotidiano. Sin embargo, considero que en el ámbito del conocimiento ordinario el sentido común obra como criterio para juzgar la adecuación o no de ciertas actitudes, creencias y comportamientos (Berger y Luckmann, 2005: 39).

21  Definición tomada del sitio de la RAE, www.rae/es/.

Un sujeto "normal" se presupone masculino y, precisamente por ello, dichas epistemologías dejaron a un lado grupos que no eran considerados "de interés": mujeres, otras etnias, homosexuales, personas de edad avanzada, discapacidades, entre otras. Todas estas características eran catalogadas como "no normalidades", por lo que tanto sus experiencias como sus proyectos no debían ser tomados en cuenta. Dichos grupos no son solamente invisibles en los datos a partir de los cuales las conclusiones son extraídas, sino que tampoco encuentran modo de hacer que sus experiencias cuenten como conocibles. El conocimiento es un proceso de construcción que tiene sus bases en el poder. La producción de conocimiento es más una negociación dentro de una comunidad epistémica que una confrontación cara a cara con los hechos (Code, 1995).

En la década de los noventa, la cuestión que inquietó tanto a las militantes activistas como a las investigadoras fue cómo hablar en nombre de otra mujer. En "Who cares?" Code afirma que el recontar e interpretar experiencias es vital para la formación de la subjetividad. Las mujeres tienen que aprender de sus propias experiencias, ya que su agencia subjetiva no está presente en los mecanismos de los análisis imparciales.

Ya se sabe que no se puede hablar de *una* epistemología feminista, pero a pesar de la variedad de posturas teóricas[22] todas parten de la afirmación de que quien conoce es alguien que está en una determinada situación, posición o circunstancia. Todas las corrientes niegan que el conocimiento se produzca desde "ninguna parte". Se niega la universalidad y su nivel de abstracción, que hace que se desatiendan las particularidades.

Ha representado un importante giro también la canadiense Dorothy Smith, socióloga, activista militante del movimiento feminista, para quien el punto de vista de las mujeres se define por negación de las formas ideológicas que excluyeron o no tomaron en cuenta su experiencia como sujetos de conocimiento. En su ensayo de 1974, *Women's Perspective as a Radical Critique of Sociology*, Smith se ocupó de los principales aspectos concernientes a una teoría sociológica que no ignorara los planteos de los movimientos de mujeres. La línea de pensamiento que debía seguirse tenía que incluir, esencialmente, el punto de vista de las mujeres.

---

22 Es conveniente aclarar que, al igual que cuando hablamos de "feminismo", empleamos epistemología en singular por razones de espacio y claridad. Tanto en el interior de la epistemología como en el de la epistemología feminista hay diversas tendencias.

## 6. Actividades propuestas

### Actividad 1

El psicólogo Jean Piaget fue famoso por haber estudiado el desarrollo de la inteligencia y haber propuesto niveles evolutivos. Su discípulo Kohlberg hizo lo propio al marcar etapas en el desarrollo moral de las personas. El siguiente pasaje ha sido tomado de *La moral y la teoría*, de Carol Gilligan, quien trabajó como asistente de Kolberg e hizo una lectura crítica desde el feminismo.

Te pedimos que, en el siguiente pasaje, reconozcas conceptos de la teoría feminista, como androcentrismo, sexismo y que justifiques brevemente tu respuesta.

> La crítica que hace Freud al sentido de justicia de las mujeres, al que considera viciado al rechazar la ciega imparcialidad, reaparece no solo en la obra de Piaget, sino también en la de Kohlberg. Mientras que en la versión de Piaget del juicio moral del niño las niñas son como un "apéndice", una curiosidad a la que dedica breves líneas de un índice (...), en la investigación de la que Kohlberg deriva su teoría, las mujeres simplemente no existen. Las seis etapas de Kohlberg,[23] que describen el desarrollo del juicio moral, de la infancia a la adultez, se basan empíricamente en un estudio de 84 niños varones cuyo desarrollo siguió Kohlberg durante un período de más de veinte años. Aunque Kohlberg atribuye universalidad a su secuencia de etapas, los grupos no incluidos en su etapa original rara vez llegan a sus etapas superiores (...). Entre quienes así parecen deficientes en desarrollo moral, si se les mide por la escala de Kohlberg, están las mujeres cuyos juicios parecen ejemplificar la tercera etapa de su secuencia de seis. En esta etapa, la moral se concibe en términos impersonales y la bondad es equiparada a ayudar y complacer a otros. Este concepto de la bondad es considerado por Kohlberg y Kramer como funcional en las vidas de las mujeres maduras, mientras sus vidas se desarrollen en el hogar. Kohlberg y Kramer afirman que solo si las mujeres entran en la arena tradicional de la actividad masculina reconocerán

---

23  Kohlberg distinguió tres niveles que, a su vez, dividió en dos estadios cada uno. Nivel *Preconvencional*: las normas son una *realidad externa* que se respetan solo atendiendo las consecuencias (premio, castigo). Estadios: 1) Obediencia y miedo al castigo. *Heteronomía.* 2) Favorecer los propios intereses. *Egoísmo.* Nivel *Convencional.* Es bueno o malo lo que lo es para el *grupo.* Estadios: 3) Expectativas interpersonales. 4) Normas establecidas por la sociedad. Nivel *Postconvencional*: comprensión y aceptación de los principios morales generales que inspiran las normas. 5) Derechos prioritarios y contrato social. 6) Principios éticos universales.

lo inadecuado de esta perspectiva moral y progresarán como los hombres hacia etapas superiores en que las relaciones se subordinan a las reglas (etapa cuatro) y las reglas a principios universales de justicia (etapas cinco y seis).

Sin embargo, hay en esto una paradoja, pues las características mismas que tradicionalmente han definido la "bondad" de las mujeres, su atención y sensibilidad a las necesidades de otros, son las que vienen a marcarlas como deficientes en desarrollo moral (1982: 40-41).

## Actividad 2

Respecto de los estereotipos, escribí, por lo menos, diez estereotipos e indicá si son sexistas, racistas, etarios, etc. Por ejemplo: *Las rubias son tontas* (sexista); *Ese negrito no aprende, no le da* (racista); *Para mí, el puesto se lo tienen que dar a Mario no a María. Las mujeres siempre se embarazan y faltan* (sexista); *¡Mejor no te cruces con una mujer enojada!*

## Actividad 3

Los refranes son expresiones de las diferentes culturas que reflejan la sabiduría popular y aconsejan sobre nuestras conductas. Muchos de ellos reflejan estereotipos acerca de las mujeres, los varones y las valoraciones de la vida en general. Te pedimos que analices los siguientes refranes referidos a mujeres y varones que provienen de distintas culturas y expliques su sentido. Describí cómo son (o deben ser) las mujeres y los hombres según estos y agrupalos según las categorías que previamente hayas definido. Por último, ¿estás de acuerdo con ellos o parte de ellos? ¿Por qué?

a) Los hombres y las gallinas, poco tiempo en las cocinas.
b) Con un hombre rico no repares en si es feo o bonito.
c) Dieciocho hijas divinas valen menos que un hijo jorobado.
d) Un hijo tonto es mejor que una hija habilidosa.
e) El hombre sale de la infancia, pero la mujer no se hace adulta nunca.
f) La mujer tiene forma de ángel, corazón de serpiente y cerebro de burro.
g) Al hombre honrado le cuesta caro.
h) Hazte de fama y échate a dormir.
i) La mujer tiene cabello largo y cerebro corto.
j) Las mujeres preguntan, los hombres aportan las respuestas.
k) Al hombre mayor dale honor.
l) Virtuosa es la mujer sin conocimiento.
m) Donde la mujer lleva los pantalones y el hombre el delantal, todo sale mal.
n) Antes son mis dientes que mis parientes.

ñ) Las mujeres y los bifes, cuanto más los machacas, mejores son.

o) El perro es más inteligente que la mujer, no ladra a su amo.

p) Educar a una mujer es poner un cuchillo en las manos de un mono.

q) A un hombre enfadado déjale a un lado.

r) Con los hombres no se juega, a jugar con las muñecas.

s) No hay tanto veneno en la boca de la serpiente ni en el aguijón del avispón como en el corazón femenino.

## Actividad 4

En función de las publicidades pretéritas que se presentan a continuación, te pedimos que apliques los conceptos vistos en el capítulo para criticar el mensaje implícito que trasmiten. En la publicación en línea de donde se extrajeron estas publicidades afirman que hoy en día, estas serían impensables, ¿creés que sea cierto que ninguna publicidad de hoy se les asemeja?

Figura 1. Publicidad de cigarrillos Tipalet. "Soplale en la cara y te seguirá a cualquier parte". Fuente: "25 publicidades antiguas, machistas, xenófobas y desubicadas", *Diario Registrado*, 20/1/2014 [en línea]. Dirección URL: http://www.diarioregistrado.com/sociedad/85893-25-publicidades-antiguas--machistas--xenofobas-y-desubicadas.html.

Figura 2. Publicidad de jabón. "¿Por qué tu mamá no te lava con jabón X?". Fuente: "25 publicidades antiguas, machistas, xenófobas y desubicadas", *Diario Registrado*, 20/1/2014 [en línea]. Dirección URL: http://www.diarioregistrado.com/sociedad/85893-25-publicidades-antiguas--machistas--xenofobas-y-desubicadas.html.

# Referencias bibliográficas

Amorós, C. (coord.) (1994). *Historia de la teoría feminista*. Madrid, Universidad Complutense de Madrid.

Asociación para los Derechos de las Mujeres y el Desarrollo (AWID) (2004). *Interseccionalidad: una herramienta para la justicia de género y la justicia económica*, Vol. 9. Toronto, AWID.

Bach, A. M. (2010). *Las voces de la experiencia. El viraje de la filosofía feminista*. Buenos Aires, Biblos.

Beechey, V. (1979). "On Patriarchy", *Feminist Review* N° 3, pp. 66-81.

bell hooks (1984). *Feminist theory from margin to center*. Boston, South End Press.

Berger, P. y Luckman, T. (2005). *La construcción social de la realidad*. Buenos Aires, Amorrortu.

Bloch, M. (1967). *Introducción a la historia*. México, Fondo de Cultura Económica.

Butler, J. (1998). "Actos performativos y constitución del género: un ensayo sobre fenomenología y teoría feminista". *Debate Feminista* N° 18, pp. 296-314.

—— (2001a). *El género en disputa. El feminismo y la subversión de la identidad*. México, PUEG.

—— (2001b). "La cuestión de la transformación social", en Beck-Gernsheim, E.; Butler, J. y Puigvert, L.: *Mujeres y transformaciones sociales*. Barcelona, El Roure.

—— (2009). "Performatividad, precariedad y políticas sexuales", *AIBR*, Vol. 4, N° 3, pp. 321-336.

Code, L. (1991). *What Can She Know?* New York, Cornell University Press.

—— (1993). "Taking Subjectivity into Account", en Alcoff, L. y Potter, E. (eds.): *Feminist Epistemologies*. New York, Routledge.

—— (1995). "'How Do We Know?' Questions in Methos and Practices", en Burt, S. y Code, L. (eds): *Changing Methods: Feminist Transforming Practice*. Peterborough, Broadview Press.

Cho, S.; Crenshaw, K. y McCall, L. (2013). *Toward a Field of Intersectionaly Studies: Theory, Applications, and Praxis*. Chicago, SIGNS.

Ciriza, A. (2002). "Pasado y presente. El dilema Wollstonecraft como herencia teórica y política", en Borón, A. y Vita, A. de (comps.): *Teoría y Filosofía Política: La recuperación de los clásicos en el debate latinoamericano*. Buenos Aires, CLACSO-USPI.

Cobo Bedía, R. (1995). "Género", en Amorós, C. (ed.): *10 palabras clave sobre mujer*. Navarra, Editorial Verbo Divino.

Fraser, N. (1997). *Iustitia Interrupta*. Bogotá, Siglo del Hombre Editores y Universidad de los Andes.

Friedan, B. (2009) [1963]. *La Mística de la Feminidad*. Madrid, Ediciones Cátedra (Feminismos).

García Prince, E. (2010). *Políticas de Igualdad, Equidad y Gender Mainstreaming. ¿De qué estamos hablando? Marco conceptual*. S. d., Fondo España-PNUD.

Gilligan, C. (1982). *La moral y la teoría*. México, Fondo de Cultura Económica.

Haraway, D. (1991). *Ciencia, cyborgs y mujeres*. Barcelona, Cátedra.

Hill Collins, P. (1990). "La política del pensamiento negro", en Navarro, M. y Stimpson, C. (comps.): *¿Qué son los estudios de las mujeres?* Buenos Aires, Fondo de Cultura Económica.

Laclau, E. y Mouffe, Ch. (1987). *Hegemonía y estrategia socialista*. Madrid, Siglo XXI.

Lamas, M. (1995). "La perspectiva de género", *La tarea. Revista de Educación y Cultura* N° 8, pp. 14-20. Disponible en [www.latarea.com.mx/articu/articu8/lamas8.htm].

—— (1996). "Usos, dificultades y posibilidades de la categoría de género",

*Papeles de Población*, Vol. 5, N° 21, julio-septiembre, pp. 147-178. Disponible en [http://www.redalyc.org/pdf/112/11202105.pdf].

—— (2000). "Diferencias de sexo, género y diferencia sexual", *Cuicuilco*, Vol. 7, N° 18. México, Escuela Nacional de Antropología e Historia.

Lerner, G. (1990). *La creación del patriarcado*. Barcelona, Crítica.

MacKinnon, C. (1995). *Hacia una teoría feminista del Estado*. Madrid, Cátedra.

—— (2013). *Intersectionality as Method: A Note*. Chicago, SIGNS.

Mies, M. y Vandana, S. (2002). *La praxis del ecofeminismo*. Barcelona, Icaria.

Mohanty, Ch. T. (2004). *Feminism without borders: decolonizing theory, practicing solidarity*. Durham, Duke University Press.

Moliner, M. (1994). *Diccionario de uso del español*. Madrid, Gredos.

Pateman, C. (1995). *El contrato sexual*. Barcelona, Anthropos.

Real Academia Española (2001). *Diccionario de la lengua española*, 22.ª edición. Madrid, Espasa.

Rubin, G. (1975). "El tráfico de mujeres: notas sobre la 'economía política'del sexo", en Navarro, M. y Stimpson, C. (comps.): *¿Qué son los estudios de las mujeres?* Buenos Aires, Fondo de Cultura Económica.

Sau, V. (1990). *Diccionario ideológico feminista*. Barcelona, Icaria.

Scott, J. (1996). *El género. Una categoría útil para el análisis histórico*. México, PUEG.

Smith, D. (1996). "Women's Perspective as a Radical Critique of Sociology", en Keller, E. F. y Longino, H. (eds.): *Feminism & Science*. Oxford, Oxford University Press.

Valcárcel, A. (2008). *Feminismo en el mundo global*. Madrid, Ediciones Cátedra (Feminismos).

"25 publicidades antiguas, machistas, xenófobas y desubicadas", *Diario Registrado*, 20/1/2014. Disponible en [http://www.diarioregistrado.com/sociedad/85893-25-publicidades-antiguas--machistas--xenofobas-y-desubicadas.html].

Young, I. M. (1992). "Marxismo y feminismo: más allá del `matrimonio infeliz´ (una crítica al sistema dual)", *El Cielo por Asalto*, Año 2, N° 4, pp. 40-56.

# Capítulo 2

# ¡Andá a lavar los platos!
# Androcentrismo y sexismo en el lenguaje

*Mabel Alicia Campagnoli*[1]

*El sexismo quizás tiene su más fuerte aliado en el lenguaje.
Sin lugar a dudas, este sistema es en el cual mayormente predo-
minan los estereotipos tradicionales existentes en torno al género,
siendo además este el principal protagonista de la problemática
que se anuncia a la hora de erradicar los comportamientos discri-
minativos y sexistas.*
(Vanessa Jahaira Catrilef Lerchundi, 2009,
en *Comunicación & Género*)

## 1. Introducción

El proceso de enseñanza-aprendizaje es una instancia ineludible de reproducción del lazo social y sus naturalizaciones. En consecuencia, se trata
de un lugar donde se institucionalizan sentidos y se produce la construcción social de las subjetividades. Por ello, resulta imprescindible contar con
herramientas que contribuyan a participar reflexivamente de dicho proceso
para poder promover innovaciones de sentido. En el marco establecido por
el abordaje de este libro, el foco está puesto en la dimensión sexo-genérica.
De allí la importancia de acercar a docentes y alumnas/os de profesorado
algunos recursos de sensibilización en tal perspectiva.[2] Con esta mirada se

---

1   Profesora en Filosofía y magíster en Análisis del Discurso por la Facultad de Filosofía
    y Letras de la Universidad de Buenos Aires (UBA); máster universitario en Perspectiva
    Feminista de la Creación del Pensamiento Científico y Construcción de la Sociedad por la
    Universidad Pablo de Olavide (UPO) (España); doctoranda en Investigaciones Feministas
    (UPO) y docente e investigadora (UBA-UNLP).

2   Si bien en el apartado 3.2. se trata específicamente la cuestión del plural masculino,
    se aclara que la postura sostenida en este capítulo es la de visibilizar tanto el género
    femenino como el masculino. Se asume además, en primer lugar, el femenino porque da
    cuenta de la identidad de la autora (por lo que se emplea la forma "las/los"). En la tercera
    parte del texto, se problematiza esta cuestión e incluso se da cuenta de que masculino
    y femenino no son las únicas identidades sexo-genéricas posibles. De todos modos, en
    función de agilizar la que puede ser una primera aproximación a la temática, el texto se
    mantendrá en la opción indicada.

desarrolla el presente capítulo, que comienza por conceptualizaciones sobre patriarcado y luego se detiene en sus efectos simbólicos de androcentrismo y de sexismo. Es decir, brinda una concepción del imaginario social y de las relaciones de poder que permiten visibilizar la dimensión sexo-genérica de estas. En este sentido, hace posible detectar la producción de dominación hacia las mujeres y hacia otras identidades sexo-genéricas subalternizadas.

En función de ello, da cuenta también de una concepción dinámica del lenguaje, que se considera parte de la acción formadora de lo social y no un mero vehículo, lo que permite comprender el papel activo que tiene en la generación de subjetividades a través de una perspectiva performativa. El recorrido propuesto, entonces, brinda elementos para sensibilizarnos en la detección de efectos lingüísticos discriminadores; especialmente, de los que tienen sesgos androcéntricos y sexistas, términos que también se aclaran en el desarrollo.

Los conceptos que se presentan en este capítulo y los efectos de sentido que se busca develar son de relevancia para el ejercicio de la docencia en cualquiera de sus dimensiones. De ningún modo resultan exclusivos del ámbito de la enseñanza de la lengua, en la medida en que los procesos de formación profesional generan, en cuanto procesos formativos, subjetividad. Teniendo en cuenta esta construcción permanente de subjetividad, se debe revisar el cuidado en las interacciones y la sensibilización sobre las perspectivas de nuestras representaciones, en especial, las sexo-genéricas.

El capítulo tematiza, en primer lugar, el patriarcado en varias de sus dimensiones y complejidades, haciendo foco en el carácter violento de su estructura y en el aspecto invisible de dicha violencia. En segundo lugar, se conceptualiza el lenguaje en su dimensión performativa, relacionado con la generación de violencia simbólica y la producción de subjetividades. En tercer lugar, se describen el androcentrismo y sus efectos lingüísticos. En cuarto lugar, se exponen el sexismo y sus efectos lingüísticos. En quinto y último lugar, se proponen estrategias y actividades de visualización y sensibilización.

## 2. Concepciones del *patriarcado*

Gracias a las teorizaciones feministas que durante el siglo XX resignificaron el concepto de patriarcado,[3] contamos con una lente estructural para percibir las relaciones de poder entre los sexos, para analizar los procesos

---

3   Algunas referencias clásicas para este aporte conceptual se encuentran en Millet (1995 [1969]); Amorós (1985); Lerner (1986); Pateman (1988); Valcárcel (1991) y Femenías (1996). La mención es ilustrativa, mas no exhaustiva.

por los que se establecen de modo jerárquico y para diseñar estrategias de cambio en la sociedad.

## 2.1. Patriarcado como política sexual

A fines de la década de los sesenta, en el marco de la llamada *segunda ola* del feminismo,[4] Kate Millet publicó en Estados Unidos *Política Sexual*, donde introdujo una definición de política que permite pensarla estrictamente como producción de relaciones de dominación; es decir, como el conjunto de relaciones y compromisos estructurados de acuerdo con el poder, en virtud de los cuales un grupo de personas queda bajo el control de otro grupo (Valcárcel, 1991: 141). En este sentido, la política sexual alude al establecimiento de la dominación del colectivo de mujeres por parte del colectivo de varones y constituye la definición de patriarcado para la autora.

Por lo general, cuando se intenta naturalizar dicha producción, o sea, cuando se pretende quitarle el carácter histórico y político a la dominación, se lo hace sobre la base de argumentos que apelan ya a la biología, ya a la economía. Ahora bien, en cuanto institucionalización de la dominación masculina sobre mujeres, niñas y niños, el patriarcado no implica que las mujeres no tengan ningún tipo de poder. Por el contrario, ese tipo de dominación sexual funciona a partir de la eficacia de distribuir roles y funciones, de modo que el control que implica dicha dominación pase desapercibido.

Esto sucede debido a la articulación de dos niveles en las relaciones de dominación: el institucional y el subjetivo. Con nivel institucional nos referimos a que esta relación es ejercida por el colectivo de varones a través de instituciones que se han forjado socialmente de acuerdo con el canon de lo hegemónicamente masculino. En este sentido, las pautas, los valores, las reglas de constitución de los espacios sociales están conformadas en clave masculina. Esto significa que las dos instituciones principales que caracterizan los espacios modernos público y privado, *Familia* y *Estado*,[5] expresan la dominación masculina, al apropiarse especialmente de la libertad de las mujeres mediante distintas estrategias.

---

4 Se considera *segunda ola* del feminismo la que a partir de mediados del siglo XX promueve, a partir de la obtención de la igualdad formal entre los sexos, un cambio en los patrones culturales. Está caracterizada por el lema *lo personal es político*, que implica defender la especificidad del cuerpo femenino junto con la igualdad de derechos. Mientras que la *primera ola* se concentró en buscar la inclusión en el orden del derecho, para que las mujeres alcanzaran la igualdad respecto de los varones en todas las leyes; especialmente el eje fue obtener la condición de ciudadanas. Ver Molina Petit (1994).

5 Los términos *Estado* y *Familia* aparecen con mayúscula porque aluden al carácter institucional de estos.

Desde el Estado, según la época, se ha establecido el carácter jurídico de *minoría de edad* para las mujeres, se han restringido sus posibilidades de ejercer la ciudadanía o de recibir educación, y se ha prohibido el acceso a estrategias eficaces de anticoncepción, por ejemplo. Sin embargo, esas restricciones no suelen ser presentadas como mera expresión de arbitrariedad, sino que se basan en argumentos que aducen *el propio bien* de las restringidas que en general se asocian a la adecuación de los roles de esposa y de madre como esenciales.

Desde la Familia, a su vez, las condiciones de dominación vienen pautadas por el contrato de matrimonio que fundamenta esta institución y que, en principio, fue un contrato paradójico, ya que en él se pactaban una jerarquía y una tutela consentidas, antes que una paridad legal. A pesar de las distintas reformas jurídicas que este ha recibido a lo largo del tiempo y que distan de ser completas, el espacio que dicho contrato habilita presenta un anudamiento de múltiples dimensiones: económicas, psicológicas, sexuales, etcétera.

Al nivel institucional de la dominación masculina, expresado a partir de las instituciones Estado y Familia, se le articula el nivel subjetivo, que refuerza el carácter invisible de la dominación. Por ejemplo, dado que las instituciones hegemónicas definen la feminidad como vulnerable, la protección paternalista hacia las mujeres aparece como una actitud adecuada y no como un intento de control que atenta contra el ejercicio de la autonomía por parte de las mujeres. Del mismo modo, confinar sus funciones al ámbito de la familia se ve como un recurso fundamental del poder de las mujeres, antes que como un socavamiento de este. Este nivel subjetivo refiere a la construcción sociohistórica de las subjetividades, a la producción de sujetos y a la trama cotidiana de sus vínculos. Es lo que se piensa no solo como perteneciente al ámbito de lo privado, sino más allegado al plano de lo íntimo y, por tal motivo, irrelevante para un análisis sociopolítico.

Justamente, el modo de entender el patriarcado que aquí estamos esbozando, a partir de los lineamientos de Kate Millet, permite comprender que público y privado no son espacios divorciados, sino mutuamente entrelazados. En consecuencia, el hecho de presentarlos como separados forma parte de las estrategias de la dominación. Le quita dimensión política al ámbito familiar y todo lo que en él se encierra; fundamentalmente, en lo que respecta a los usos de los cuerpos, el ejercicio de la sexualidad, la trama de las subjetividades y las emociones, el aprendizaje de roles... Por esta razón, un lema clave de los feminismos de la *segunda ola* fue el enunciado *lo personal es político*, que visibiliza la imbricación público-privado y permite desmontar las opresiones del mundo íntimo; en especial, las que se tejen en los vínculos afectivos y las relaciones de pareja.

Una importante consecuencia en este sentido fueron las luchas feministas por la *apropiación* de los cuerpos de las mujeres como base del respeto por su autonomía y la apertura del trabajo microfísico de crítica sobre las posiciones subjetivas a la luz de los grupos de concienciación.[6] Esto permitió denunciar la violencia sexual dentro del matrimonio, distinguir diferentes dimensiones respecto de la violencia, abrir otras posibilidades para la exploración sexual en las mujeres, crear estrategias para lograr el acceso a la anticoncepción, especialmente en lo que refiere a la práctica legal y segura del aborto, legitimar sexualidades disidentes para las mujeres. Ese trabajo microfísico fue articulándose en estrategias políticas propositivas para lograr en algunos países, según las coyunturas histórico-políticas, transformaciones jurídicas específicas y reconocimiento del impacto social de cuestiones invisibilizadas en la *privacidad*.

De este modo, las luchas feministas ofrecieron diversas herramientas para comprender que el patriarcado dispone de sus propios elementos políticos, económicos, ideológicos y simbólicos de legitimación y que su permeabilidad escaparía a cualquier frontera cultural o de desarrollo económico. El concepto de *patriarcado* remite al carácter estructural de las relaciones de poder y revela, en particular, su dimensión sexual. Al mismo tiempo, tal enfoque estructural habilita dos dimensiones de análisis: una macro, vinculada con lo que hemos descripto como nivel institucional; otra micro, relacionada con lo que presentamos como nivel subjetivo. En este sentido, el patriarcado no correspondería solo a una estructura política premoderna, sino que se articularía en el presente a través de diversas conformaciones económicas y sociopolíticas. El sentido feminista del concepto de patriarcado habilita la consideración de que, incluso en la modernidad y hasta el presente, las sociedades continúan constituyéndose de modo patriarcal.[7]

## 2.2. Patriarcado como doble contrato: social y sexual

Esta concepción implica cuestionar la versión ilustrada de la filosofía política consagrada (Kant, Rousseau), para la cual el enfoque contractualista

---

6   Los grupos de concienciación eran pequeños grupos de mujeres en los que "se trataba de buscar un discurso desde las mujeres, sobre las mujeres y para las mujeres y de reconocerse en él. La idea que guiaba este objetivo era la de que las mujeres habían estado pensadas, habladas, representadas desde los varones; se buscaba un posicionamiento como mujeres desde un lugar de mujer. Dado que este punto de interpelación nunca había existido, había que crearlo" (Campagnoli, 1999: 155-156).

7   Algunos cuestionamientos al carácter universal del patriarcado y su efecto de atemporalidad se encuentran en Rubin (1998), Scott (1990), Santa Cruz, Bach, Femenías, Gianella y Roulet (1994).

racional y universal acababa con las jerarquías patriarcales que se irían disolviendo paulatinamente a medida que avanzara el progreso de la modernidad en todas las sociedades. Una autora que contribuye especialmente a comprender de qué modo esa teorización contractual moderna convivirá con el mantenimiento de las jerarquías patriarcales o con la resignificación de estas en formato moderno es Carole Pateman, a partir de su concepción del *contrato sexual*. La autora, mediante una lectura crítica de los filósofos ilustrados contractualistas, devela que en sus caracterizaciones del contrato social se encuentra implícita la de un contrato previo, condición de posibilidad del social: el contrato sexual. En este sentido, el contrato social puede ser un pacto entre pares, en el marco de los ideales de libertad, igualdad y fraternidad, justamente porque los *fratres*, en su condición de tales, pactaron previamente excluir a las mujeres del acceso a la ciudadanía a través del contrato sexual. Este develamiento permite comprender que las dos instituciones que representan los ámbitos público y privado, legitimados desde el discurso de la ilustración, se fundamentan en sendos contratos; es decir, el Estado en el contrato social, la Familia en el contrato sexual. De este modo, el ámbito de la horizontalidad contractual rige lo público y sus instituciones, donde los brazos normativos del Estado son el Derecho y las Ciencias. El ámbito verticalista patriarcal prima en lo privado y atraviesa la supuesta división de espacios y los modos en que las distintas jerarquías de poder permean los supuestos igualitarios y universalistas de lo público: sexo, clase, etnia, religión...

De esta manera, la política sexual develada por Millet aparece legitimada a través de esta complejización conceptual, que permite comprender la vigencia de las múltiples jerarquías sociales a pesar de los visos formales y jurídicos de horizontalidad en el ámbito público. O sea, cada uno de estos contratos funda dos regímenes de orden diferente: el de contrato a secas —paridad, ámbito público— y el de estatus —verticalidad, ámbito privado— (Segato, 2003). Ambos se encuentran en tensión y en cada momento sociohistórico presentan un equilibrio inestable. Se trata de dos regímenes irreductibles, en que uno se perpetúa a la sombra y en las grietas del otro. Así, "la condición de iguales que hace posible las relaciones de competición y alianza entre pares [contrato] resulta de su demostrada capacidad de dominación sobre aquellos que ocupan la posición débil de la relación de estatus" (2003: 14). Según la cita, la paridad caracteriza el eje horizontal del contrato social, mientras que la jerarquía es la cualidad propia del eje vertical del estatus, cuya versión sexual viene legitimada por un contrato especial en la perspectiva de Carole Pateman.

## 2.3. Patriarcado como forma histórico-social del sistema de sexo/género

Tal como venimos presentando, la clarificación conceptual sobre el *patriarcado* podría llevar a pensar que este es inevitable, dada su permanencia en el tiempo y su carácter, en principio, universal. En función de contrarrestar este efecto indeseable del concepto, Gayle Rubin propuso sustituirlo por el de *sistema de sexo/género* para que no se perdiera de vista la cualidad histórica del patriarcado:

> ... toda sociedad tiene algunos modos sistemáticos de tratar el sexo, el género y las criaturas. Esos sistemas pueden ser sexualmente igualitarios, por lo menos en teoría, o pueden ser "estratificados por género", como parece suceder con la mayoría o la totalidad de los ejemplos conocidos. Pero es importante —aun frente a una historia deprimente— mantener la distinción entre la capacidad y la necesidad humana de crear un mundo sexual y los modos empíricamente opresivos en que se han organizados los mundos sexuales. El término patriarcado subsume ambos sentidos a la vez. Sistema de sexo/género, por el contrario, es un término que se refiere a ese campo indicando que en él la opresión no es inevitable, sino que es producto de las relaciones sociales específicas que lo organizan (Rubin, 1998: 26).[8]

En consecuencia, esta postura nos permite comprender que el patriarcado es una forma histórico-social del sistema de sexo/género. A la vez, tal historicidad se expresa en las modalidades específicas con que este se manifiesta en diferentes sociedades.

La perspectiva de Gayle Rubin tiene la ventaja adicional de proveer una noción feminista del *género* que será útil para analizar la construcción histórico-política de las relaciones de poder entre los sexos, en general, y de la producción cultural de identidades de género masculinas y femeninas, asentada en la base biológico-natural de los sexos varón y mujer, en particular. Pues, con el concepto de *sistema de sexo/género*, se alude a un conjunto de disposiciones según las cuales la materia prima biológica, tanto del sexo como de la procreación humana, está conformada por la intervención social y se ve satisfecha de forma convencional (Rubin, 1998: 26).

En su caracterización la autora también añade el modo heteronormativo del funcionamiento de este sistema, al aclarar que el género no es solo una identificación con un sexo; además implica dirigir el deseo sexual hacia el otro

---

8    El texto original en inglés es de 1975, ver datos completos en la bibliografía (Rubin, 1998).

sexo. En su perspectiva entonces está presente lo que otras autoras denominarán *heterosexualidad obligatoria* (Adrienne Rich, 1980), *pensamiento heterosexual* (Monique Wittig, 1980), y *matriz heterosexual* (Judith Butler, 1989). En este sentido, su conceptualización permite no solo visibilizar y analizar la producción de la jerarquía entre varones y mujeres, sino incluso la violencia implicada en la necesidad de tener que asumir una identidad de género coherente, permanente y estable:

> Nosotras no solo estamos oprimidas *como* mujeres: estamos oprimidas por tener que *ser* mujeres, u hombres, según el caso. El sueño que me parece más atractivo es el de una sociedad (...) en la que la anatomía sexual no tenga ninguna importancia para lo que es una persona, lo que hace y con quién hace el amor (Rubin, 1998: 63).

## 2.4. Patriarcado como estatus de género

Como vimos más arriba, el modo en que Rita Segato articula los dos contratos (social y sexual) caracterizados por Carole Pateman hace que cada uno de ellos legitime dos modalidades de funcionamiento que hasta el momento denominábamos como ámbito público y ámbito privado, respectivamente. Por un lado, el régimen del contrato a secas, caracterizado por la paridad; por otro lado, el del estatus, de índole vertical. En esta perspectiva, *patriarcado* es el nombre que recibe el orden de estatus en el caso del género. La permanencia activa del verticalismo premoderno para cuestiones que no se zanjan por el contrato, pero que lo condicionan, lleva, de acuerdo con estas autoras, el nombre de *patriarcado*; representado por el contrato sexual para Carole Pateman y por el estatus de género para Rita Segato.

De este modo, *patriarcado* hace referencia a una estructura de relaciones entre posiciones jerárquicamente ordenadas que tiene consecuencias en el nivel observable, pero que no se confunde con ese nivel fáctico; sus derivaciones no son lineales, tampoco se ven causalmente determinadas ni son siempre previsibles. Así, la esfera horizontal de la ley es concebida como regida por el orden del contrato, mientras que la esfera de la costumbre es entendida como regida por el orden de estatus y, por lo tanto, en gran medida inmune a la presión del contrato jurídico moderno sobre ella (Segato, 2003: 17).

El patriarcado es entendido, entonces, como perteneciendo al estrato simbólico que conduce los afectos y distribuye valores en el escenario social. La posición del patriarca es una posición en el campo simbólico, que se transpone en significantes variables en el curso de las interacciones sociales. Por esta razón, el patriarcado es, al mismo tiempo, norma y proyecto de autorreproducción y, como tal, se hace visible a una mirada atenta a las relaciones de poder. En este sentido,

> el patriarcado es no solamente la organización de los estatus relativos de los miembros del grupo familiar de todas las culturas y de todas las épocas documentadas, sino la propia organización del campo simbólico en esta larga prehistoria de la humanidad de la cual nuestro tiempo todavía forma parte. Una estructura que fija y retiene los símbolos por detrás de la inmensa variedad de los tipos de organización familiar y de uniones conyugales (2003: 151).

Ahora bien, las transformaciones en el orden simbólico se asientan en la materialidad de las luchas políticas. Los conflictos históricos tramitados por los movimientos sociales y su impacto en la transformación de las prácticas sociosexuales liberan paulatinamente la fijación ideológica en el dimorfismo anatómico, con lo que empiezan a ser percibidos como lugares abiertos al tránsito de los sujetos.

> Pero para que esto resulte en una transformación efectiva del mundo, será importantísimo hacer proliferar formas de simbolización de estos tránsitos y de esta circulación, inscribirlos en el patrón discursivo de la cultura. Cuanto más énfasis pongamos en los significantes expresivos del tránsito y de la movilidad de género, más próximos estaremos de un mundo capaz de trascender la prehistoria patriarcal (2003: 16).

Nos interesa trabajar esta dimensión simbólica del patriarcado que está todavía activa, pues su comprensión resultará especialmente productiva para revisar las prácticas pedagógicas y generar otras inscripciones culturales. De ahí que la dimensión simbólica del patriarcado como estatus de género sea el elemento que trataremos a continuación para entender, en particular, su eficacia, expresada a través de una violencia invisible y tramitada a partir de una institución particular: el lenguaje. La relación entre patriarcado, lenguaje y violencia permitirá detectar efectos simbólicos específicos, así como también generar estrategias de desacomodamiento.

## 3. Orden simbólico patriarcal y violencia moral

Como vimos en el apartado sobre *patriarcado*, este concepto se aplica a dos cuestiones. Por un lado, está la faceta estructural, relacionada con la producción social del poder entre los sexos, que abarca todos los órdenes institucionales —condensados en Estado y Familia—, donde convergen las dimensiones de vínculos horizontales (contrato) y verticales (estatus). Por otro lado, se observa la cuestión más particular del estatus de género, que se atiene a la producción de la jerarquía masculino/femenino a lo largo de toda la trama sociopolítica y en interrelación con otras producciones de estatus (étnicas, religiosas, de clase, sexuales, etáreas).

Al detenernos en el orden simbólico patriarcal lo hacemos en las múltiples operaciones que tienden a preservar el estatus de género y que, en el cruce entre la dimensión horizontal y la vertical del patriarcado, generan necesariamente una violencia estructural; es decir:

> [un] conjunto de mecanismos legitimados por la costumbre para garantizar el mantenimiento de los estatus relativos entre los términos de género. Estos mecanismos de preservación de sistemas de estatus operan también en el control de la permanencia de jerarquías en otros órdenes, como el étnico, el de clase, el regional y el nacional (2003: 107).

La perspectiva de Rita Segato permite comprender que el fenómeno de la violencia emana de la relación entre los dos ejes vinculares interconectados. El horizontal, formado por términos vinculados por relaciones de alianza o competición, y el vertical, caracterizado por vínculos de entrega o expropiación. Estos dos ciclos se articulan y forman un sistema único cuyo equilibrio es inestable, un sistema de consistencia deficiente. El ciclo cuya dinámica violenta se desarrolla sobre el eje horizontal se organiza ideológicamente en torno a una concepción de contrato entre iguales, y el ciclo que gira sobre el eje vertical corresponde al mundo premoderno de estamentos y castas. En ambos ejes, los miembros son portadores de índices distintivos de su posición relativa.

El estatus introduce una inconsistencia en la modernidad, pero este elemento inconsistente obedece a una historia de larguísima duración y gran resistencia al cambio. El contrato rige las relaciones entre categorías sociales o individuos que se clasifican como pares o semejantes. El estatus ordena las relaciones entre categorías que, como el género, exhiben marcas de estatus diferenciados, señas clasificatorias que expresan un diferencial de valor en un mundo jerárquico. Estas marcas, si bien son construidas, se perciben como indelebles merced a la eficacia simbólica del régimen de estatus (2003: 253).

La hipótesis de Rita Segato es que las distintas dimensiones que hemos señalado sobre el patriarcado y su correlación con la noción de género están articuladas a partir de una violencia estructural que se reproduce con cierto automatismo, con invisibilidad y con inercia durante un largo período luego de su instauración, tanto en la escala temporal ontogenética de la historia personal como en la escala filogenética, es decir, del tiempo de la especie (2003: 113). Esta violencia estructural patriarcal es la que permite entender los procesos específicos de violencias particulares, a pesar de su variedad, como estrategias de reproducción del sistema mediante la refundación permanente, la renovación de votos de subordinación de las/los subalternas/os en el orden de estatus y el permanente ocultamiento del acto instaurador.

A partir de dicha violencia estructural la autora considera necesario separar analíticamente las instancias moral y física, pues la más notable de sus características es aquella por la que se disemina difusamente e imprime un carácter jerárquico a los menores e imperceptibles gestos de las rutinas domésticas. En consecuencia, en función de visibilizar el régimen de los estatus, los aspectos que revisten mayor interés son los casi legítimos y casi legales de la violencia moral. Esta violencia resulta ser el más eficiente de los mecanismos de control social y de reproducción de las desigualdades. La coacción de orden moral se constituye en el horizonte constante de las escenas cotidianas de sociabilidad y es la principal forma de control y de opresión social en todos los casos de dominación.

En función de comprender la dimensión patriarcal, es decir, la manifestación de la violencia en el estatus de género, el concepto de violencia moral permite hacer visible una violencia psicológica que, por su invisibilidad y capilaridad, es la forma corriente y eficaz de subordinación y opresión de género, socialmente aceptada y validada. En palabras de Rita Segato:

> ... violencia moral es todo aquello que envuelve agresión emocional, aunque no sea ni consciente ni deliberada. Entran aquí la ridiculización, la coacción moral, la sospecha, la intimidación, la condenación de la sexualidad, la desvalorización cotidiana de la mujer como persona, de su personalidad y de sus trazos psicológicos, de su cuerpo, de sus capacidades intelectuales, de su trabajo, de su valor moral (2003: 115).

Por lo tanto, es un concepto que apunta a poner en evidencia las formas de maltrato que se encuentran en el punto ciego de las sensibilidades jurídicas y de los discursos de prevención; por lo que vuelve audibles el padecimiento psíquico y la inseguridad impuestos a las/los subalternas/os.

La violencia moral nos devuelve a la dimensión simbólica del patriarcado, que acecha por detrás de toda estructura jerárquica y articula todas las relaciones de poder y de subordinación. Sin embargo, no basta decir que la estructura jerárquica originaria se reinstala y organiza en cada uno de los escenarios de la vida social: el de género, el racial, el regional, el colonial, el de clase, el sexual. Es necesario percibir que todos estos campos se encuentran enhebrados por un hilo único que los atraviesa y los vincula en una única escala articulada como un sistema integrado de poderes, donde género, raza, etnia, religión, nación, clase se interpenetran en una composición social de extrema complejidad: la violencia moral (2003: 121).

El contrato y el estatus se contaminan mutuamente y necesitan de un esfuerzo para mantener el orden en su interior. El caso del género torna paradigmático el hecho de que las mujeres sean *lo otro* en el orden de estatus del género sin dejar de tener una doble inserción, una doble entrada en el sistema, en la medida en que se comportan como un término móvil, que participa, o bien como como atributo necesario que predica al hombre con quien se asocia y le garantiza su participación plena en la competición con sus otros en el orden de contrato, o bien como par-aliado o competidor en la conversación, en el comercio, en el debate, en el trabajo.

Cuando la paridad es de género masculino, cuando los semejantes son hombres, su relación está de todas formas pautada por marcas de los otros órdenes de estatus —hombres negros y blancos, pobres y ricos, norteamericanos y argentinos, porteños y provincianos—. La combinación de todos los órdenes de estatus conectados entre sí dará la tónica de cada relación particular (2003: 257). En consecuencia, se trata de un "sistema siempre a punto de colapsar, donde el poder siempre corre riesgo, no existe posibilidad alguna de reproducción pacífica" (2003: 258).

Si bien Segato no lo considera, en la línea del estatus de género se incluyen también las identidades de género negadas, excluidas, que solo caben en la jerarquía como subalternas; del mismo modo, en el eje vertical del estatus, se visibilizan las sexualidades disidentes de la norma heterosexual:

> Creo que, aunque la opresión patriarcal se manifiesta de diversas formas según el lugar sexo-genérico que ocupemos, es la misma opresión. Creo que es la misma violencia patriarcal la que está detrás del apelativo "mandarina"[9] con que se castiga a un hombre heterosexual por no cumplir a cabalidad con el estereotipo de dominación masculina sobre las mujeres, que la que está detrás del crimen de odio con que se pone fin a la vida de una trabajadora sexual trans. La intensidad del castigo varía, es proporcional al grado de transgresión en cada caso, pero la lógica detrás de él no (Lind y Argüello, 2009: 99-100).

## 3.1. Lenguaje, performatividad y poder simbólico

Para detenernos en la perspectiva simbólica del patriarcado, tenemos que considerar, antes que nada, que la única función del lenguaje no es la

---

9 Palabra utilizada en Ecuador para referirse a un hombre que se deja "mandar" por la mujer (Lind y Argüello, 2009: 99).

referencial (comunicativa, descriptiva, constatativa), sino que hay un aspecto del lenguaje que permite pensarlo como discurso por sus funciones normativa, regulativa y prescriptiva. A esto nos referimos mediante la idea del lenguaje como institución. Esta consideración, particularmente contemporánea, implica que el lenguaje siempre nos precede y a partir de sus acciones se torna constitutivo de la realidad en general y de las subjetividades en particular. En este sentido es que resulta insoslayable en la trama simbólica que buscamos analizar.

Judith Butler desarrolla este aspecto basándose en la teoría de John L. Austin, para quien existen enunciados de los que no cabe predicar verdad o falsedad, sino felicidad o no en la medida en que se trata de enunciados que proponen algo en lugar de describirlo; por lo que quedan sometidos al cumplimiento o no de lo propuesto para saber si resultaron exitosos. A ello se refiere Austin con la expresión *hacer cosas con palabras*; o sea, a la dimensión del lenguaje mediante la cual los enunciados hacen lo que dicen al decirlo. Por ejemplo: *te prometo que te devolveré el dinero*, al enunciarse, realiza el acto de prometer. Ahora bien, la perspectiva de Austin considera que el funcionamiento de estas frases no es simplemente convencional, pues depende de rituales y ceremoniales: "En tanto que enunciados, funcionan en la medida en que se presentan bajo la forma de un ritual, es decir, repetidos en el tiempo, y por consiguiente, presentan un campo de acción que no se limita al momento del enunciado mismo" (Butler, 2004: 18).

Respecto del carácter ritual de la enunciación performativa, Austin considera las condiciones que lo facilitan, privilegiando en su análisis los indicios que posibilitan este tipo de actos, mientras que la autora que nos interesa, Judith Butler, retoma la consideración de Jacques Derrida sobre la performatividad de Austin. Interpreta la ritualización como una iteración, por lo que el *momento* de un enunciado en un ritual es una historia condensada que se excede a sí misma hacia el pasado y hacia el futuro (2004: 19). De este modo, pone "una versión estructural de la repetición en lugar del sentido más semántico que implica el término ritual social" (2004: 74). Esto significa, en principio, que los discursos son prácticas cuyos contextos de producción ritualizan, reiteran, usos y costumbres, pero en la misma reiteración producen desplazamientos de sentido que pueden generar innovaciones: "una concepción performativa del lenguaje, pues, que transcurre siempre en un espacio de transición (…) no alcanza nunca ni la repetición exacta del 'mundo intelectual' que lo precede y en el que se desenvuelve, ni su total abandono o superación" (Pérez Navarro, 2008: 71).

En este sentido, el modo en que Butler resignifica la performatividad está influido tanto por Derrida como por Foucault, ya que la manera en que la autora intenta dar cuenta tanto de la reproducción de lo establecido como de la resistencia de lo instituyente es deudora de la concepción microfísica del biopoder: "aunque considero que la crítica de Derrida al concepto de performatividad es una pieza clave del análisis butleriano (…) debemos tener en cuenta que tales desarrollos no serían lo que son sin su continuada labor de recepción crítica de la biopolítica foucaultiana" (2008: 30). La cita anterior hace especial énfasis en la biopolítica, como dimensión particular del biopoder, porque es sobre todo en su caracterización que Foucault destaca la capacidad de resistencia en el lugar mismo de producción de las relaciones de poder.[10]

En consecuencia, esta perspectiva sobre el lenguaje, en una mirada que hace visible la violencia constitutiva de las relaciones sociales patriarcales, permite comprender la eficacia simbólica del estatus de género en función de inteligir sus producciones de sentido así como de desmontarlas: "la producción de novedades comienza precisamente a partir de un proceso crítico, de descontextualización y recontextualización de viejas palabras y viejos conceptos" (2008: 71). En esta trama, los procesos de enseñanza-aprendizaje son instancias privilegiadas para la intervención, pues coadyuvan a sensibilizarnos en la reproducción de efectos patriarcales y a comprometernos en su transformación.

De todos modos, si conjugamos la noción de poder foucaultiana, que es relacional, productiva y horizontal, con la noción de poder simbólico de Bourdieu, los vínculos pedagógicos no están exentos de su producción. Para este autor, el poder es presencia ineludible y da lugar a una *violencia simbólica* que oculta las relaciones de fuerza verdaderas. En este sentido, la educación es en parte un vínculo institucional que contribuye a imponer sentidos de modo imperceptible; no se manifiesta como imposición. En consecuencia, los sentidos que se producen en la formación de alumnas/os se aprenden como información sin que resulte perceptible el proceso de imposición. Justamente, lo que proponemos a través de la conceptualización aquí desarrollada es reflexionar sobre los sentidos de género que se cuelan en las prácticas de enseñanza, tanto desde el uso mismo del lenguaje como desde la elección de contenidos específicos, sin que nos resulte evidente ni, por lo tanto, violento. El efecto de imposición de sentidos constituye la violencia

---

10  Para Foucault, el biopoder en el siglo XIX opera según dos dimensiones específicas: la del disciplinamiento de los cuerpos o anatomopolítica y la de la regulación de las poblaciones o biopolítica. El poder que según Foucault se hace *bio* a partir de la modernidad es relacional, horizontal y productivo; o sea, no opera por la represión y el castigo, sino por la producción y multiplicación de identidades y saberes (Foucault, 1998).

simbólica, que se vuelve tanto más eficaz cuanto menos se la registra; de allí la importancia de hacerla visible.

Cabe aclarar, igualmente, que este efecto violento no responde a una concentración del poder en una única institución o en unas mentes perversas, sino que se desenvuelve de modo ubicuo y difuso, sin tener responsables directos, ya que todas/os las/los involucradas/os en la trama social participamos de este.

Si conjugamos las nociones de patriarcado desarrolladas anteriormente con las perspectivas del poder de Bourdieu y de Foucault, comprendemos que el efecto consonante de sentidos a nivel social se logra gracias a la repetición discursiva que emana desde las más diversas instituciones y que produce consonancia a pesar de que sus representaciones son múltiples y contradictorias. La comprensión de este efecto se hace más clara si tenemos en cuenta la manera en que Judith Butler conceptualiza la performatividad no solo como uso del lenguaje, sino incluso como modo de producir identidades, especialmente de género.

En este marco se disuelve la diferencia entre sexo (como elemento natural, biológico) y género (como aspecto cultural, histórico) que sustentaba la noción de sistema sexo / género (Gayle Rubin). Pues tanto el sexo como el género resultan performativos, aunque de ningún modo equivalentes, ya que la dinámica de producción del género tendrá como efecto la producción del sexo. Como observan Elvira Burgos y José Luis Aliaga, "de acuerdo con este marco teórico cada individuo debe negociar constantemente las normas, las conductas y los discursos que definen la masculinidad y la feminidad en una comunidad concreta y en un momento histórico determinado" (Burgos y Aliaga, 2002: 80).

Desde esta perspectiva, entonces, la identidad de género es un proceso performativo mediante el cual el género se constituye a partir de aquellas expresiones de género que se nos representan paradójicamente como efectos o resultados de una identidad de género previa. Esto implica que el género construye esta identidad que, sin embargo, se nos presenta como verdad prioritaria; construcción de identidad que se efectúa a través de una práctica imitativa y repetitiva, donde no hay un original que sea imitado, puesto que la idea de original es efecto de la imitación misma. Precisamente, es en ese carácter de repetición donde Butler sitúa la inestabilidad de la categoría que se crea mediante la repetición. La repetición que sustenta al proceso de constitución del género es el lugar de su desplazamiento, del desplazamiento y de la subversión de las normas de género que se imitan, porque la repetición nunca logra crear una identidad completa y coherente, estable. Para Butler, el que exista una necesidad de repetición es la prueba de que la identidad no es plena y compacta, de que hay que reinstaurarla continuamente y ahí es donde cabe, al mismo tiempo, la posibilidad del fracaso de la reinstauración misma. Sin embargo, este énfasis puesto en las repeticiones, imitaciones de género, no debe entenderse como si el género fuera un asunto de elección personal que se pueda adoptar o abandonar a voluntad. Butler insiste en que detrás del género no hay sujeto de voluntad libre, dotado de capacidad autónoma de decisión. Hay actuaciones, no un actor anterior a ellas. Las actuaciones son performativas, es decir que producen el efecto de hacer aparecer un *sujeto*. Hay sujeto como efecto, no como esencia interior. Este sujeto carece de conformaciones rígidas; las repetitivas actuaciones que lo instituyen dejan circular el espacio de un cierto exceso que, justamente, amenaza con desbaratar la identidad que se está constituyendo. En esta posibilidad de desbaratamiento reside la posibilidad de ruptura con las normas hegemónicas de género (Burgos, 2008: 304-308).

De esta manera, las producciones de identidad se generan en los mismos procesos de violencia simbólica, desde un régimen de poder patriarcal que resulta eficaz pero no determinista; es decir, que no impide la resistencia. Como aclaran Javier Sáez y Sejo Carrascosa (2011: 18):

> Cuando hablamos de un régimen de poder o un régimen cultural, heterocentrado por ejemplo, o machista, no se trata de un poder vertical y jerárquico que planifica el odio a las mujeres, o el odio a los gays o el odio al hecho de ser penetrado. Es un régimen de discursos y prácticas que, simplemente, funciona, se ejerce, se repite continuamente en expresiones cotidianas, desde múltiples lugares y momentos, y que crea realidad (y que hiere) a partir de esa mera repetición. Se aprende el valor antes que el objeto o el acto en sí. Es más, es ese valor negativo el que crea el objeto, y no al revés.

En este sentido, los actos verbales racistas, homófobos, sexistas son, sin duda, claros ejemplos de violencia simbólica; prueban que determinadas palabras y actos lingüísticos tienen el efecto contundente de causarnos un daño vital en absoluto desestimable.

> Y esto es así porque necesitamos el lenguaje para dotarnos de existencia, y no solo de una existencia lingüística, también de una existencia corporal y social. Desde la filosofía del lenguaje de Butler, el lenguaje no es un mero reflejo de una previa estructura social, sino que en él habita un poder que en general se suele atribuir tan solo a las instituciones u otras entidades no lingüísticas; los actos de habla son en sí actos institucionales en tanto que las instituciones requieren del habla de los hablantes para reconsolidar su poder. Es preciso, entonces, analizar el acto de habla bajo la óptica de su poder histórico e institucional (Burgos y Aliaga, 2002: 83).

En consonancia con lo planteado, nuestro objetivo es reflexionar sobre ciertos usos naturalizados de la lengua y las concepciones de género en las cuales se sustentan, con el fin de señalar, por ejemplo, algunos de los modos en que se produce el sexismo y otras formas de discriminación mediante el lenguaje. Al respecto, María Lucía Puppo nos recuerda la idea del poeta Víctor Hugo, para quien

> las lenguas son como seres vivos que nacen, crecen y envejecen con el tiempo y por lo tanto, no pueden ser modificadas por decreto. Hay una manera de cambiar el lenguaje: transformando la sociedad. Tenemos la posibilidad de contribuir a ello a través de nuestro propio uso del lenguaje y, en tanto docentes, ejercemos un rol privilegiado en la formación de las nuevas generaciones (Puppo, 2009: 64).

Ahora bien, teniendo en cuenta la dimensión performativa del lenguaje y de la identidad personal, el proceso de transformación no resulta de una planificación racional precisa que se sustente en un sujeto previo a pensamiento, palabra y acción. Justamente, el ámbito de la educación, como ha señalado Pierre Bourdieu, es un ámbito de *reproducción* y, por eso mismo, una posibilidad de innovación en clave butleriana, ya que los discursos circulan sin el control de ningún sujeto o institución particular. Se trata de utilizar los materiales disponibles para producir los todavía no disponibles y dar a luz lo que ha sido excluido. Esto supone admitir que dentro de nuestro lenguaje hegemónico hay un sentido de diferencia y de futuro que es el que ha de perseguir la tarea docente (Puppo, 2009: 64).

## 3.2. Manifestaciones patriarcales de la violencia simbólica: androcentrismo y sexismo

Una primera aproximación al concepto de *androcentrismo* permite considerarlo desde el punto de vista del patriarcado y, en consecuencia, de cada una de sus instituciones, incluido el lenguaje. Si recordamos que, de diferentes maneras, el patriarcado como significado producido por las políticas feministas alude a las relaciones de poder que, ya sea mediante el uso de violencia explícita o mediante el recurso a la persuasión y la seducción, establecen la dominación de los varones sobre las mujeres, entonces el *androcentrismo* es una perspectiva que legitima esta producción a la vez que la esconde. Dicho de otro modo, el vocablo alude a una mirada cuyo centro se corresponde con un modelo de varón. Para su clarificación nos resulta especialmente interesante el modo en que lo define Amparo Moreno Sardà a partir de la composición de la palabra (1986: 22):

En griego, aner/-dros hace referencia al ser de sexo masculino, al hombre, por oposición a la mujer, y por oposición a los dioses: al hombre de una determinada edad (que no es niño, ni adolescente, ni anciano), de un determinado status (marido) y de unas determinadas cualidades (honor, valentía...) viriles. En sentido estricto es el hombre hecho, que forma parte del ejército. Es decir, no se trata de cualquier ser humano de sexo masculino, sino del que ha asimilado un conjunto de valores viriles (...). Androcentrismo está compuesta por un segundo término que hace referencia a un situarse en el centro, que genera una perspectiva centralista.

En síntesis, se trata de una perspectiva central imaginaria, de un lugar en el discurso correspondiente al de un varón dominante. La palabra *androcentrismo* permite adoptar una perspectiva abierta a la comprensión de la complejidad de nuestra realidad social y de las formas de conocimiento al hacer

referencia a la adopción de un punto de vista central, que se afirma hegemónicamente relegando a los márgenes de lo no significativo o insignificante, de lo negado, cuanto considera im-pertinente para valorar como superior la perspectiva obtenida; este punto de vista, que resulta así valorado positivamente, sería propio no ya del hombre en general, de todos y cualquier ser humano de sexo masculino, sino de aquellos hombres que se sitúan en el centro hegemónico de la vida social, se autodefinen a sí mismos como superiores y, para perpetuar su hegemonía, se imponen sobre otras y otros, mujeres y hombres, mediante la coerción y la persuasión/ disuasión (1986: 29).

Consecuencia de este punto de vista central patriarcal es que el arquetipo viril se transforme en medida de todas las cosas y que este parámetro sea el enfoque predominante en las investigaciones y estudios que priorizan la perspectiva masculina únicamente, por lo que toman estos resultados como válidos y los extrapolan a la generalidad de los individuos, hombres y mujeres (Sau, 1981: 217). Por lo tanto, es una mirada que permea la producción de conocimiento así como el imaginario colectivo, ya que moldea la estructura misma del lenguaje y sus reglas gramaticales, lo que tiende a ocultar la totalidad de las mujeres y de los varones no hegemónicos, junto con, como analizaremos más adelante, otras identidades de género.

La lingüista Eulalia Lledó señala que el androcentrismo se diferencia de otro proceso lingüístico patriarcal, el sexismo, cuyo efecto es directamente menospreciar o denigrar a las mujeres. En palabras de la autora (Lledó, 1996: 139 y 141):

> ... el sexismo es fundamentalmente una actitud, una actitud que se caracteriza por el menosprecio y la desvalorización, por exceso o por defecto, de lo que somos o hacemos las mujeres (...). El androcentrismo, en contraste con el sexismo, no es tanto una actitud como un punto de vista. Consiste fundamentalmente en una determinada y parcial visión del mundo, es la consideración de que lo que han hecho los hombres, es lo que ha hecho la humanidad o, al revés, que todo lo que ha realizado el género humano lo han realizado solo los hombres, es pensar que lo que es bueno para los hombres es bueno para la humanidad, es creer que la experiencia masculina incluye y es la medida de las experiencias humanas.

Como señalaremos, el sexismo, al basarse en el desprecio a identidades sexo-genéricas diferentes de la masculina, se manifiesta no solo a través de expresiones insultantes o disvaliosas hacia las mujeres, sino también hacia otras identidades de género y sexualidades no hegemónicas.

## 4. Manifestaciones de androcentrismo

En el modo en que usualmente se relata la historia de la cultura occidental hay un momento especialmente androcéntrico que está constituido por la Ilustración, en cuanto generadora de la categoría universal de Humanidad. La clave del universal Humano, supuestamente neutra, ha estado pautada desde el inicio por el arquetipo viril. La visibilización de esta cuestión y la reivindicación de respetar de modo pleno el universal, cuestionando su sesgo viril, formó parte de las luchas del feminismo igualitario surgido en el propio contexto ilustrado.[11]

Justamente, la crítica a la Declaración Universal de los Derechos del Hombre y el Ciudadano de 1789 por parte de un grupo de mujeres que había participado activamente del proceso revolucionario en Francia se basa en la reivindicación de la ciudadanía para las mujeres. Sin embargo, en aquel contexto, los varones revolucionarios interpretaron, en función de la ambigüedad del vocablo *hombre*, que la declaración excluía a las mujeres.[12] Por esta razón, las mujeres redactaron la Declaración Universal de los Derechos de la Mujer y la Ciudadana bajo la pluma de Olympe de Gouges (Puleo, 1993: 155-163). En su argumentación, la autora utiliza las tesis rousseaunianas en favor de las

---

11  En la actualidad contamos con muchas historizaciones de estas reivindicaciones feministas. Menciono algunas sin pretensión de exhaustividad aunque sí de clarificación: Amorós (2000), Campagnoli, Femenías y Herrera (2001), Puleo (2008).

12  Esta ambigüedad por la que *hombre* significa tanto *humano* como *varón* es compartida por distintas lenguas romances como el español, el francés (*homme*) y el italiano (*uommo*).

mujeres, de modo que la restauración de los derechos negados se presenta como necesaria superación del estado corrupto de la civilización. Olympe de Gouges fue condenada a la guillotina debido a su activa militancia por la universalidad de los derechos, que no se restringía a la defensa de las mujeres, ya que promovía también el fin de la esclavitud para las poblaciones negras. Lo que la llevó a la condena

> fue una octavilla titulada *Las Tres Urnas*, en la que pedía un ple-
> biscito nacional para elegir entre gobierno republicano unitario,
> federación o monarquía. (...) su trágico final es un símbolo de la
> suerte corrida por el movimiento feminista surgido de la Revo-
> lución francesa y de sus ideales de igualdad y libertad. El mismo
> año de su muerte [1793] son prohibidos los clubes y sociedades
> populares de mujeres. La igualdad revela sus límites, uno de ellos
> es el género-sexo. El único derecho que el gobierno revolucionario
> otorgará a esta defensora de las ideas de igualdad entre los sexos
> será el reconocido en el artículo X de su *Declaración*, el de subir al
> cadalso como los hombres (1993: 154).

A partir de este suceso histórico que abre especialmente la genealogía del feminismo de la igualdad,[13] vemos cómo la violencia simbólica androcéntrica se puede transformar en violencia explícita asesina. De todos modos, nos interesa destacar, en función de esta ejemplificación, que una operación del androcentrismo a nivel del lenguaje es la producción de opacidad. Es decir, que el matiz androcéntrico, en lugar de explicitarse y asumirse, "encubre esa perspectiva particular y partidista al identificarla con lo humano. De ahí que tengamos que hablar de la opacidad androcéntrica del discurso en la actualidad" (Moreno Sardà, 1986: 11). Es lo que nuestras sociedades here-dan justamente como logro ilustrado moderno al aceptar que Declaración Universal de los Derechos del Hombre y el Ciudadano equivale a Derechos Humanos Universales. En este sentido, las sociedades contemporáneas se encuentran todavía interpeladas por la necesidad de resignificar la construc-ción de los Derechos Humanos y por luchar para que resulten efectivamente inclusivos de todas/todos. Tarea que también involucra, de modo especial, el ejercicio de la docencia.

---

13 El feminismo de la igualdad se concentra en la reivindicación del ideal igualitario ilustrado;
es decir, le exige a la Ilustración ser coherente con sus valores e incluir a las mujeres en su
concepción de ciudadanía. Surge en el marco ilustrado de la polémica de los sexos en el
siglo XVIII. Mientras que el feminismo de la diferencia se gesta en la década de los sesenta
del siglo XX, cuando ya se había obtenido cierto nivel de igualdad formal. Las corrientes de
la diferencia subrayan que, si bien las mujeres en muchas sociedades han logrado la ciudadanía, continúan siendo ciudadanas de segunda en tanto no se modifiquen las valoraciones
sociales ni las pautas de la vida cotidiana. Ver Puleo, Rivera, Cigarini y Montero (1994).

En el caso particular de Argentina, a inicios del siglo XX se promulga la Ley Sáenz Peña (1912), llamada también de Sufragio Universal, que se propone superar los abusos políticos de la oligarquía. Como legislación modernizadora establecía el voto secreto y obligatorio, a través de la confección de un padrón electoral, aunque este seguía siendo exclusivo para nativos argentinos y naturalizados de sexo masculino y mayores de 18 años. Es decir, las mujeres quedaban completamente excluidas del derecho al voto por su condición de tales, cuestión que no se subvirtió hasta 1947.[14] Sin embargo, este modo de acceder al voto se denominó *universal*, a pesar de que ocultaba a través de la nominación el hecho de que su alcance ni siquiera llegaba a la mitad de las personas adultas. Tal pretensión de universalidad constituye el carácter opaco del androcentrismo: oculta su propio sesgo y de este modo resulta más eficaz su efecto simbólico, pues excluye bajo la apariencia de incluir.

## 4.1. Ginopia

La opacidad androcéntrica, cuando oculta específicamente a las mujeres, puede recibir también la denominación de *ginopia*:

> miopía o ceguera a lo femenino, el no ver a las mujeres, el no percibir su existencia ni sus obras; se entiende como una omisión, generalmente no consciente, naturalizada y casi automática por lo anterior, a la realidad de las mujeres. Se habla de ginope para calificar a los sujetos o grupos u organizaciones que mantienen una práctica o patrón inveterado de omisión y exclusión en el discurso y en la práctica, a la realidad de lo femenino o de las propias mujeres. (…) es un término que expresa, no un defecto físico sino una condición sociocultural de grupos, sectores y personas, muy extendida en nuestra cultura general, que es un rasgo fundamental de nuestra cultura política, desgraciadamente, y que subsiste pese a las permanentes declaratorias (…) respecto a lo mucho que se aprecia y valora la justicia, la equidad, la participación ciudadana y demás preciosismos principistas y conceptuales de la democracia (García Prince, 2004).

---

14 "La reforma política cristalizada en 1912 otorgó la obligatoriedad del sufragio a los hombres nativos. La ley ni siquiera justificó la exclusión femenina en los padrones, lo cual manifiesta la naturalidad con que se consideraba la incapacidad de la mujer en el mundo público. Esto corroboraba las subordinaciones, al padre primero y al marido después, consignadas por el Código Civil desde 1894. (…) En septiembre de 1947 fue promulgada la ley 13.010 que otorgó los derechos políticos a las mujeres: ellas podían votar y ser votadas" (Queirolo, 2005: 150 y 155).

La ginopia, como efecto androcéntrico de la violencia simbólica, se pone en evidencia por los modos en que la cultura no ve, no escucha y no nombra a las mujeres.

La ginopia de una cultura que no ve ni escucha a las mujeres se manifiesta particularmente en la construcción y en la historización de un conocimiento que se presenta como si no hubiera habido mujeres en la ciencia, en la filosofía, en el arte... Del mismo modo, genera una valoración inferiorizada de la experiencia de las mujeres que la invalida como fuente de conocimiento científico, así como de perspectiva sociocultural productiva.

Si bien con dificultades, este panorama está cambiando después de dos siglos de feminismos, ya que

> durante los últimos treinta años, las teóricas con perspectiva de género se han ocupado de examinar las relaciones pasadas y presentes entre las mujeres y las ciencias, configurando un amplio y fructífero campo de estudios que puede estructurarse en estos grandes ámbitos: la recuperación de las mujeres de ciencia, los análisis de corte sociológico que analizan la presencia o ausencia de las mujeres en las prácticas y organizaciones de la ciencia y los de corte pedagógico que ofrecen propuestas para superar las barreras identificadas, los análisis de los discursos de la ciencia (fundamentalmente biológicos) en relación con la naturaleza de las mujeres, campo en el que los sesgos y prejuicios aún permanecen y finalmente el debate epistemológico generado en la historia y en la filosofía de la ciencia (Perdomo, 2010).

La ginopia de una cultura que no nombra a las mujeres se manifiesta especialmente en el uso del lenguaje, pues seguimos nombrando en masculino de acuerdo con la regla gramatical que autoriza generalizar en este sentido:

> en el castellano el género masculino prima ante el femenino. Si se habla de un grupo mixto, se utiliza el masculino. Si no se conoce el sexo, se utiliza el masculino. La mente de un hispanohablante, al construir frases, funciona sobre (este) esquema lingüístico (...) de manifiesta asimetría (García Meseguer, 1977: 184).

Si bien las normas gramaticales de la Real Academia Española (RAE) se han revisado, siendo Eulàlia Lledó una de las lingüistas encargadas de ello, no todas las sugerencias fueron aceptadas por la institución (Lledó, Vargas, Bengoechea, Mediavilla, Rubio y Alario, 1998).[15] En particular, como señala María Lucía Puppo (2009: 62):

---

15  En el año 2014 se editará la vigésima tercera versión del *DRAE*, en la que "las acepciones más denostadas por su sesgo machista desaparecerán". "Lo femenino dejará de equivaler

es muy significativo el hecho de que, en español, el género masculino se considere la forma no marcada o inclusiva: decir en plural "los amigos de Pedro" incluye a personas de sexo masculino y femenino; en cambio, el género gramatical femenino es la forma marcada y, por tanto, resulta exclusiva o excluyente: "las amigas de Pedro" no incluye a los varones. Con que solo haya un hombre en un conjunto basta para que las mujeres dejen de ser "ellas" para pasar a ser "ellos".

Vemos entonces que las reglas atinentes al género gramatical funcionan de modo androcéntrico y producen ginopia. Esto se debe a que el masculino surge como género dominante en los idiomas cuyos sistemas distinguen el masculino y el femenino. Además de la regla de formación del plural, otros factores contribuyen a la predominancia del masculino y el efecto de ginopia. Por un lado, el género masculino generalmente dicta los modelos de concordancia en el caso del epiceno, de los nombres genéricos o de grupos nominales complejos que integran agentes femeninos y masculinos (por ejemplo, para que *docentes* sea genérico tenemos que decir *los docentes*, ya que *las docentes* es específico). Por otro lado, los referentes genéricos o indefinidos son designados por el masculino (*el hombre, el sujeto, el individuo, el profesor, el alumno, los padres* —padre y madre—, *los tíos* —tía y tío—); el masculino es visto como género gramatical no marcado; en este sentido, solo el femenino *es género*. En tercer lugar, el uso de los pronombres indefinidos, entre los que se destaca *uno* como invariablemente masculino. Tratamiento semejante tienen los casos de *nadie* y *alguien*, cuyas desinencias no indican género gramatical pero, a pesar de esta neutralidad formal, se comportan como formas masculinas a la hora de concordar en género con otras unidades. En suma, como indicamos anteriormente, siempre que el género gramatical se desconoce o no está determinado, aparece la forma masculina.

a "débil y endeble", y lo masculino ya no será sinónimo de varonil y enérgico. Tampoco será más huérfano quien haya perdido al padre que a la madre. Los verbos periquear y babosear ya no se referirán a la mujer en los términos de "disfrutar de excesiva libertad" u "obsequiar con exceso" y en las cerca de 93.000 entradas de la nueva obra se incorporará lema doble para profesiones como herrero, costalero, soldador o cerrajero, entre otros". De todos modos, el académico Darío Villanueva ha dicho que el diccionario nunca podrá suprimir palabras ofensivas para las mujeres "si aún se usan". Citas de *La RAE no eliminará palabras "ofensivas" con la mujer si aún se usan* en www.eldiario.es (25/11/13). Según la perspectiva del lenguaje que brinda este capítulo, tal afirmación es al menos controvertida y merece que se le preste atención por sus implicancias políticas, ante lo que cabe preguntarse sobre las condiciones de producción del DRAE. Si bien esta cuestión excede los objetivos del artículo, se deja apuntado el carácter político de las decisiones de la RAE.

## 4.2. Otras cegueras androcéntricas

La utilización del masculino generalizante es una práctica lingüística tan naturalizada que las resistencias al uso de alternativas son generalmente muy fuertes. Ha habido varias propuestas para evitar la ginopia en el uso del lenguaje. Una de ellas es la idea de la feminista Monique Wittig (1980), que propone recurrir a un universal femenino para contrarrestar la imposición del género masculino como universal. Pero una modalidad que se ha ido aceptando, sobre todo en circulares y documentos públicos, es el uso de formas como *las/los alumnas/os*. En menor medida y sin arraigo institucional, se da la representación gráfica con arroba (*l@s alumn@s*). Uno de los argumentos con que se rechazan estas alternativas se basa en considerarlas estéticamente inferiores, ya que no resultan elegantes ni económicas. Consideramos que los rechazos banalizan el problema y minimizan los efectos simbólicos del uso del lenguaje; en este caso, la violencia androcéntrica de la ginopia. Junto a María Lucía Puppo, consideramos que "sería deseable que poco a poco se fueran instalando en el habla y la escritura expresiones menos discriminatorias como 'historia de la humanidad' en lugar de 'historia del hombre', o 'problemas de las personas' en lugar de 'problemas de los hombres'" (2009: 63).

Sin embargo, no nos parece útil la sugerencia de que "si bien puede resultar tedioso o difícil estar diciendo constantemente 'los alumnos y las alumnas', podemos poner a prueba nuestra astucia y pensar alternativas como, en este caso, referirnos al 'alumnado'" (2009: 63). Aunque es un modo bastante difundido en España, conserva el matiz de asociar el género gramatical masculino con la neutralidad y con la generalidad. En la práctica áulica solemos implementar una modalidad que no está reglada por el diccionario, que consiste en armar el plural con *es*; en este caso, se trataría de decir *les alumnes*. Es un recurso válido sobre todo para la oralidad que puede acompañar diversas maneras de escritura inclusiva. Es decir, además de las que mencionamos como interesantes (alumnas/os, alumn@s) otras de igual interés que tratan no solo de evitar el parámetro masculino, sino también la dicotomía con lo femenino, y dar lugar a nombrar identidades de género disidentes.[16] Al respecto una versión popularizada es el uso de la equis (x), como en *lxs alumnxs*; otra posibilidad es el uso del asterisco (*l*s alumn*s*), propuesto en la compilación sobre intersexualidad llamada *Interdicciones* (Cabral, 2009: 14):

---

16 La idea de *disidencia* aplicada a las identidades de género y a las sexualidades alude a desacomodar la normatividad; especialmente, la héteronormatividad que prescribe socialmente las identidades dicotómicas *varón* o *mujer* y la sexualidad *heterosexual reproductiva*.

**Asterisco**

Podríamos escribir siempre los
Podríamos escribir as/os
Podríamos escribir las y los
Podríamos escribir las, los y les.
Podríamos usar una arroba
Podríamos usar una x
Pero no. Usamos un asterisco.
¿Y por qué un asterisco?
Porque no multiplica la lengua por uno.
Porque no divide la lengua en dos.
Porque no divide la lengua en tres.
Porque a diferencia de la arroba no terminará siendo la conjunción
de una a y una o.
Porque a diferencia de la x no será leído como tachadura,
como anulación,
como intersex.
Porque no se pronuncia.
Porque hace saltar la frase fuera del renglón.
Porque es una tela de araña, un agujero, una estrella.
Porque nos gusta. ¡Faltaba más!
Ahora bien,
El asterisco
No aparece siempre y en todas partes
No se usa para todo, ni tod*s lo usan.
En este libro la gente escribe como quiere y puede.
El asterisco no se impone.
De todas las cosas,
Esa.
Esa es la que más nos gusta.

Del mismo modo, las prácticas feministas nos han permitido concientizar el valor de hablar desde la propia experiencia, lo que permite que nos hagamos presentes en el lenguaje como mujeres, por ejemplo, a partir de decir *una* para referirnos a la ejemplificación de una vivencia que compartimos con otras/os/es. Este uso sensibiliza sobre la posibilidad de que la experiencia de las mujeres pueda ser tomada como parámetro de cultura y con valor para un conocimiento que sea significativo para toda la sociedad. Igualmente, puede extenderse a la marcación de otras identidades de género, ya sea desde las posibilidades antes mencionadas o desde la innovación del aparecer identitario en el lenguaje.

En este apartado hemos mostrado cómo la propia estructura del lenguaje así como el uso de la lengua proceden de modo androcéntrico e instauran lo masculino como parámetro de lo humano, que se solapa en la pretensión de neutralidad. De esta manera, genera un efecto violento de borradura de otros puntos de vista; por un lado, del femenino y, en consecuencia, de la experiencia de las mujeres, es a esta violencia simbólica específica a la que se denomina *ginopia*; por otro lado, de otras identidades de género y por lo tanto de otras perspectivas sobre la sociedad. Del mismo modo, esbozamos algunas maneras en que se puede desmontar y evitar la producción de androcentrismo lingüístico.

## 5. Manifestaciones de sexismo

Es paradigmático el análisis de la opacidad androcéntrica realizado por Simone de Beauvoir, quien en 1949 escribió en *El segundo sexo*:

> La relación entre los dos sexos no es la de dos electricidades, la de dos polos: el hombre representa a la vez lo positivo y lo neutro, al punto de que en francés se dice "los hombres" para designar a los seres humanos, puesto que el sentido singular de la palabra *vir* se ha asimilado al sentido general de la palabra *homo*. La mujer aparece como lo negativo, ya que toda determinación le es imputada como una limitación sin reciprocidad. (…) se entiende que el hecho de ser hombre no constituye una singularidad; al ser hombre, un hombre está en su derecho; quien está equivocada es la mujer. Prácticamente, así como para los antiguos había una vertical absoluta con respecto a la cual se definía lo oblicuo, hay un tipo humano absoluto que es el tipo masculino (De Beauvoir, 1968: 11).

En su explicación comprendemos además que el sexismo es un efecto derivado del androcentrismo ya que este, al constituir un centro masculino, traduce lo diferente (en principio, lo femenino) no solo en distinto, sino también en inferior y, por lo tanto, de menor valor. En consecuencia, lo femenino y las mujeres resultarán devaluados; es decir, el sexismo es un subproducto del androcentrismo. Ahora bien, puede incurrirse en un efecto androcéntrico sin que necesariamente se produzcan sentidos sexistas, pero no al revés.

Eulàlia Lledó es quien realiza una clara distinción conceptual entre androcentrismo y sexismo lingüísticos, para referirse, respectivamente, a procesos y elementos lingüísticos de ocultación de la mujer (a los que aludimos en el apartado anterior), y a aquellos con los que directamente se la menosprecia o denigra (a los que nos referimos en el presente apartado).

Como desarrollamos en el caso del androcentrismo, primero mostraremos las manifestaciones de sexismo contra las mujeres y luego veremos otros efectos sexistas. En este sentido, nos detendremos en dos expresiones que suelen caracterizar al sexismo hacia las mujeres. En primer lugar, la sexualización, la consideración de que las mujeres se identifican con lo sexual a secas dado que son el aspecto marcado del universal *humano*. A su vez, esta dimensión del sexismo tiene su mayor grado de intensidad en la erotización de la dominación como forma de violencia simbólica. En segundo lugar, la misoginia; o sea, un matiz valorativo de odio y de miedo hacia las mujeres, una intensa carga de desprecio por lo femenino que implica cruzar una delgada barrera para delimitar cuándo los aspectos de puerilidad, subordinación y pasivización presentes en la sexualización se transforman en misoginia.

En cuanto a otras formas de sexismo, las abordaremos en tercer lugar con el subtítulo de fobias sexistas, para aludir al ejercicio del desprecio y de la humillación hacia identidades sexo-genéricas diversas (travestis, transgéneros, intersex, lesbianas, gays, bisexuales).

## 5.1. Sexualización

Un primer indicio de esta operación consiste en otorgar una importancia desproporcionada a la apariencia física de las mujeres, exagerando groseramente su trascendencia respecto del minúsculo papel atribuido al intelecto en la vida de estas. A su vez, el énfasis desmesurado en el buen aspecto exterior de la mujer tampoco guarda proporción con el papel que, se supone, desempeña la apariencia externa en la trayectoria vital de los varones, valorada por la sociedad de modo mucho más equilibrado, junto con otros factores como la inteligencia, los sentimientos, etc. Al respecto, Delia Suardiaz (2002) analiza distintas expresiones lingüísticas que muestran el valor que tiene el agrado femenino en función de la perspectiva de los varones, sobre lo que concluye:

> La lengua española se encarga de dejar claro que, en varios aspectos, ser mujer significa, sobre todo, pertenecer a un sexo determinado, antes que formar parte de la especie humana. Podría citarse, como ejemplo genérico, la asimetría de uso entre *hacerse mujer* y *hacerse hombre*. La primera expresión se emplea principalmente para aludir a alguna etapa del desarrollo físico (primera menstruación, maternidad, etc.); la segunda, por el contrario, se reserva para algún logro socialmente apreciado (graduaciones académicas, primer trabajo,

etc.). Nadie narraría experiencias como las citadas en segundo lugar afirmando de una joven, que *se ha hecho mujer*. Es más que evidente la elemental falta de equidad en las interesantes mutaciones de significado que padecen parcelas enteras del léxico en función del sexo de la persona a la que se apliquen los términos. Cuando las destinatarias son mujeres, ciertas voces tienen connotaciones sexuales, matiz semántico ausente cuando los referentes pertenecen al sexo opuesto (Suardiaz, 2002: 161).

Siguiendo a la misma autora, desde otra perspectiva, la mujer se ve privada de su estatuto de ser humano integral cuando se juzga su comportamiento sexual con criterios de distinto orden a los manejados para enjuiciar la conducta masculina. Se trata de la todavía instalada moral de doble estándar, según la cual las restricciones sexuales decretadas contra las mujeres por la ética de la doble moral han trascendido el campo propio de la sexualidad para adentrarse en el terreno de lo social, allí donde no existe necesidad de introducir ningún componente sexual. Un comportamiento más natural, espontáneo o desenvuelto del que la sociedad está dispuesta a permitir a la mujer es suficiente para reprender su conducta o abusar de ella. En este sentido, son incontables las voces que, al implicar un juicio moral, tienen un significado inconcreto si la valoración se destina a un varón y, en cambio, adquieren un contenido claramente sexual en el caso contrario. Delia Suardiaz señala la diferencia entre *no permitiré que mi hija se case con un cualquiera* y *no permitiré que mi hijo se case con una cualquiera*. En el primer caso, los motivos que se esgrimen para oponerse a un matrimonio son de índole social o económica, nunca sexual. Si existiera alguna objeción de carácter sexual, podríamos encontrar *pervertido*, término peyorativo con el que se proclama que el individuo en cuestión no es un heterosexual *normal*. Sin embargo, el correlato femenino *una cualquiera* contiene una objeción de naturaleza exclusivamente sexual. La autora agrega que lo mismo se puede decir de *honrado/a* y *honesto/a*, formas léxicas que en masculino significan *decente de palabra* y *obra*, pero en femenino denotan que una mujer no ha mantenido relaciones *ilícitas*, que es tanto como decir *fuera del matrimonio* (2002: 164).

Además, el masculino *deshonrado* puede estar mediado por la relación con una mujer, enfatizando la asimetría gramatical y social en cuanto al disvalor de lo femenino y de las mujeres. En este sentido, Delia Suardiaz nos recuerda que un varón llega a ser deshonrado *a través de una mujer*: puede tratarse del padre (o del hermano) de una muchacha soltera que pierde su *honra (=virginidad)*, es decir, que *deshonra a aquel*; o bien tratarse de un marido engañado (*cornudo*, si lo decimos con un término coloquial).[17] A lo que añade:

> no es este el único caso en que la lengua ha fijado un instrumento para injuriar al hombre de forma indirecta, pasando por la mujer. La madre se ve implicada en el contundente insulto *hijo de puta*; en el todavía más enfático *la puta (madre) que te parió* y en el más aplastante, incluso, *la concha/chucha de tu madre*. Estos terribles insultos condensan totalmente el sexismo del hombre hispanoha-blante: arrojar sospechas sobre la integridad moral (esto es, sexual) de una madre solo puede llegar a representar la más ofensiva de las calumnias en una sociedad donde la doble moral se encuentra plenamente vigente (2002: 165).

Dentro del marco de sexualización en el que se degrada a las mujeres un mecanismo consiste en no tomarlas en serio por considerarlas pueriles. Una frecuente manifestación de este procedimiento es la enorme facilidad con que se recurre a sus nombres de pila en ámbitos públicos; es decir, fuera de los lazos familiares y de los vínculos de intimidad. Como indica Delia Suardiaz:

> los varones no se llaman unos a otros por el nombre de pila, a no ser que medie entre ellos una amistad íntima o una relación de parentesco cercana; por su parte, las mujeres son interpeladas habitualmente por su nombre propio en todo tipo de situaciones. (…) aun cuando sean objeto de un tratamiento pronominal formal (*usted*) y no de confianza (*tú*) (2002: 169).

Un ejemplo notable de esto lo encontramos en el campo de la política partidaria, donde la identidad de las candidatas mujeres suele reducirse a su nombre de pila, lo que sucede con los varones solo en algunos casos excepcionales de cuantiosa popularidad. En Argentina desde 2007 el sillón presidencial está ocupado por la Presidenta María Cristina Fernández de Kir-chner, conocida popularmente como *Cristina*, nombre al que apelan tanto quienes la siguen como quienes la detractan. Del mismo modo, las elecciones primarias que se realizaron el 11 de agosto de 2013 contaron en la ciudad

---

17 Tengamos en cuenta que en Argentina, por ejemplo, hasta hace muy poco el delito de violación a una mujer se tipificaba entre los correspondientes a la honra, en alusión a los varones de la familia de pertenencia. Esta situación se modificó en 1999, cuando pasó dicho delito a englobarse entre los de ataque a la integridad de la persona. Se sustituyó en el Código Penal el título *Delitos contra la honestidad* por el de *Delitos contra la integridad sexual*: "Se deja de considerar que estas agresiones atentan contra la pureza, la castidad de las víctimas o el honor del varón para establecer que dañan la integridad (…) de las víctimas contra su voluntad" (Birgin y Pastorino, 2005: 314-135). Del mismo modo, la reforma elimina el concepto de *mujer honesta*.

de Buenos Aires con dos candidatas en los dos primeros puestos, conocidas respectivamente como *Gaby* y *Lilita*; es decir, con el añadido pueril de la denominación en diminutivo.[18]

En esta misma línea va el matiz que presenta a las mujeres como posesiones de los varones. Si bien en cuanto resabio de organización de parentesco patriarcal esta idea no se corresponde con el orden jurídico contemporáneo, impregna fuertemente el imaginario social y se reproduce lingüísticamente sobre todo en el ámbito del arte, la publicidad y el humor. Para poner en evidencia esta cuestión, me basaré en algunas letras de canciones populares y por ende de amplia difusión y aceptación. Un caso paradigmático es el tema de Cacho Castaña titulado *Si te agarro con otro te mato*, cuyo estribillo reitera "si te agarro con otro te mato / te doy una paliza y después me escapo", y legitima la violencia explícita hacia las mujeres cuando estas no se conducen o comportan como propiedades de los varones.[19] El cantautor es argentino y fue propuesto como ciudadano ilustre de la ciudad de Buenos Aires en el año 2007. Agrupaciones feministas se declararon en contra de su condecoración debido a letras como la ejemplificada, que promueven el sexismo en su forma más violenta; sin embargo, Cacho Castaña fue declarado ciudadano ilustre el 16 de octubre de 2008.

Aunque ejemplificar con la letra de una canción pueda resultar anecdótico, lo preocupante es el nivel de tolerancia con que estos sentidos circulan y son aceptados, ante lo cual no consideramos conducente promover la censura, sino más bien la sensibilización en cuanto a los efectos sexistas de determinado cancionero popular. Esto se puede ver a través de otro cantautor argentino, denominado Zambayonni, de estilo bastante soez e inusitada popularidad, al punto de haber sido nominado a los Premios Gardel 2013, si bien no quedó entre los postulantes. Nos interesa traer aquí un fragmento de su tema *La incogible*, que ya desde el título muestra la actitud hacia una mujer que no está a disposición de los varones. Destaco el siguiente fragmento: "Le dimos a la tía, a la hermana, a la prima, a la cuñada, a la vecina y a la mucama / También a la madrina, a las amigas y a una abuela que jodía porque a ella no le daban".[20] En estos versos se pone en evidencia la perspectiva androcéntrica sexista que mira desde un arquetipo viril para el cual las mujeres están a su disposición; justamente, las líneas dan idea de varones que *se las pasaron a todas* salvo a una que no hay caso, se resiste, *la incogible*. Me interesa observar que en ese *pasárselas a todas* se menciona "a una abuela que jodía porque a ella no le daban". Me detengo en este matiz

---

18  Se trata de Gabriela Micchetti (PRO) y Elisa Carrió (UNEN), 11/08/13.

19  Se puede consultar la letra completa en [http://www.musica.com/letras.asp?letra=922461].

20  Se puede consultar la letra completa en [http://www.musica.com/letras.asp?letra=1313933].

Figura 1. Viñeta tomada el 23 de agosto de 2013 de Facebook. Se puede consultar en [https://www.facebook.com/Frente.Ateo.Libertario.Hispanohablante?fref=ts], del Frente Ateo Libertario de Bogotá.

porque es recurrente en chistes sexistas que marcan la disponibilidad de las mujeres desde el deseo masculino que las prefiere jóvenes y atractivas, por lo tanto, disfraza de respeto lo que es un mero rechazo; es decir, no tocan a la abuela, no porque les merezca respeto, sino porque no les apetece y refuerzan la dominación cuando marcan que "ella de todos modos quería". Se apela así a un supuesto deseo por parte de las mujeres de ser violadas, mostrado en un contexto de humor, pero que por eso mismo refuerza el sentido y puede ser pensado, siguiendo a Gerda Lerner (1986), como un mecanismo de *erotización de la dominación*; es decir, un modo de mostrar como preferida por la mujer la imposición que realiza el varón desde su propia voluntad y/o deseo. Este mecanismo, insistimos, es muy recurrente en el humor de corte sexista, como vemos ejemplificado en una viñeta que circula actualmente por las redes sociales (ver figura 1).[21]

Si bien no resulta fácil trazar la línea entre la configuración de una imagen deteriorada de las mujeres y otra profundamente lesiva, considero que el grado de intensidad que alcanzamos en la ejemplificación de la sexualización nos pone ya ante una declarada misoginia. En especial, el procedimiento de erotización de la dominación es un pivote entre ambas modalidades, en la medida en que presenta una dimensión de sexualización y, a la vez, una de misoginia.

---

21  Cuando la postearon, comenté que me extrañaba que un grupo crítico de las religiones coincidiera con estas, justamente, en su sexismo misógino. Fui tildada de "carente de humor".

## 5.2. Misoginia

La expresión lingüística de la misoginia se materializa en expresiones que, al referirse a la actividad y a los órganos sexuales, están asociadas a la manifestación del odio y la violencia. La misoginia se concreta, asimismo, a través de los insultos que el lenguaje de los varones profiere contra las funciones corporales únicamente femeninas; se canaliza a través de las mujeres *merecedoras* de ataques verbales distintivos; y mediante la relación doblemente ofensiva entre mujeres, animales e insultos.

El español dispone de formas lingüísticas que pueden usarse indistintamente con la acepción de *tener relaciones sexuales* o con la de *derrotar a alguien en una lucha*. Por ejemplo,

> las voces *hacérsela* y *cogérsela*, por un lado —ambas con el significado "joder con una mujer"— y *hacérselo* y *cogérselo*, por otro —ambas con el sentido de "darle a alguien una tremenda paliza"— (como en *me los hice a todos* o *me los cojo a todos*) son expresiones perfectamente paralelas si se exceptúa el género gramatical del pronombre objeto, *la(s)* y *lo(s)*, respectivamente: el ataque sobre el objeto es común a ambos (Suardiaz, 2002: 193 y 194).

Siguiendo con el aporte ejemplificador del cancionero argentino, encontramos el uso común del ataque sobre el objeto en *La argentinidad al palo*, letra de Gustavo Cordera del año 2004, cuando todavía integraba la Bersuit Vergarabat. Por un lado, en los versos: "A los boludos como vos / me los cojo de parado".[22] Por otro lado, en los siguientes: "Gigantes como el Obelisco, / campeones de fútbol, / boxeo y hockey. / Locatti, Barreda, / Monzón y Cordera / también, matan por amor". En esta segunda serie que contribuye a caracterizar *la argentinidad* encontramos algo común con el título de la canción que es de índole netamente androcéntrico: la argentinidad se define en clave masculina, *al palo*. A tal punto que las mujeres quedan escondidas y ocultas al ejemplificar entre las menciones de *campeones* la de hockey, donde ha sido el equipo femenino el que llevó al triunfo al país. Pero además, las mujeres quedan fuertemente violentadas a través de una cadena heroica de femicidas:[23] Locatti, Barreda, Monzón.[24] A la serie se suma el propio autor de

---

22  Se puede consultar la letra completa en [http://www.rock.com.ar/letras/8/8345.shtml].

23  Se utiliza el término *femicida* para referir a quien asesina a una mujer por su condición de mujer.

24  Locatti, Barreda y Monzón son los apellidos de tres femicidas argentinos: Alberto Locatti arrojó a *su* mujer por la ventana en 1980; Carlos Monzón tiró a *su* mujer por el balcón en 1988 y Ricardo Barreda asesinó a *su* suegra, *su* esposa y *sus* dos hijas en 1992.

la letra, Cordera, lo que podría interpretarse como una metaforización de la violencia, pero la misma concluye en la legitimidad del *matan por amor*. De este modo, encontramos recrudecido lo que en el apartado anterior aparecía como legitimación de la violencia explícita hacia las mujeres.

Dentro de la ejemplificación lingüística de la misoginia, Delia Suardiaz coloca los piropos que, si bien son un efecto de sexualización, los interpreta como válvula de escape a la agresividad que los varones sienten hacia las mujeres:

> Al decir *¡qué limones, nena!* no hay intención de elogiar la apariencia física de una mujer, sino de declarar el derecho a zaherirla con el uso de una palabra lujuriosa. Una misma persona no recurriría a una expresión como la citada en una situación en la que esperara alguna respuesta *favorable* por parte de la mujer (2002: 198).

Como sostiene el sociólogo José Manuel Morán (2013), "en este imaginario sexista, tendríamos el 'derecho' de decirle a la mujer lo que nos plazca, independientemente de si contamos o no con su consentimiento, o del modo en que nuestros dichos la afecten". De esta manera, los piropos reproducen un orden donde los circuitos del deseo masculino heterosexual establecen a la mujer como una propiedad de los hombres.

Pero el imaginario patriarcal que significa a las mujeres como meros objetos de los deseos masculinos se reproduce ubicuamente, reforzándose en escenas y situaciones que muestran a las mujeres complacientes en la condición de subordinadas. A este hecho Gerda Lerner lo llama *erotización de la dominación*, considerando que es uno de los matices más eficaces de las sociedades patriarcales. Se trata de un modo de presentar a las mujeres que impregna los discursos institucionales más diversos aunque es especialmente en los discursos publicitarios donde esta imaginería sexual se reproduce y se refuerza. Justamente, en un ámbito donde nuestra atención se relaja, bajamos la guardia como receptoras/es pues se trata de discursos de esparcimiento y recreación que, al distraernos, logran hacernos consumidoras/es de sus sentidos, a pesar de que no lo seamos de sus productos.

Un ejemplo elocuente de *erotización de la dominación* en el ámbito publicitario lo constituyó el spot de Dolce & Gabanna correspondiente a su campaña de perfumes de 2007 (ver figura 2) que fue levantada en España debido a los reclamos generados por el Instituto de la Mujer y el Observatorio de violencia contra las mujeres del Poder Judicial.[25] Somos concientes de que

---

25 "Dolce & Gabbana retira el anuncio y dice que España está 'atrasada'", *El Periódico de Aragón*, 23/2/2007. Se puede consultar la versión electrónica en [http://www.elperiodicodearagon.com/noticias/deportes/dolce-gabbana-retira-anuncio-y-dice-que-espana-esta-atrasada-_302243.html].

Figura 2. Imagen publicitaria de Dolce & Gabbana, extraída de "Dolce & Gabbana retira el anuncio y dice que España está 'atrasada'", *El Periódico de Aragón*, 23/2/2007.

este tipo de denuncias resulta uno de los aspectos más difíciles de comprender y suelen provocar rechazo en la sociedad que está sensibilizada con otro tipo de discriminaciones pero en la que aún no arraiga la visibilización del sexismo. En particular, se considera que si denunciamos los efectos sexistas de publicidades como la ejemplificada es porque carecemos de sentido estético, cultivamos una moral demasiado conservadora o directamente despreciamos el sexo. Por el contrario, quienes nos preocupamos por la existencia del sexismo y sus formas de (re)producción consideramos que es posible producir humor, arte, sexualidad y éticas no sexistas; es decir, que no denigren, hieran ni discriminen a nadie.

### 5.2.1. ¡Andá a lavar los platos!: misoginia, política y producción de conocimiento

Ahora bien, entre los ejemplos de insultos misóginos hay uno de especial interés por su apariencia menos violenta y las complejidades que solapa. Me refiero al improperio *iandá a lavar los platos!*, cuyo principal uso se da hacia mujeres que conducen un vehículo, lo que supone en principio un encadenamiento de valoraciones negativas. Por un lado, *conducir automóviles es cosa de varones* o *las mujeres son malas conductoras*. Por otro lado, en correspondencia con lo anterior, lavar los platos en cuanto actividad doméstica del mundo privado es una tarea de mujeres y, por eso mismo, digna de menosprecio. A punto tal que en el espacio público de la circulación vehicular el insulto se utiliza también contra varones que realizan maniobras imprudentes o en contravención, con el matiz adicional de *feminizarlos* como estrategia de humillación. Este insulto, por lo tanto, solo es posible como agresión si se aceptan los supuestos sobre estereotipos de género y distribución de roles segregados.

En el marco argentino, esta expresión insultante conlleva además resonancias particulares por la utilización política que ha tenido. El 24 de septiembre de 1994, el Ministro de Economía de la Nación, Domingo Cavallo, dirigió un *ia lavar los platos!* a la licenciada en Sociología y doctora en demografía Susana Torrado, porque en una entrevista periodística manifestó que las medidas de corte neoliberal que estaba tomando el gobierno aumentaban la desocupación.[26] El Ministro trató de acallar a la investigadora a través del insulto. Sin embargo, el CONICET, institución pública representativa de la investigación científica en Argentina, reaccionó a través de distintas actividades que generaron un debate mediático en un contexto de lucha contra el desmantelamiento de la investigación. Quince años después, Susana Torrado evoca los hechos en una entrevista en la que considera que el estereotipo de mujer que lava los platos "es una construcción cultural que viene de muy atrás, pero está cambiando; creo que cada vez hay más hombres que lavan los platos y más mujeres que ya no quieren lavarlos" (Jawtuschenko y Moledo, 2009). Sin embargo, el alivio de tareas en el espacio doméstico se da antes por la incorporación de otra mujer subalternizada en el hogar que por una equidad de géneros en el mundo privado, lo que no atenúa el carácter feminizante de la actividad doméstica de lavar los platos en el ámbito familiar.

La conjunción de sentidos señalada hace a la condición de posibilidad de que el insulto se haya dirigido contra la comunidad científica, lo que expresa la perspectiva sobre la ciencia en esa coyuntura política.[27] Pero el valor particular del ejemplo desarrollado se encuentra además en que nos permite comprender cómo la compleja articulación entre la dimensión horizontal contractual (conocimiento científico) y la dimensión vertical del estatus (género, clase, etnia) produce una violencia simbólica patriarcal que atraviesa la sociedad más allá de las relaciones intersubjetivas. Especialmente, nos permite atisbar la trama en la que se produce conocimiento, que no está exenta de estas valoraciones.

Al respecto, resulta de interés tratar un ejemplo de misoginia científica de reciente producción. Se trata de un caso que pertenece a las Ciencias Exactas y Naturales, todavía denominadas *ciencias duras* en un sentido valorativamente jerárquico respecto del resto de las producciones científicas y por tal motivo consideradas sin sesgos, neutras. Hace un año la revista *Archives of*

---

26  Ver "A lavar los platos" en *Página/12*, 25/9/1994. En aquel entonces, la socióloga y demógrafa Susana Torrado era investigadora del CONICET con Categoría Principal.

27  Ver Jawtuschenko y Moledo (2008), donde los autores reflexionan sobre las políticas científicas en Argentina a través de entrevistas a diversas/os científicas/os.

*sexual behavior*, volumen 41, número 4, publicaba la investigación de tres físicos especializados en neurociencias de la Facultad de Ciencias Exactas y Naturales (UBA) que estudiaron los patrones oculares de un grupo de varones como indicadores de su preferencia por las tetas o por los culos femeninos.[28] En el estudio los científicos contrastaban los dichos de una muestra de 184 varones con las reacciones oculares al momento de presentárseles imágenes de mujeres. El resultado obtenido es que el 60% de los varones analizados prefieren los culos, razón por la cual una revista de interés general que divulgó la investigación afirmó *los argentinos son culeros*.[29] Entrevistado por dicha revista, el Dr. Mariano Sigman, director de la investigación, aclaró que era un trabajo totalmente objetivo, que se atenía a los datos, ya que "hago ciencia seria y rigurosa, pero no tengo miedo a salirme de ciertos temas que se suponen convencionales". Suponemos que se refiere a temas convencionales para la neurociencia, porque la cuestión elegida en este caso es de un alto convencionalismo social. Más adelante, explica cómo armaron la muestra de imágenes que sirvió de estímulo visual: "Trabajamos con imágenes de mujeres que eran solo lindas o muy lindas todas, entre ocho y diez puntos. Uno puede ser 'culero' o 'tetero', pero si una nariz no te gusta… entonces estudiamos la preferencia entre buenas opciones, que no es lo mismo que descartar entre malas opciones". Por lo tanto, la realización de la experiencia requiere de posicionar a los varones intervinientes (incluidos los científicos) en el lugar androcéntrico del sujeto activo, deseante que va en busca del objeto de su deseo, caracterizado aquí por las imágenes de mujeres pensadas en clave sexista. Un sesgo que espera simplemente ser confirmado en el estudio. Sobre cómo funcionaba el desarrollo el Dr. Sigman afirma:

> Encontrábamos gente que elegía el mejor culo y con eso, puedo identificar la preferencia del que decide sin que él me diga nada. Si yo te hago elegir entre un Porsche y un Bentley y vos elegís el último; y entre un Ferrari y un Mercedes, elegís Mercedes, yo digo que preferís los coches espaciosos. Luego veíamos si esa preferencia era consistente con lo que después declaraban y funcionó, sin preguntar.

Por si quedaban dudas aquí se explicita la analogía de la preferencia sexual con la elección de un automóvil, lo que refuerza la tendencia sexista hacia la objetualización de las mujeres. El matiz es probablemente misógino cuando

---

28  Ver Dagnino, Navajas y Sigman (2012).

29  Ver "Los ojos no mienten"en *Revista Veintitrés* del 24 de mayo de 2012. Se puede consultar la versión electrónica en [http://veintitres.infonews.com/nota-4796-sociedad-Los-ojos-no-mienten.html].

responde sobre la utilidad del estudio: "Puede quedar como una broma pero una conclusión podría ser que las minas están gastando mal la guita". En esta respuesta la autonomía de las mujeres se reduce a ser deseadas por los varones y en función de ello resulta legítima y válida la intervención quirúrgica. Ante las protestas que circularon en los medios por la misoginia de la investigación, el Dr. Sigman insistió en el carácter objetivo del estudio, pues ellos simplemente constataban el comportamiento de la sociedad.

Lo cierto es que al preguntar respecto de un problema, el científico recorta la realidad; de hecho, en las conversaciones posteriores a la edición del artículo, el equipo no dio cuenta del contexto de producción de la investigación: ¿por qué se preguntaron esto y no otra cosa? ¿Cómo consiguieron financiación? Con esto quiero señalar que la producción androcéntrica y misógina no se restringe al sesgo de los tres investigadores en particular, sino que está avalada por el sistema científico y la sociedad en general. Por esto mismo, no nos parece conducente aplicar la censura (ni en publicidades ni en producción de conocimiento), sino más bien trabajar en sensibilizar/nos para que tales significaciones pierdan legitimidad. Hay antecedentes de haberlo logrado con otras dimensiones sociosubjetivas que, durante mucho tiempo, se tomaron como base de estigmatización de modo naturalizado y en la actualidad no es posible hacerlo por la sensibilización social e incluso porque a nivel jurídico se les considera delito. En Argentina existe la Ley 23.592 de Penalización de Actos Discriminatorios, que incluye la dimensión *sexo* en su primer artículo pero lamentablemente no está aún acompañada con una sensibilidad sobre las relaciones entre los sexos como cuestión sociopolítica que implique visibilizar situaciones de jerarquías dominantes, discriminación, exclusión.[30] Al punto que los artículos 2 y 3, que contemplan la penalización para quienes violen esta ley, explicitan los casos de religión, raza, etnia, color, pero no vuelven a mencionar la dimensión *sexo*. Consideramos esto un indicio de que las dimensiones restantes mencionadas ya están socialmente percibidas como fuente de discriminación pero todavía se está construyendo la sensibilidad correspondiente para el caso del sexo/género.

---

30  La Ley se sancionó en 1988 y enuncia en su primer artículo: "Quien arbitrariamente impida, obstruya, restrinja o de algún modo menoscabe el pleno ejercicio sobre bases igualitarias de los derechos y garantías fundamentales reconocidos en la Constitución nacional, será obligado, a pedido del damnificado, a dejar sin efecto el acto discriminatorio o cesar en su realización y a reparar el daño moral y material ocasionados. A los efectos del presente artículo se considerarán particularmente los actos u omisiones discriminatorios determinados por motivos tales como raza, religión, nacionalidad, ideología, opinión política o gremial, sexo, posición económica, condición social o caracteres físicos". Ver [http://www.infoleg.gov.ar/infolegInternet/verNorma.do?id=20465].

## 5.3. Fobias sexistas

A propósito de lo señalado en el apartado anterior, el Área Queer de la Facultad de Filosofía y Letras (UBA) editó en 2007 un cuadernillo con sugerencias para el uso del lenguaje no discriminatorio en los medios de comunicación donde se contemplan las diferencias de identidades y expresiones de géneros y orientaciones sexuales. Entre otras cuestiones, el cuadernillo explica que en Argentina discriminar es ilegal, a pesar de la tolerancia social al respecto y destaca que la Ley 23.592 de Penalización de Actos Discriminatorios constituye una herramienta fundamental para las prácticas de reclamo de distintos colectivos identitarios pues

> refiere a los "actos" discriminatorios de impedir, obstruir, restringir y menoscabar el pleno ejercicio sobre bases igualitarias de derechos y garantías, por lo que prácticas que van desde el insulto, el chiste o la aparente descripción como modo de menoscabo hasta la prohibición de ingreso a un local constituyen modos de discriminación que se encuadran en la Ley (Área Queer, 2007: 21).

El presente capítulo apunta a consolidar la necesidad de sensibilizarnos para cambiar nuestras actitudes, acompañando de modo consonante las transformaciones legales allí donde ya se hayan producido, como es el caso de Argentina, o en función de promoverlas, donde aún estén pendientes. En este sentido, retomamos el desarrollo conceptual previo, que trabaja la relación entre patriarcado, violencia moral y lenguaje para recordar que dicho entramado permite comprender y visibilizar las imposiciones heteronormativas; es decir, la urdimbre de ideas que hace concebir el mundo a partir de estructuras binarias: niño/niña, hombre/mujer, príncipe/princesa, amo/esclavo, bueno/malo, blanco/negro, heterosexual/homosexual, cisexual/transexual...[31]

> Donde la diferencia es normalmente signo de "desigualdad", de inferioridad y que sienta las bases de una lectura ideológica a favor del sexismo, del racismo y de la homofobia pues dividen el mundo según una diferencia sexual muy marcada, donde "lo masculino"

---

31 "Los dos términos oponen dos prefijos latinos. *Cis* quiere decir 'de este lado', mientras que *trans* significa 'del otro lado'. Esta oposición distingue entre dos experiencias básicas de la encarnación del género: la de los hombres y las mujeres que viven en el sexo que les fuera asignado al nacer y la de los hombres y las mujeres que en algún momento de su vida cambiaron de sexo. Bajo este régimen semántico, la experiencia de hombres y mujeres cisexuales se equipara a la de hombres y mujeres transexuales: ambas son experiencias marcadas, susceptibles de ser narradas por otro u otra que las distingue de las propias sin otorgarle, al mismo tiempo, superioridad discursiva alguna" (*Cisexual*, 2009).

ocupa la centralidad cultural, de aquello importante como ser en sí mismo, dueño de sus actos y sus deseos, y "lo femenino" el lugar de "ser para otros", secundario y objeto de los deseos (Arisó y Mérida, 2010: 117).

En consecuencia, los diferentes discursos, incluidos la publicidad, el cine, la literatura, los medios de comunicación, los textos escolares, los procesos de enseñanza-aprendizaje, producen efectos políticos reales sobre nuestras vidas, ya que pueden ejercer violencia contra las personas. De ahí que debiéramos tomar conciencia de que cuando realizamos actos aparentemente tan inocentes como leer un cuento a un/a niño/a

> no solo estamos ofreciéndoles un elemento nacido de nuestra cultura (aun si nace de nuestra imaginación), en un momento social e histórico determinado, sino que produce unos efectos claros y reales en ellos como personas con consecuencias cognitivas (al ofrecerles una determinada manera de ver, pensar, sentir y vivir en el mundo) y políticas (en cuanto pauta cuáles deben ser nuestras relaciones con los demás) (2010: 118).

Así, si a partir del recorrido propuesto en el capítulo visualizamos más allá de las relaciones que establece una sociedad anclada en una heterosexualidad normativa, que legitima un sistema sexo/género que establece unas relaciones de dominación y de poder de los hombres sobre las mujeres, compartiremos que existe un trasfondo previo que ejerce violencia,

> una violencia cotidiana que define las normas de lo posible en el terreno de "lo humano", limita nuestra posibilidad común de ser, de existir de manera distinta a la establecida con relación al género, y sitúa el campo de las relaciones humanas en el marco de la exclusión, la subordinación, la dominación y la violencia (2010: 119).

Esta perspectiva nos demuestra cómo las categorías construidas culturalmente en torno al género ejercen una violencia real que emana en los discursos, lo que nos obliga a visibilizarla y sensibilizarnos, a desocultarla y promover la producción de otros discursos, la invención de nuevos conceptos y términos mediante un lenguaje que se ocupe no solo de evitar la misoginia, sino también la homofobia, lesbofobia, bifobia, travestofobia, transfobia, "intersexfobia" (Maeso, 2011).

Las fobias no son un concepto fácil de definir, ya que pueden aflorar de formas muy diversas y sus manifestaciones, causas y efectos se pueden expresar en un abanico muy amplio de reacciones. La causa más habitual suele ser el miedo a lo desconocido —fruto posiblemente de la ignorancia— y se desencadena en un efecto de rechazo y/o repulsión. En el caso de las fobias sexistas, hay que entender que hablamos de fobias sociales, creadas a través de valoraciones culturales e históricas, y que gozan de una cierta aceptación en determinados entornos sociales y políticos que hacen apología o que simplemente lo neutralizan, considerando *normal* la expresión de rechazo o repulsión (Maeso, 2011).

En este capítulo nos interesa visibilizar la manifestación lingüística de estas fobias, como expresión atenuada de violencia, en la medida en que su carácter simbólico lastima de modo invisible, por lo que se asocia a un preludio de una posible violencia explícita, que aparece legitimada desde su producción en el lenguaje. El Área Queer define transfobia y travestofobia como un "dispositivo ideológico que produce y justifica prácticas de temor, odio, aversión y represión hacia las personas trans y travestis, generando, promoviendo y legitimando la discriminación de este colectivo" (2007: 16). Luego, extiende el alcance a homofobia, lesbofobia y bifobia cuando agrega que

> muchas reacciones fóbicas están inspiradas no en la identificación de una otredad específica (i.e. travestofobia), sino en el temor hacia lo que no se nos aparece, aunque no podamos precisar en qué consiste precisamente esa diferencia. Estas "fobias" constituyen mecanismos ideológicos de discriminación y represión articulados en complejas narrativas que construyen perfiles de peligrosidad sobre lógicas muchas veces contradictorias. Por ejemplo, la "gaytud" es una figura imposible: enfermo y culpable a la vez (Área Queer, 2007: 16).

Del mismo modo, Maeso remarca que las víctimas de la homofobia no son estrictamente gays y lesbianas, sino toda manifestación que suscite opción o indicios de homosexualidad: expresiones amaneradas, demostraciones afectivas entre varones, etcétera. De hecho, la homofobia actual a menudo está más relacionada con el cuestionamiento de la heteronormatividad que con actos sexuales concretos. Y si bien la homofobia engloba a la lesbofobia, separarla como fobia específica tiene sus motivos de fondo. Por un lado, la doble discriminación de las lesbianas, como mujeres y lesbianas, hace invisible aún más su discurso o las situaciones que involucran relaciones lésbicas. Por otra parte, la construcción del *género mujer* ha hecho que se consideren normal y habitual las muestras de afecto entre mujeres, y esto, a pesar de ser positivo, a menudo dificulta que se detecte la realidad lésbica (Maeso, 2011).

Como vimos más arriba, el binarismo sexual nos ha acostumbrado a clasificar a las personas en *hombre* o *mujer*, como identidades definitorias, inamovibles y que no dejan lugar a otras posibles etiquetas. Si bien la transexualidad y el transgenerismo cuestionan la existencia de estas identidades, la intersexualidad demuestra que este esquema de pensamiento binario no es aplicable en los genitales, ya que es completamente falso. De allí que quepa hablar de intersexfobia como fobia a las personas intersexuales. La intersexualidad es la falta de definición de los genitales según los esquemas *hombre-mujer*, alude a personas que no nacen ni con un pene definido ni con una vagina definida. Dentro de esta definición podríamos encontrar casos muy diversos. Por lo general, la intersexualidad es invisible, no porque sea una situación extremadamente minoritaria, sino porque, en la mayoría de los casos, las personas intersexuales son intervenidas quirúrgicamente desde el momento en que nacen, para convertir sus genitales en masculinos o femeninos. Maeso considera que el término más adecuado para aludir a las expresiones de rechazo a personas intersexuales sería el de *genitalofobia* pues refiere a "cómo son, cómo se usan, cómo se definen, cómo se gestionan y cómo se muestran nuestros genitales" como base de todas las fobias expuestas (2011).

La distinción de estas fobias sexistas nos permite comprender cómo la burla y el menosprecio, en cuanto efectos discursivos de sentido, actúan a través del diseño de imágenes y representaciones como inteligibilidad de las crisis económicas y políticas en un momento dado. En la cultura contemporánea, la estigmatización consiste, precisamente, en reducir los sujetos a los rasgos que se les atribuyen.

> Esto es clave cuando se analiza la extrema y permanente visibilidad de las diferencias de identidades y expresiones de géneros, etnias u orientaciones y prácticas sexuales no normativas a través de la representación/producción de "experiencias de vida" o testimonios "modelos"; de enunciados o imágenes de burla y desprecio y la invisibilidad de la exclusión, persecución y violencia policial o judicial que pesa sobre esos grupos o sectores de esos grupos (Área Queer, 2007: 6).

De este modo, comprendemos lo engañoso que es dejarse llevar por la *risa* en cuestiones sexistas y de otra índole (por ejemplo, racista, clasista, etc.), ya que los aparentes chistes xenófobos, racistas, homofóbicos, lesbofóbicos, transfóbicos, travestofóbicos, no solo niegan los prejuicios en que se asientan, sino que refuerzan las diferencias y reproducen las relaciones de desigualdad.

> A su vez, su eficacia en la producción de acuerdos y consensos respecto del valor y la marginación depende de la existencia del racismo y el sexismo como sentidos sociales compartidos. Por eso la risa habilita acciones y convoca a la violencia sobre esos grupos en la medida en que aún las bromas más extendidas cumplen la función de recordarnos que la persecución está siempre disponible en el marco de conflictos sociales y políticos. Las imágenes y

los discursos de los medios de comunicación se basan, en gran medida, en la exposición de historias individuales que exhiben las diferencias de razas, de nacionalidades, géneros u orientaciones y prácticas sexuales no normativas como "pintoresquismo" o "nota de color". Esto es un modo de descalificarlas y, simultáneamente, de eliminar la reflexión sobre las condiciones de pobreza, marginalidad y exclusión que implican (…). En la medida en que los estereotipos son usados para afirmar la aparente "regularidad" de una situación, hay que tener presente que limitan a los sujetos a un espectro restringido de actuaciones o acciones o profesiones que luego se naturalizan como "lo real". Por ejemplo cuando se restringe las prácticas de colectivos identitarios trans al espectáculo o a la prostitución. Se plantean situaciones similares en los estereotipos del gay peluquero o decorador, la lesbiana deportista, el o la afrodescendiente bailarín/a (2007: 7-8).

Por todo lo expuesto acerca de las manifestaciones de androcentrismo y de sexismo, vemos que un compromiso sensible con estos fenómenos resulta incómodo porque requiere desandar lugares comunes. En este punto adquiere singular importancia, una vez más, el rol docente. Pues, independientemente de los contenidos especiales de la asignatura que se tenga a cargo, las circunstancias para incurrir en androcentrismo y en sexismo están siempre al alcance de la mano. En consecuencia, comprometerse con la sensibilización en estas cuestiones implica un ejercicio de reflexividad constante compartido entre alumn*s y profesor*s. Esto significa que no hay un punto de lucidez que se pueda alcanzar de una vez para siempre, sino que la producción de sentidos sociales es continua y se gesta en cada institución y en cada posición que ocupemos en ellas. De allí que nuestra vigilancia antiandrocéntrica y antisexista debe abarcar varios planos: los modos del decir, los contenidos de nuestra asignatura, las actitudes hacia alumnas y alumnos, las consignas de trabajo, entre otros.

## 6. Actividades propuestas

A partir del recorrido conceptual desarrollado proponemos algunas sugerencias para el trabajo docente y, posteriormente, algunas actividades puntuales.

### Sugerencias

Las sugerencias que proponemos están inspiradas en una plataforma virtual de sensibilización sobre estas temáticas (http://www.educatolerancia.com) e intentan abarcar cuestiones no solo de contenido, sino también organizacionales, aplicables a todas las estructuras de la docencia; es decir, educación con niñas/os, jóvenes y adultas/os.

En primer lugar, señalamos algunas de carácter muy general:

- Buscar el equilibrio y la proporción de varones y mujeres en el reparto de cargos, responsabilidades y tareas por parte de la institución docente.
- Revisar el sistema de comunicación escrita en las circulares, carteles, sala de profesoras/es y comunicaciones oficiales del centro para asegurar el uso no sexista del lenguaje.
- Vigilar que los espacios sean ocupados de forma equilibrada (tanto en los patios como en las clases) por los alumnos y las alumnas, sin acaparamientos por parte de ningún género.
- Velar por que todos los recursos didácticos (mobiliario, textos y juegos) sean utilizados por varones y mujeres de forma equilibrada, sin acaparamientos ni exclusiones.
- Evitar en la comunicación oral cotidiana con alumnas/os, expresiones estereotipadas que reproduzcan los modelos de género, como por ejemplo "Decíle a tu mamá que te lave el guardapolvo", "Por favor, dos alumnos fuertes que me ayuden a mover esta mesa".

En segundo lugar, van algunas propuestas destinadas a las/los docentes, relacionadas con la selección específica de estrategias y de contenidos:

- Revaloriza el conocimiento cotidiano de tus alumnas y alumnos, así como de su entorno familiar, de forma que aprecien los saberes transmitidos por sus abuelas y madres.
- Observa a cada alumna y a cada alumno como son realmente, intentando separarte de la idea preconcebida y estereotipada que tienes de cómo deben comportarse unas y otros.
- Establece metodologías participativas y de trabajo grupal que les permitan aprender a escucharse, colaborar y aprender del resto de los compañeros y compañeras, desde el respeto y el reconocimiento mutuo.
- Asegúrate de que en los materiales didácticos aparezcan de forma equilibrada mujeres y varones, protagonistas tanto niñas como niños; mujeres que realicen trabajos valorados, no típicamente femeninos.
- Rechaza aquellos materiales que sigan reproduciendo modelos tradicionales sexistas y no aporten propuestas para superar estas discriminaciones.

El desarrollo de las actitudes descriptas, al atender las particularidades de cada persona, contribuye a sensibilizar no solo respecto de la discriminación y valoración de las mujeres, sino también de otras identidades de género así como de orientaciones sexuales diversas

## Actividades

A continuación ofrecemos algunas actividades como base para trabajar tanto en la formación del profesorado como en la escuela media.

### Actividad 1. Sexismo y ciencia

Compartan los 3 (tres) primeros minutos del video con la entrevista a Susana Torrado que realiza Adrián Paenza en el programa Laboratorio de Ideas.[32]

Luego, en pequeños grupos, dialoguen con los siguientes criterios y redacten a partir del diálogo breves respuestas: 1) ¿Creen que el ministro habría dirigido el mismo insulto a un investigador? 2) ¿Por qué es sexista que una autoridad del gobierno aluda a una investigadora como "esa mujer"? 3) Si la comunidad científica es insultada con la expresión "ivaya a lavar los platos!", ¿qué concepción sobre la investigación científica puede tener quien dirige el insulto? 4) En el imaginario social subsiste la clasificación entre ciencias exactas y naturales como "duras" y ciencias sociales y humanas como "blandas", ¿por qué puede considerarse sexista tal clasificación? (Tiempo estimado para diálogo y redacción, 30 minutos).

Finalmente, se retoma el diálogo en el grupo mayor a partir de la relatoría de lo trabajado en los pequeños grupos (Tiempo estimado, 15 minutos).

### Actividad 2. Sexismo y arte

En pequeños grupos compartan la lectura del artículo "Entre arte y machismo", de Mariana Carbajal (2013),[33] para dialogar sobre lo siguiente: 1) ¿Qué canciones de moda en su entorno consideran sexistas y por qué? 2) ¿Qué ejemplos pueden recordar de canciones que contribuyan a desarmar estereotipos de género o a denunciar los sexismos? 3) ¿Por qué es problemático considerar una "humorada" a las actitudes sexistas? 4) ¿Consideran que se deben limitar estas actitudes? 5) En el caso de que el ámbito de acción no sea Argentina, ¿conocen la legislación local en torno al principio de igualdad y no discriminación, y la libertad de expresión? (Tiempo estimado, 40 minutos).

### Actividad 3. Arte y desconstrucción de estereotipos sexo-genéricos

Compartan la audición de versiones de las siguientes canciones, cuyas letras se distribuirán además copiadas en papel: "Escúchame entre el ruido",

---

32 Disponible en [http://www.youtube.com/watch?v=El1dMheCi3g].

33 *Página 12*, 17/2/2013. Se puede consultar la versión electrónica en [http://www.pagina12.com.ar/diario/sociedad/3-214018-2013-02-17.html].

de Moris;[34] "Niño costurera y niña carpintero", de Gabo Ferro;[35] "Historia robada", de Ana Castro;[36] y "Mujer contra mujer", de Juan Cano[37] (tiempo estimado, 15 minutos). En pequeños grupos, dialoguen sobre los estereotipos a los que, en cada una de las letras, se pretende desarmar (tiempo estimado, 20 minutos). Luego, compartan las reflexiones de cada subgrupo con el grupo entero (tiempo estimado, 10 minutos).

## Actividad 4. Androcentrismo

De modo individual, hagan que cada alumna/o lea el siguiente problema para pensar la solución:

> Antonio, padre de Roberto, un niño de 8 años, sale manejando desde su casa en la Capital Federal y se dirige a Mar del Plata. Roberto va con él. En el camino un camión, que venía de frente, se sale de su sector de la autopista y embiste al auto de Antonio. El impacto mata instantáneamente a Antonio, pero Roberto sigue con vida. Una ambulancia de la municipalidad de Dolores llega casi de inmediato, advertida por quienes fueron ocasionales testigos, y el niño es trasladado al hospital. No bien llega, los médicos de guardia comienzan a tratar al nene con mucha dedicación pero deciden que no pueden resolver el problema de Roberto, necesitan consultar. Además, advierten el riesgo de trasladar al niño y, por eso, deciden dejarlo internado allí, en Dolores. Luego de las consultas pertinentes, se comunican con el Hospital de Niños de la Capital Federal y finalmente conversan con una eminencia en el tema a quien ponen en autos de lo ocurrido. Como todos concuerdan que lo mejor es dejarlo a Roberto en Dolores, la eminencia decide viajar directamente desde Buenos Aires hacia allá. Los médicos del lugar le presentan el caso y esperan ansiosos su opinión. Finalmente, uno de ellos es el primero en hablar: "¿Está usted en condiciones de tratar al nene?", pregunta con un hilo de voz. Y obtiene como respuesta: "¡Cómo no lo voy a tratar si es mi hijo!" (Paenza, 2006).

La idea es que cada una/o trate de pensar una manera de hacer que la historia tenga sentido. Para eso, cada una/o debe anotar la primera solución que

---

34 Ver letra completa en [http://soydondenopienso.wordpress.com/2008/01/08/moris-escuchame-entre-el-ruido/].

35 Ver letra completa en [http://acordes.lacuerda.net/gabo_ferro/costurera_y_carpintero.shtml].

36 Ver letra completa en [http://sasha.espacioblog.com/post/2009/09/11/historia-robada].

37 Ver letra completa en [http://www.letrasmania.com/letras/letras_de_canciones_mecano_2344_letras_descanso_dominical_6551_letras_mujer_contra_mujer_77505.html].

se le ocurra para hacer comprensible la respuesta de la eminencia. En el diálogo entre todas/os, ver si hubo respuestas que consideraran la posibilidad de que la eminencia fuera la madre de Roberto. A partir de eso, dialogar sobre las condiciones del imaginario social androcéntrico que dificultan la resolución del enigma o, dicho de otra manera, que hacen posible el planteo de este acertijo.

### Actividad 5. Educación y transfobia

Compartir el visionado del video testimonial *TransFormadora* (24 min), de Silvia Pascual, Viviana Beker y María Eva Rossi.[38] Luego, analizar el testimonio de diferentes personas entrevistadas en pequeños grupos (un testimonio por grupo), para visualizar qué naturalizaciones pusieron en crisis a partir de la transformación de la protagonista (15 min). Para una clase posterior, a partir de ese análisis, cada grupo elabora un relato de aceptación e inclusión, desde la perspectiva de la persona analizada.

## Referencias bibliográficas

Amorós, Celia (1985). *Hacia una crítica de la razón patriarcal.* Barcelona, Anthropos.

Amorós, Celia (ed.) (2000). *Feminismo y Filosofía.* Madrid, Síntesis.

Área Queer (2007). *Medios de comunicación y discriminación: desigualdad de clase y diferencias de identidades y expresiones de géneros y orientaciones sexuales en los medios de comunicación.* Buenos Aires, SEUBE-UBA.

Arisó, Olga y Mérida Jiménez, Rafael (2010). *Los géneros de la violencia. Una reflexión queer sobre la "violencia de género".* Madrid, Egales.

Birgin, Haydée y Pastorino, Gabriela (2005). "Violencia contra las mujeres", en ELA: *Informe sobre Género y Derechos Humanos. Vigencia y respeto de los derechos de las mujeres en Argentina.* Buenos Aires, Biblos.

Bourdieu, Pierre (1977). *La reproducción. Elementos para una teoría del sistema de enseñanza.* Barcelona, Laia.

Burgos, Elvira y Aliaga, José Luis (2002). "Estudio preliminar", en Suardiaz, Delia Esther: *El sexismo en la lengua española.* Zaragoza, Pórtico.

Burgos, Elvira (2008). *Qué cuenta como una vida. La pregunta por la libertad en Judith Butler.* Madrid, Machado Libros.

Butler, Judith (2004) [1997]. *Lenguaje, poder e identidad.* Madrid, Síntesis.

—— (2001) [1990]. *El género en disputa. El feminismo y la subversión de la identidad.* México, Paidós.

Cabral, Mauro (ed.) (2009). *Interdicciones. Escrituras de la intersexualidad en castellano.* Córdoba, Anarrés.

Campagnoli, Mabel Alicia; Femenías, María Luisa y Herrera, María Marta (2001). "Introducción a los estudios de género", en Moran, Julio (comp.): *Por el camino de la Filosofía.* La Plata, De la campana.

Campagnoli, Mabel Alicia (1999). "El feminismo es un humanismo", en Andújar *et*

38  Se puede consultar accediendo a [http://www.youtube.com/watch?v=E-vIxrXSgyU].

al.: *Historia, género y política en los '70*. Buenos Aires, Feminaria.

Carbajal, Mariana (2013). "Entre arte y machismo", *Página/12*, 17 de febrero.

Catrilef Lerchundi, Vanessa Jahaira (2009). "Los mecanismos de transmisión de estereotipos de género por los y las docentes en la entidad escolar", en Arriaga Flórez, Mercedes; Ortiz de Zárate Fernández, Amalia; Huerta Andrade, Norma; Browne Sartori, Rodrigo y Silva Echeto, Víctor (eds.): *Comunicación & Género*. Sevilla, Arcibel.

Cisexual (2009), en suplemento "Soy", *Página/12*, 5 de junio. Disponible en [http://www.pagina12.com.ar/diario/suplementos/soy/1-803-2009-06-05.html].

Dagnino, Bruno; Navajas, Joaquín y Sigman, Mariano (2012). "Eye Fixations Indicate Men's Preference for Female Breasts or Buttocks", *Archives of Sexual Behavior*, Vol. 41, N° 4, agosto, pp. 929-937.

De Beauvoir, Simone (1968) [1949]. "Introducción", en: *El segundo sexo*. Buenos Aires, Siglo Veinte.

Femenías, María Luisa (1996). *Inferioridad y exclusión: un modelo para desarmar*. Buenos Aires, GEL.

García Meseguer, Álvaro (1977). *Lenguaje y discriminación sexual*. Madrid, EDICUSA.

García Prince, Evangelina (2004). *Reflexiones sobre algunos contextos teóricos para interpretar la articulación entre democracia y género*. Mérida, Venezuela.

Jawtuschenko, Ignacio y Moledo, Leonardo (2009). "Ciencia, sociedad y menemismo: diálogo con Susana Torrado", en suplemento "Futuro", *Página/12*, 26 de septiembre.

Jawtuschenko, Ignacio y Moledo, Leonardo (2008). *Lavar los platos: la ciencia que no pudieron matar*. Buenos Aires, Capital Intelectual.

"La RAE no eliminará palabras 'ofensivas' con la mujer si aún se usan" (2013), *El diario, periodismo a pesar de todo*, 25 de noviembre. Disponible en [http://www.eldiario.es/sociedad/Academicos-aseguran-prescindir-palabras-ofensivas_0_200530612.html].

Lerner, Gerda (1990) [1986]. *La creación del patriarcado*. Madrid, Crítica.

Lind, Amy y Argüello Pazmiño, Sofía (2009). "Activismo LGBTIQ y ciudadanías sexuales en Ecuador. Un diálogo con Elizabeth Vásquez", *Íconos. Revista de Ciencias Sociales*, Vol. 13, N° 35, septiembre, Quito, FLACSO.

Lledó, Eulàlia (1996). "Reflexiones sobre el sexismo y el androcentrismo. Sus repercusiones en la lengua", en Marco, A. (ed): *Estudios sobre mujer, lengua y literatura*. Santiago de Compostela, Universidad de las Palmas - Universidad de Santiago de Compostela.

Lledó, Eulàlia; Vargas, Ana; Bengoechea, Mercedes; Mediavilla, Mercedes; Rubio, Isabel y Alario, Carmen (1998). *Lo femenino y lo masculino en el Diccionario de la Lengua de la Real Academia Española*. Madrid, Ministerio de Trabajo y Asuntos Sociales - Instituto de la Mujer.

Maeso, Doctora (Colectivo Brot Bord) (2011). "Fobias", documento electrónico disponible en [http://www.rsumen.cl/index.php?option=com_content&view=article&id=3693:fobias&catid=18:cultura&Itemid=62].

Millet, Kate (1995) [1969]. *Política sexual*. Madrid, Cátedra.

Molina Petit, Cristina (1994). *Dialéctica feminista de la Ilustración*. Barcelona, Anthropos.

Morán, José Manuel (2013). "Espacio público, piropos y sexualidad. ¿De qué 'buen trato' me hablan?", documento electrónico disponible en [http://www.elquintopoder.cl/genero/espaciopublico-piropos-y-sexualidad-de-que-buen-trato-me-hablan/].

Paenza, Adrián (2006). "¿Qué es el pensamiento lateral?", *Página/12*, 18 de agosto.

Pateman, Carole (1995) [1988]. *El contrato sexual*. Barcelona, Anthropos.

Perdomo, Inmaculada (2009). "Matemáticas y Género. Una aproximación histórica", documento electrónico disponible en [http://www.oei.es/cienciayuniversidad/spip.php?article447].

Pérez Navarro, Pablo (2008). *Del texto al sexo. Judith Butler y la performatividad*. Madrid, Egales.

Puleo, Alicia; Rivera, María Milagros; Cigarini, Lia y Montero, Justa (1994). "Dossier: Feminismo, entre la igualdad y la diferencia", *El Viejo Topo* N° 73, marzo.

Puleo, Alicia (1993). *Condorcet, De Gouges, De Lambert y otros. La Ilustración olvidada. La polémica de los sexos en el siglo XVIII*. Barcelona, Anthropos.

Puleo, Alicia (coord.) (2008). *El reto de la igualdad de género. Nuevas perspectivas en Ética y Filosofía Política*. Madrid, Biblioteca Nueva.

Puppo, María Lucía (2009). "(Re)pensar el mundo a partir de los textos", en Elizalde, Silvia; Felitti, Karina y Queirolo, Graciela (coords.): *Géneros y sexualidades en las tramas del saber. Revisiones y propuestas*. Buenos Aires, libros del Zorzal.

Rich, Adrienne (1985) [1980]. "Heterosexualidad obligatoria y existencia lesbiana", *Nosotras... que nos queremos tanto* N° 3. Madrid, Colectivo de Feministas Lesbianas.

Sáez, Javier y Carrascosa, Sejo (2011). *Por el culo. Políticas anales*. Madrid, Egales.

Santa Cruz, María Isabel; Bach, Ana María; Femenías, María Luisa; Gianella, Alicia y Roulet, Margarita (1994). *Mujeres y Filosofía. Teoría filosófica de género*. Vols. I y II. Buenos Aires, CEAL.

Sau, Victoria (1981). *Un diccionario ideológico feminista*. Barcelona, Icaria.

Scott, Joan (1990) [1988]. "El género: una categoría útil para el análisis histórico", en Amelang, James y Nash, Mary (eds.): *Historia y Género: las mujeres en la Europa contemporánea*. Valencia, Alfons El Magnànim.

Segato, Rita Laura (2003). *Las estructuras elementales de la violencia. Ensayos sobre género entre la antropología, el psicoanálisis y los derechos humanos*. Buenos Aires, Prometeo.

Suardiaz, Delia Esther (2002) [1973]. *El sexismo en la lengua española*. Zaragoza, Pórtico.

Rubin, Gayle (1998) [1975]. "El tráfico de mujeres: notas sobre la economía política del sexo", en Navarro, M. y Stimpson, C. (comp.): *¿Qué son los estudios de mujeres?* México, Fondo de Cultura Económica.

Queirolo, Graciela (2005). "La mujer en la sociedad moderna a través de los escritos de Victoria Ocampo (1935-1951)", *Revista Zona Franca* N° 14, Rosario, CEIM-UNR, mayo, pp. 144-154.

Valcárcel, Amelia (1991). *Sexo y Filosofía. Sobre "mujer" y "poder"*. Barcelona, Anthropos.

Wittig, Monique (2007) [1980]. "El pensamiento heterosexual", en: *El pensamiento heterosexual y otros ensayos*. Madrid, Egales.

# Capítulo 3

# Aspectos histórico-antropológicos de la sexualidad

Graciela Tejero Coni[1]

*Ya dijo Cicerón que, si el método de enseñanza no es agradable al discípulo, pronto se queda sin auditorio (…). Pásale al maestro lo que al pescador que, como no ponga en el anzuelo el cebo más atractivo para los peces, se aburrirá a la orilla del agua sin lograr lo que desea.*
(Cayo Petronio, s.I d. C., en *El Satiricón*, III)

## 1. Consideraciones teóricas y pedagogías de la sexualidad

Desde antes de la legislación de Educación Sexual Integral (ESI) en 2006[2] y con mayor empeño luego de su sanción, se debaten y se practican diferentes abordajes teóricos para su implementación. Y, si bien el ejercicio de la ESI presenta un retraso general en la formación docente, en particular entre las/os futuros docentes de nivel medio, es notable la demora de su incorporación en los diseños curriculares básicos de los profesorados.

Partiendo de que todos los/as docentes en ejercicio y/o formación, cualquiera sea su disciplina, tienen el deber y el derecho de formarse en ESI, este trabajo fundamenta la necesidad de un abordaje historicista para el "enseñaje"[3] de formadores/as con perfil científico no sexista y capaces de

---

1   Historiadora y Agente de Igualdad de Oportunidades para las Mujeres, posgrado de la Universidad de Zaragoza (España). Docente de la División Historia, de la Universidad Nacional de Luján. Coordinadora del Programa de Innovación Pedagógica, coordinadora y docente del Postítulo "Especialización Superior en Educación sexual integral", del Instituto Superior del Profesorado "Dr. Joaquín V. González".

2   Ley Nacional de Educación N° 26.206, Ley N° 25.673/02 Programa Nacional de Salud Sexual y Procreación Responsable, Ley 26.150/06 Programa Nacional de Educación Sexual Integral y Ley N° 2110/06 de la Ciudad Autónoma de Buenos Aires de Educación Sexual Integral, las que entre sus postulados propone "Ampliar la información sobre aspectos biológicos, fisiológicos, genéticos, psicológicos, éticos, jurídicos y pedagógicos en relación con la sexualidad de niños, niñas y adolescentes...", lo que reafirma su carácter integral.

3   El vocablo *enseñaje* fue acuñado por Enrique Pichon-Rivière y Paulo Freire para dar cuenta de la dialéctica entre maestro y alumno, sin el ejercicio unidireccional del poder que suele

percibir críticamente qué concepciones ideológicas se reproducen en el quehacer áulico como currículum oculto. Se pretende, entonces, evidenciar la necesidad de un espacio curricular y una didáctica especial para ESI.

La formación propuesta se referencia en la Pedagogía crítica, la Psicología social y la Teoría de género, soportes epistemológicos que aluden a la dialéctica que pone en relación la *naturaleza* con el *desarrollo social*. Este marco teórico justifica el concepto de sexualidad como *fenómeno bio-psico-social* y, por lo tanto, histórico. En síntesis, producción humana de orden cultural sobre la base de cuerpos sexuados.

Pensar la educación sexual integral en la escuela supone un desafío de las formas del dispositivo de la educación tradicional y requiere una perspectiva que tome distancia de los procesos de naturalización y reivindique el paradigma de Historia Integral como experiencia vivida por varones y mujeres. Para ello, es necesario permitir el análisis crítico sobre el proceso histórico que originó el *sistema patriarcal* y la *diferencia genérica*, que condicionó tanto el comportamiento sexual como los vínculos interpersonales. Este abordaje persigue el objetivo de desmitificar el divorcio entre *Naturaleza* y *Cultura*, entre *Biología* y *Ciencias Sociales*.

La comprensión que los/as futuros docentes tengan de los aspectos histórico-antropológicos de la sexualidad es la condición básica para que puedan cuestionar las matrices de aprendizaje y tomar conciencia de sus propios comportamientos sexuales, mitos y prejuicios, que incidirán en la relación con sus alumnos/as. Se adopta una visión historicista con la certeza de que para comprender el presente es preciso conocer su génesis.

La pedagogía crítica se funda sobre la convicción de que para la escuela es una prioridad ética dar poder al sujeto y a la sociedad en lo que respecta al dominio del conocimiento desde el análisis de la propia experiencia, pues, como dice Paulo Freire, "la lectura del mundo precede a la lectura del libro" (1975). Pero requiere de un método científico para problematizar lo obvio de nuestra cotidianeidad, organizada en tiempo y espacio, y asumida erróneamente como "natural" por la reiteración sistemática, irreflexiva e inconsciente de su accionar.

El proceso global del conocimiento se realiza en la relación práctica-teoría-práctica, es decir, nuestra práctica puede ser sintetizada teóricamente para ser nuevamente dirigida conscientemente a una práctica transformadora de la realidad. Cabe aclarar que este proceso de diferenciación entre "creencia" y "conocimiento", como toda acción humana, no es neutral, sino que la ciencia también está permeada por la *posición*, el *punto de vista* y el *método*

---

suponer la relación entre la enseñanza y el aprendizaje en cuanto una alternancia de opuestos.

de quien investiga. En mi caso, el ser mujer, la perspectiva de género y el feminismo materialista. Por lo tanto, al igual que todo el saber, la teoría de la opresión de las mujeres ha estado sujeta al proceso dialéctico que permitió pasar del concepto *Mujer*, de contenido universal, ahistórico y esencialista, a un *mujeres*, que permite comprender mejor la complejidad de interrelaciones (clase, etnia y muchas otras),[4] al concepto de *Género*, como fenómeno social y cultural, que hace referencia a las relaciones de poder, con carácter histórico, entre varones y mujeres (Narotsky, 1995).

Es imprescindible introducir una breve referencia a los usos del concepto de *género* y su implicancia con la sexualidad, como antecedentes, a veces equívocos, en relación con la Teoría Feminista. En este sentido, debemos mencionar los aportes de la antropóloga Margaret Mead, en su clásico *Macho y Hembra*, de 1948, y los de la filósofa Simone de Beauvoir, en su *Segundo sexo*, de 1949. No obstante, a partir de la década de los cincuenta el concepto de género fue manipulado por la ciencia médica con sentido descriptivo y performático, muy lejos de la intención feminista de cambio social.

Entre 1952 y 1953, el endocrinólogo Harry Benjamín comenzó a estudiar los fenómenos de *transexualismo*. Posteriormente, en 1955, el psicólogo John Money, acorde con esta línea de investigación, define la relación entre subjetividad y condición social como *identidad de género* y, en 1973, introduce la categoría *disforia de género* como una patología. En la misma dirección, el psiquiatra neoyorquino Robert J. Stoller publica, en 1968, *Sex and Gender*. En aquel entonces, el feminismo radical reedita el interés que en 1920 había despertado en el terreno de la sexualidad la perspectiva de opresión sufrida por las mujeres. En 1969 Kate Millet escribe *Política sexual* y, en 1970, Sulamith Firestone, *La dialéctica del sexo*. Finalmente, en la década de los ochenta el feminismo político y académico introducirá en las ciencias sociales el uso analítico de la categoría de género como relación de poder entre los sexos.

El género, al igual que el patriarcado, fue un concepto liberador cuando fue formulado por el feminismo militante. Es una herramienta analítica, una

---

4   Formulación original de la opresión y de la identidad política enunciada a mediados de los setenta por el grupo de feministas estadounidenses negras Combahee River: "... aunque nosotras somos feministas y lesbianas, nos sentíamos solidarias con los hombres negros progresistas y no defendíamos la faccionalización que hacían las mujeres blancas, que hacen demandas separatistas (...) luchamos junto a los hombres negros contra el racismo, mientras luchamos contra los hombres negros contra el sexismo (...). Necesitamos articular la situación de clase real de las personas, que no son trabajadores sin raza, sin sexo, sino que son trabajadores que experimentan la opresión racial y sexual como determinantes significativas de sus vidas (económicas y laborales). Aunque aceptamos a la teoría de Marx en lo que se refiere a las relaciones económicas que él analiza, sabemos que su análisis debe ser extendido más allá para que nos permita entender [y cambiar] nuestra situación específica como mujeres negras". Citado en de Laurentis, Teresa (1990).

forma conceptual de análisis sociocultural que desafía la ceguera que la tradición historiográfica ha demostrado respecto del sexo. El género no se refiere a uno o varios fenómenos concretos, sino que alude, por el contrario, a un conjunto de relaciones y procesos. Es preciso "pensar en relaciones" si se quiere entenderlo no solo como una categoría analítica, sino como una realidad cultural, donde conviven relaciones de propiedad, de producción y reproducción, de sexualidad, etc., tanto del pasado como del presente. Es, según la historiadora Joan Scott, una manera de referirse a los orígenes exclusivamente sociales de las entidades subjetivas de varones y mujeres. El género es, en esta definición, una categoría social que se impone sobre un cuerpo sexuado. El uso del género enfatiza un sistema entero de relaciones de poder que puede incluir el sexo, pero que no está determinado directamente por él o por la sexualidad (Scott, 1990).

La sexualidad es esencial de la persona. Presente desde los primeros tiempos del desarrollo de la especie humana, expresa todo lo que pensamos, sentimos y actuamos en un marco que supera la genitalidad biológica reproductiva. Su estudio ha acompañado el desarrollo del conocimiento científico, en estrecho vínculo con el dominio de la naturaleza a través del trabajo en cuanto capacidad creativa que caracteriza y diferencia a lo humano del resto del mundo animal.

La concepción de la sexualidad como fenómeno bio-psico-social se fundamenta en la definición integral de la especie en sus dimensiones biológicas, subjetivas y de cooperación vincular, que constituyen la esencia de lo humano: la producción de cultura. Al desagregar —con un propósito analítico— estas facetas podemos diferenciar los conceptos de *sexo, sexualidad* y *género*. El primero remite al orden biológico; como se reconoce en el núcleo irrecusable de reproducción, la existencia morfológica y fisiológica de machos, hembras e intersex a pesar de que se constata, por defecto, la incapacidad reproductiva eventual en alguno de ellos. El segundo, la *sexualidad*, refiere al sentimiento subjetivo que involucra prácticas y orientaciones psicológicas en busca de placer; aspectos que la cultura ha ido independizando del hecho reproductivo. Por último, está el *género*, concepto asociado al control social de los cuerpos, concebido binariamente —masculino/femenino— como relación de poder ejercida históricamente por los varones sobre las mujeres y sobre todo aquello que se identifique con ellas (femenino).

Tanto es así que hoy se diferencia entre la demanda por los derechos sexuales y los derechos reproductivos, ambos en dimensiones distintas, aunque en prácticas interrelacionadas. No obstante, las corrientes de análisis sobre el origen de la opresión de género y los abordajes sobre la sexualidad son múltiples y controvertidas. Distinguimos las corrientes materialistas, entre las que se hallan las concepciones biologicistas (esencialistas, funda-cionalistas biológicas, etc.), y las marxistas, que conciben la dialéctica entre las relaciones de producción y reproducción. A la vez, dentro de las corrientes idealistas se encuentran visiones psicoanalíticas de matriz freudiana o lacaniana; posmodernas como la teoría Queer, y variables culturalistas divorciadas del hecho material biológico o constructivistas que suponen elecciones individuales por fuera de la práctica social. Por último, están los abordajes sociológicos de la sexualidad desde la investigación histórica.

Este es un trabajo dirigido a docentes, con fundamentación científica, con vistas a conocer y/o ahondar en el manejo de categorías específicas sobre la base de la comprensión del proceso histórico y social, en cuya complejidad se produce la relación entre varones y mujeres. Su sexualidad, en particular, se hace funcional al sistema social en su conjunto.

El conocimiento de la génesis de los modelos funcionales de sexo y de género en nuestra sociedad por parte de los docentes resulta un eslabón clave en esta cadena de reproducción ideológica de conductas y valores. Su protagonismo en la deconstrucción consciente de los mecanismos de desigualdad y discriminación será parte del devenir histórico. Desde la década de los noventa en adelante,[5] el Estado argentino se comprometió en mejorar la calidad de la educación de todas y de todos, mediante la introducción de perspectivas de género y de derechos humanos, con el fin de abordar los problemas de desigualdad y de discriminación vigentes. A pesar de ello, la ideología patriarcal en los ámbitos escolares continúa ganando la batalla.

El enfoque pedagógico y didáctico de formación para formadores/as debe orientarse hacia un/a educador/a no discriminador/a y no sexista en relación con los contenidos ideológicos que deban transmitir, y capaz de apelar a la subjetivación de su experiencia como vehículo de conocimiento.

Este trabajo ofrece actividades de aula y recursos didácticos de fuentes históricas escritas e imágenes destinadas a facilitar la comprensión conceptual con vistas a una sexualidad responsable y placentera.

## 2. Antropología, Historia y Sexualidad

La Antropología y la Historia son las disciplinas que más aportes han hecho desde fines del siglo XIX y, particularmente, durante la segunda

---

5   El PRIOM (Programa Nacional de Promoción de la Igualdad de Oportunidades para la Mujer), a nivel educativo nacional, apostaba a reformular los modelos tradicionales de comportamiento psico-socio-cultural de docentes y alumnos/as de acuerdo con la perspectiva de género. Ley 474/CABA Plan de Igualdad de Oportunidades y de Trato entre Mujeres y Varones.

mitad del siglo XX para el esclarecimiento de los orígenes socioculturales de los comportamientos y conductas que se suponían predeterminadas por la Naturaleza. Los gestos, las actitudes, los comportamientos individuales son experiencias sociales; son el fruto de aprendizajes y de mimetismos inconscientes. Si parecen "naturales" es porque forman parte del bien común de una sociedad entera y de una cultura. Así, a través de los siglos, se han impuesto "modelos" con sentido ético.

Los métodos antropológico e histórico de investigación colaboraron mutuamente: la Antropología desde el estudio del presente de grupos humanos en estadios de desarrollo productivo que remiten a etapas pasadas de nuestra cultura (fósiles sociales) y la Historia desde el estudio del pasado a través de rastros y marcas (fuentes) que deben interpretarse (hermenéutica) en el presente. Dicha interdisciplinariedad ha sido muy valiosa al momento de desentrañar los orígenes de las relaciones de género y su funcionalidad con las sucesivas formaciones económico-sociales.

Debemos destacar los antecedentes de la Antropología de Género: los clásicos Bachofen y Morgan,[6] el análisis científico del materialismo-dialéctico de Marx y Engels, el antecedente más inmediato del fenómeno social del género en los trabajos de Margaret Mead y las referencias contemporáneas que giran en torno al polémico esquema "Naturaleza/Cultura" (Ortner, Rosaldo, Yanagisako y Collier, MacCormack, 1990, entre otros). Planteos sobre la necesidad de desligar las categorías femenino/masculino de su componente biológico y atender a su construcción cultural ya no como una mera socialización del sexo biológico y sus funciones reproductivas, sino como resultado de un conjunto de factores sociales y culturales que crean la diferencia de género. En el contexto de ese debate, un error recurrente en la utilización de la categoría de género es concebir lo "biológico" como algo estático e inmutable, no condicionado y, mucho menos, producido por las acciones sociales.[7] Si el sexo, la sexuación y la sexualidad reproductiva tienen un inexcusable componente biológico, no son en las sociedades humanas exclusivamente biológicos,

---

6  Bachofen (1861), muy cuestionado por su definición de "matriarcado" en cuanto derecho consuetudinario basado en la filiación matrilineal y la matrilocalidad, es hoy día recuperado en ciertos estudios antropológicos que lo consideran un precursor y, sobre la base de un método científico aplicado a trabajos de campo, se retoman algunas de sus hipótesis. Morgan, por su parte, considerado el Padre de la Antropología, estudió desde 1871 las relaciones de parentesco como "formas socializadas de lo biológico", universales pero diferentes según cada cultura.

7  Los ejemplos abarcan desde la "revolución de la píldora" hasta las más nuevas técnicas reproductivas, desde la manipulación genética, la cultura del modelaje corporal hasta los tratamientos hormonales y quirúrgicos relacionados con el transexualismo y travestismo moderno.

sino que manifiestan un carácter sociocultural, al igual que el concepto de género. El *sexo*, sin embargo, tiene, como ya referimos, un núcleo biológico irrecusable que es la reproducción de la especie. Y el *género*, por su parte, es un concepto ligado a la reproducción social en su totalidad (Narotzky, 1995).

En igual sentido, la *sexualidad* es un hecho de creación humana, producto social basado en el potencial biológico que actúa como uno de los vínculos de las relaciones sociales entre las personas con variantes a lo largo de la historia.

Ya el marxismo enseñó las premisas de la existencia humana y su condición histórica:[8] la primera es que

> para vivir hace falta comer, beber, alojarse bajo un techo, vestirse y algunas cosas más (...) por consiguiente, la producción de la vida material misma, (...) lo mismo hoy que hace miles de años, necesita cumplirse todos los días y a todas horas (...) supondrá siempre, necesariamente, la actividad de la producción (Marx y Engels, 1982 [1845]).

La segunda es que la satisfacción de esta primera necesidad, la acción de satisfacerla y la adquisición del instrumento necesario para ello conducen a nuevas necesidades. Y, finalmente, la tercera, que

> ... interviene de antemano en el desarrollo histórico [y hace que] los hombres que renuevan diariamente su propia vida comienzan al mismo tiempo a crear a otros hombres, a procrear: es la relación entre hombre y mujer...

Lo extraordinariamente significativo para nuestras reflexiones actuales es que

> estos tres aspectos de la actividad social no deben considerarse como tres fases distintas, sino sencillamente como eso, como tres aspectos (...) que han existido desde el principio de la historia y desde el primer hombre y que todavía hoy siguen rigiendo en la historia. La producción de la vida, tanto de la propia en el trabajo como de la ajena en la procreación, se manifiesta inmediatamente como una doble relación —de una parte, como una relación natural

---

8   Engels, en el prólogo de *El origen de la familia, la propiedad privada y el Estado*, dice: "Según la teoría materialista, el factor decisivo en la historia es, a fin de cuentas, la producción y reproducción de la vida inmediata. Pero esta producción y reproducción son de dos clases. De una parte, la producción de los medios de existencia...; de otra parte, la reproducción del hombre mismo, la continuación de la especie (...). El orden social en que viven los hombres en una época o en un país dado está condicionado por esas dos especies de producción: por el grado de desarrollo del trabajo, de una parte, y de la familia, de la otra" (Engels, 1984 [1882]).

y de otra como una relación social—; social en el sentido de que por ella se entiende la cooperación de diversos individuos (...). De donde se desprende que un determinado modo de producción o una determinada fase industrial lleva siempre aparejado un determinado modo de cooperación o una determinada fase social... (Marx y Engels, 1982 [1845]).

De acuerdo con estas premisas como guías teóricas, y en función de la complejidad de las actuales relaciones sociales, es que podemos diferenciar con claridad teórica y práctica el *sexo* de la *sexualidad* y el *género*. Estas categorías se fundan y se transforman de manera permanente en articulación con la base material del desarrollo humano en todos sus niveles: productivo, ideológico y político.

Concebir la dialéctica entre las relaciones de producción y reproducción implica un método de análisis que explica la correspondencia del desarrollo productivo y las transformaciones vinculares entre los sexos. El proceso de hominización se inició hace ya casi tres millones de años bajo el impulso constante de la necesidad. El paso decisivo se asocia a la liberación del dedo pulgar y, con ello, el perfeccionamiento en el uso de las manos y el bipedismo. Estas destrezas aumentaron de generación en generación. Así, puede decirse que la mano no es solo el órgano del trabajo, sino que también es producto de él. Únicamente por el trabajo, como condición básica y fundamental de toda vida humana, y la transmisión hereditaria del perfeccionamiento de los músculos, los ligamentos y, en un período más largo, también por los huesos, la ciencia pudo afirmar que "el trabajo ha creado al propio hombre" (Engels, 1876).

Pero la mano no tenía existencia independiente, era tan solo una parte de un organismo mayor sumamente complejo. Primero el trabajo y, después, la palabra articulada fueron los dos estímulos principales que conjuntamente influyeron en la transformación del cerebro. Su desarrollo y el de los sentidos a su servicio, la creciente claridad de conciencia, la capacidad de abstracción y de discernimiento cada vez mayores, repercutieron en el trabajo y la palabra y estimularon su desarrollo. Quizá lo más omnipresente del lenguaje es que, mediante la comunicación con los demás, se puede no solo resolver cuestiones prácticas, sino expresar sentimientos, deseos y temores, lo que crea una conciencia compartida. Este fenómeno de proyección de lo social sobre lo individual ha de buscarse en la transmisión de costumbres, símbolos y conductas colectivas.[9]

Este proceso continúa aún hoy pese a lo imperceptible de su movimiento y a la resistencia de quienes, acostumbrados a explicar sus actos por sus

---

9    Estudios realizados por la escuela antropológica norteamericana: Margaret Mead, Ruth Benedict, entre otros.

pensamientos, no buscan esta explicación en sus necesidades (reflejadas, naturalmente, en el cerebro, donde se cobra conciencia de ellas). La forma de vida que iban adoptando los homínidos suponía cooperación en la recolección de alimentos, socialización y distribución sistemática y confiable de los mismos. La vida social giraba en torno a una serie de campamentos temporales y, probablemente, a una división del trabajo. La primitiva división sexual del trabajo y su desarrollo en división de clases (explotador y explotado) generaron simultáneamente los tres grandes antagonismos que están en la base de nuestro sistema social: entre el trabajo manual e intelectual, el campo y la ciudad y entre la mujer y el varón. En el curso de esa larga historia y producto del desarrollo material de la vida y la subsistencia, se configuró la opresión de las mujeres mediante ejercicio del poder masculino (*opresión de género*) y su institución el *patriarcado*.[10] Dicha opresión tiene una base material que consiste en la propiedad y el control del cuerpo de las mujeres, que no solo condicionó su capacidad de producción y reproducción, sino el goce y la sexualidad misma de las mujeres.[11] Dentro de este marco, su potencial reproductivo debió de ser dominado en función de fines económicos.

Desde el largo proceso de transformación del *homo habilis* en *homo sapiens*, la humanidad produjo grandes cambios. De la subsistencia carroñera se dio paso a la organización de la caza y la recolección, luego (10.000 años atrás), con la revolución neolítica, se logró el dominio de la agricultura y la ganadería. Más tarde se introdujo la tecnología de los metales y el desarrollo de la manufacturas de bienes de uso hasta el desarrollo de la industria para producir bienes de cambio para el mercado. Cada uno de estos saltos productivos produjo alteraciones en la organización social y reproductiva. Primeramente, los grupos consanguíneos, con libertad sexual y endogámica, de filiación matrilineal, fueron desarrollando restricciones de reproducción entre parientes (incesto),[12] lo que dio como resultado complejos sistemas de

---

10  "... primer antagonismo de clases que apareció en la historia *coincide* con el desarrollo del antagonismo entre el hombre y la mujer en la monogamia; y la primera opresión de clases, con la del sexo femenino por el masculino" (Engels, 1984 [1884]).

11  "Por lo demás poco importará al marido que su mujer haya consentido o no a la relación sexual. La lógica de Aristóteles, según la cual la mujer concibe sin placer, es desarrollada por Sorano en una ginecología que no está hecha para la mujer (...). El placer femenino ha sido eliminado de las condiciones necesarias para la procreación. Sorano va más lejos y descarta la necesidad misma del deseo consciente" (Rousselle, 1989: 56).

12  Mitos, leyendas y ritos relatados en textos históricos y hechos etnológicos denuncian desde tiempos inmemoriales la existencia y la prohibición de las relaciones sexuales, directas o indirectas, entre consanguíneos. Se ha formulado dicha interdicción en tablillas sumerias (s. XXII a. C.) e hititas (s. XV a. C.), en el Código de Hammurabi, en la mitología griega, en los mandamientos bíblicos y en códigos Canónicos y civiles y penales (Yantorno, 1998).

parentesco para controlar al grupo. El gran salto que supuso el conocimiento de la reproducción de semillas y animales permitió la acumulación de excedentes de bienes de consumo. Hasta entonces, aun habiéndose transformado la reproducción por grupos en "matrimonios" por parejas más estables, los hijos pertenecían al clan de la madre en la medida en que se sabía con exactitud que ella era su progenitora, pero no quién era el padre, lo que carecía de importancia. No obstante, las tareas de las mujeres fueron perdiendo valor eonómico y simbólico ante la riqueza acumulada por el intercambio de rebaños, cosecha de granos y botines de guerra, actividades realizadas mayoritariamente por varones. Esto generó excedentes en la producción que quedaba en el clan materno. Así fue necesario sacar a las mujeres de la producción social y pasar a controlar su capacidad reproductiva para garantizar que los hijos fueran solo del propietario de ese excedente y pudieran heredarle. Esa fue la gran derrota de las mujeres en la historia, la matrilinealidad dio paso a la filiación paterna y se alteró el sistema de parentesco que hasta entonces organizaba la vida social. La nueva familia patriarcal subordinó a las mujeres, les impuso la monogamia y las destinó a servir a los demás miembros de la familia.

Así, las relaciones de opresión entre varones y mujeres no son de orden biológico (sexo), si bien descansan en factores derivados del dimorfismo sexual, sino expresión de la complejidad social, que muestra la íntima relación entre los progresos en la producción de los medios de existencia y dominio de la naturaleza, y las distintas formas de relación entre los sexos para la reproducción social y de la especie (tipos de "familias"). Hasta el triunfo de la "familia patriarcal", donde las relaciones de propiedad y poder fueron dirigidas por el "varón libre ciudadano" en el ejercicio de la Patria potestad sobre la mujer, los hijos y los esclavos, garantidas por el Estado.

Familia viene del latín *famulus*, 'esclavo doméstico', y designaba al conjunto de esclavos pertenecientes a un varón. Cada mujer pasó a ser "propiedad" del padre primero, del marido después, y cuando viuda o anciana de sus hijos. Con el advenimiento del *patriarcado* y del *Estado*, se institucionalizó la *prostitución* y se crearon leyes para regular la *esclavitud*; ello no alteró, de ningún modo, la estructura monogámica oficial ni supuso un cambio en las políticas represivas respecto de la libertad de los cuerpos.

## 2.1. Matrices socioculturales: herencia clásica

Si bien desde hace unos siete o diez mil años ya estaban echadas las bases para las relaciones jerárquicas y de opresión patriarcal, con carácter casi universal, cada cultura posteriormente moldeó las matrices socioculturales que dejaron sus huellas hasta el día de hoy. De tal modo, nuestro pensamiento, desde la Antigüedad, se estructuró como un sistema binario de oposición, dentro del cual descansan los argumentos de "orden natural" que se esgrimieron para legitimar la situación social de subordinación de las mujeres. En el plano económico, social y político, las oposiciones entre amo-esclavo; dirigente-dirigido; ámbito público (*polis*)/ámbito privado (*oikos*); producción/reproducción; ciudadano/no ciudadano; etc., se articularon con el par masculino/femenino sobre la base del principio de complementariedad con definido carácter jerárquico.[13]

La política ejercida por todos los varones, por mediación de la Ley, sobre las mujeres, denominada por Rouselle (1989) *gineconomía*, explica la relación entre sexualidad y política ya desde la Atenas clásica, donde se comprueba que la propiedad y el dominio sobre el cuerpo de las mujeres, fueran ciudadanas, cortesanas, prostitutas libres y/o esclavas, en general, fue un instrumento fundamental de control social. Esto se expresa, por ejemplo, en la exclusión de las mujeres del ámbito público y, muy especialmente, de la práctica política, y el confinamiento al trabajo privado doméstico. Esta exclusión, en el contexto de una sociedad dividida en clases en pugna por la propiedad de la tierra y la adquisición de esclavos, condicionó las prácticas sexuales y las estrategias reproductivas.

Para los clásicos, la ética de los placeres pertenecía a la misma categoría que la estructura política, pues el exceso en el campo de la sexualidad era equivalente al exceso en el campo de lo social, ambos contrarios al ideal de equilibrio, válido para todo el cuerpo social, que requería del poder del Estado para concretarse. La regulación de los conflictos sociales por la excesiva acumulación de riquezas se efectuaba mediante la legislación de las alianzas matrimoniales, el control de la generación y la herencia; para lo cual resultó imprescindible el dominio del cuerpo de las mujeres con sentido de utilidad pública (ver figura 1).

El matrimonio era la condición natural de la "mujer ciudadana" en la sociedad ateniense clásica, la conducta sexual dentro del matrimonio no era un hecho privado desde el momento en que sus consecuencias, los hijos, eran un hecho que afectaba a toda la polis. En Atenas, ya desde el s. VI a. C. se imponen leyes que estaban destinadas a reglar incluso la frecuencia de las relaciones sexuales para asegurar un heredero. Así, el marido en un matri-

---

13 "... los sexos existen motivo de necesidad y primera causa eficiente, así como cuál es la materia de que están formados y que existen porque es preferible su existencia y motivo de causa final (...). Por tanto una cosa vive en virtud de participar en los principios macho y hembra" (Aristóteles, *Generación de los animales*).

Figura 1. *Erotismo en el simposio* (510 a. C.), hidria de figuras rojas. Bruselas, Musées Royaux d"Art et d´Histoire.

monio sin hijos debía tener relaciones íntimas con su mujer al menos tres veces al mes (Pomeroy, 1990).

Del dominio masculino sobre el cuerpo del conjunto de las mujeres y, particularmente, del ejercido sobre las "ciudadanas" dependieron las pautas o, más fielmente, las normativas legales sobre la procreación. De reglas estrictas para la procreación, de la separación física de las "esposas" (gineceo) para la legitimidad de la prole y el control demográfico del cuerpo ciudadano derivan las diferentes prácticas sexuales, ya se interpreten como respuestas dóciles o como lo que efectivamente fueron: "escapes", al igual que la prostitución, de las restricciones impuestas por la ley. La homosexualidad, por ejemplo, era entendida como una relación superior de amor y amistad entre varones y era bien vista, siempre que fuera el participante "activo" de la relación o el adulto-maestro el responsable de la iniciación de un joven; y, por otra parte, según el registro arqueológico de pinturas en vasos, la autosatisfacción y las prácticas masturbatorias, por efecto de su aislamiento en el encierro de las mujeres en sus casas (gineceo), debió ser más frecuente que el lesbianismo, como opción de práctica de la "señora con sus esclavas".

Contrariamente, se descarta el uso y abuso con fines sexuales sin riesgo de todas las esclavas al servicio de un amo y de quienes este dispusiera. Sin riesgo, en la medida en que su reproducción no alteraba el "cuerpo ciudadano" y sí consolidaba el régimen esclavista de producción. En la ciudad de Atenas, la cortesana encarnaba la inversión de los valores cívicos como en los "modelos míticos", verdaderos contra modelos de la esposa: mujer libre, independiente, transgresora, pero a costa de la venta pública de su cuerpo, para lo que debía estar inscripta en el registro del Estado y pagar un impuesto especial (ver figura 2). Las fuentes casi no hablan de las vulgares prostitutas,

Figura 2. *Ménade dormida* (500 a. C.), hidria de figuras rojas. Rouen, Musée de Antiquités.

las más pobres, las *pornai*, a menudo de condición esclava. Desde el siglo VI a. C., por disposición de Solón, se crean prostíbulos como propiedad del Estado ateniense y son atendidos por esclavas, que eventualmente compraban su libertad.

El soporte ideológico de esta realidad fueron las versiones míticas que ofrecen un abundante caudal de información sobre las relaciones entre varones y mujeres. Homero, el más antiguo de los poetas griegos conocidos, luego Hesíodo (s. VIII a. C.), en su *Teogonía y Los Trabajos y Los Días*,[14] hacen surgir "modelos femeninos", tales como las grandes diosas del Panteón Olímpico: Atenea, Artemisa, Hestia, Afrodita y Hera; o monstruos míticos como Gorgona, Equidna y Tracias, de fábula como las Amazonas, o sacerdotisas de cultos desenfrenados: Ménades y Bacantes, los que a través de su representación iconográfica, en su carácter de "convención", operaron a favor de la consolidación del patriarcado en la sociedad griega antigua (Blake Tyrrell, 1979). El mito sirve, en cada momento, para exponer las teorías sobre el origen del mundo y para justificar las distintas formas de sujeción de alguna parte de la humanidad. El mito recoge el pasado, pero no de manera inocente, sino como instrumento para comprender y justificar la propia contemporaneidad. De acuerdo con la definición de Blake Tyrrell, el mito es un relato que explica algo. Es una forma de explicación que, en varios aspectos, difiere de

---

14 *Teogonía*, de Hesíodo, y su explicación del nacimiento de *Pandora*, quien se constituyó en la razón del sufrimiento de todos los hombres; en *Poemas Hesiódicos*.

otros tipos, como la científica o la filosófica. Por ser relato, su lenguaje está cargado de significados múltiples y valores simbólicos.

Así sucedió desde tiempos arcaicos; en la época clásica, Platón[15] dio su versión de origen: "Entre los hombres que recibieron la existencia, hubo algunos que se mostraron cobardes y pasaron su vida en la injusticia, todo hace suponer que en su segunda existencia [como castigo] fueron metamorfoseados en mujeres..." (Platón: *Timeo*).

En el mito se consolidan los valores por los que la comunidad se reconoce a sí misma. Los atenienses, apoyándose en el relato mítico, atribuyeron la institución del matrimonio monógamo a su legendario primer rey Cécrope. Durante su reinado, cuando Atenea y Poseidón se disputaban el patronazgo de Atenas, las mujeres, que eran más numerosas, votaron por Atenea, mientras que los varones lo hacían por Poseidón. En revancha, los varones suprimieron por la fuerza el voto de las mujeres y declararon que ya no serían conocidos los hijos por el nombre de su madre. Como hemos señalado, en tiempos prehistóricos las relaciones sexuales habían sido libres y los hijos no sabían quiénes eran sus padres. Por lo tanto, para el mito, la monogamia fue instituida por los varones como castigo para las mujeres, junto con la pérdida de su igualdad política y de su libertad sexual.

Así, tras el mito del rey Cécrope, se esconde el carácter del matrimonio como ordenador social. La prescripción legal de casarse a la edad conveniente (para varones y mujeres), de procrear hijos en las mejores condiciones y de no tener ninguna relación con otro que no fuera el cónyuge aparecen como prescripciones de regulación coercitiva del Estado y no de una moral voluntaria, salvo la encaminada al "bien común de la democracia" —esclavista— (Platón: *Las Leyes*).

Fue el Derecho romano el mejor ejemplo de ese rol del Estado, por su explicitación normativa, en lo que refiere a la división de los sexos, y su posterior influencia como modelo jurídico para la "ordenación en un régimen de transmisión del patrimonio, del poder y la ciudadanía" (Yan, 1993). La acumulación de riqueza, producto del trabajo ajeno, y los hijos "legítimos" con capacidad de heredarla descansó sobre las mujeres y también sobre normativas como el complejo "régimen sucesorio" de las leyes griegas (*epiklerato*) o el sofisticado "régimen de incapacidades femeninas", instituido por los juristas romanos: límites hereditarios y prácticas de infanticidio, en tanto se negaba la potestad, la capacidad para adoptar, de la tutela, así como la de

---

15 Platón, filósofo griego nacido en Egina (429-347 a. C.), discípulo de Sócrates, manifiesta su filosofía de elevado idealismo que se aproxima en muchos aspectos a la posterior idea cristiana.

representar a otros y ejercer "oficios civiles". Según el Derecho romano, esto se debía a la debilidad mental de las mujeres (*imbecilitas mentis*).

La relación entre sexualidad y política se explica como una relación fundamental de control social, cuya base material consistía en la propiedad y control sobre el cuerpo de las mujeres (ciudadanas, cortesanas, prostitutas libres o esclavas) y su capacidad de producción y reproducción. Para lo cual debió construirse, en primer lugar, una ideología de legitimación, en la que los mitos y sus diferentes formas de representación fueron su soporte y, en segundo lugar, para cuando este mecanismo no fuera suficiente, era menester contar con el Estado y sus leyes coercitivas.

La Antigüedad clásica dio los primeros pasos para dar respuestas científicas en relación con la explicación de la realidad. Pero como la ciencia es un producto sociohistórico que está articulado con las relaciones sociales de poder contribuye a sostener y, en muchos casos, a perpetuar las relaciones de género.[16]

Veamos, por ejemplo, cómo Aristóteles[17] hizo su análisis biológico e identificó el cuerpo de la mujer por analogía o correspondencia anátomo-morfológica con el varón o por carencia, defecto o inferioridad sistemática con él. En el contexto de la diferencia sexual, la anatomía se transformó en una estrategia de representación que iluminaba una realidad extra corporal más estable. El filósofo y naturalista dijo: "La hembra es menos musculosa, tiene las articulaciones menos pronunciadas. (...) el pelo más fino (...) la carne más blanda (...), las rodillas más juntas y las piernas más finas. Los pies (...) más pequeños, (...) la voz (...) siempre más débil y aguda". Y agrega: "entre los animales, el hombre es el que tiene el cerebro más grande en proporción a la talla, y entre los hombres, los machos tienen el cerebro más voluminoso que las hembras..." (Aristóteles, *Anatomía de los animales*: 65).

La naturaleza imperfecta de la mujer tenía su causa en la falta de calor vital, en su debilidad metabólica que impedía un satisfactorio grado de cocción de los fluidos corporales. Para Aristóteles, la impotencia de lo frío deter-

---

16 T. S. Kuhn (1970), en *La estructura de las revoluciones científicas*, dice que los modelos o paradigmas científicos son "realizaciones científicas universalmente reconocidas que durante cierto tiempo [proporcionaron] modelos problemas y soluciones a una comunidad científica [que por otra parte significaron] la constelación de creencias, valores, técnicas, etc. que [compartía el conjunto de la comunidad]".

17 Aristóteles, filósofo griego nacido en Estagira (384-322 a. C.), hijo de Nicómaco, médico del rey de Macedonia, discípulo de Platón, preceptor de Alejandro Magno, es considerado uno de los padres de la anatomía y la fisiología comparadas, de la lógica y de la filosofía. Él encuentra la realidad no ya en la idea, como Platón, sino en el individuo, objeto de una intuición sensible y resultado de un movimiento de la materia hacia la forma del acto puro.

minaba el rol femenino en la "generación",[18] y llevaba la transformación de la sangre —por cocción— en esperma a la explicación de su trascendencia metafísica. En la concepción de la progenie, la menstruación femenina será el soporte físico, material, en el que el esperma masculino consumará el movimiento en *alma*.

Con tal ideología, la Grecia clásica organizó el sistema binario de oposición en el que se basaba el dimorfismo sexual biológico. Los fines reproductivos determinaban los siguientes pares: masculino/femenino; caliente/frío, cocido/ crudo, esperma/sangre menstrual; y, desde la concepción metafísica, se completaba este sistema genético con los pares: alma/cuerpo, forma/materia, acto/potencia, movimiento/pasividad.

Aristóteles desarrolló su teoría de *único generador*, en la cual el hombre, en correspondencia lógica con la metafísica, servía de sustento al orden social y político. Huelga decir que esta concepción reforzaba la jerarquización social basada en el sexo y permitía al varón disponer de todo lo engendrado. Aristóteles ofreció, de esta manera, a la tradición occidental la versión mono-seminal para la generación que se impuso a lo largo de los siglos (pese a los debates en la época con Hipócrates)[19] como *modelo de sexo único* (Laqueur, 1990; Femenías, 1996).

Aristóteles argumentó:

> Se cree que todos los animales son generados por el semen y que este proviene de los genitores; por lo tanto, corresponde a nuestra misma averiguación inquirir si tanto el macho como la hembra lo producen o solamente uno de ellos, indagando si proviene de todo el cuerpo o no... (Aristóteles, *Generación de los animales*).

El núcleo argumental aristotélico para su teoría de dos sexos pero un solo genitor gira en torno al placer, como condición superior del varón en el acto sexual al momento de eyacular semen:

> La intensidad del placer experimentado en el acto del coito (...). En cuanto a la vehemencia del placer en el acto sexual, no se debe a que el semen provenga de todo el cuerpo, sino producto de fuerte fricción (...). Además, el placer se experimenta al finalizar el acto (...). Una de las cosas que puede comprobar que la hembra no

---

18  "Los más nobles entre todos son aquellos cuya sangre es caliente, y al mismo tiempo fluida y limpia, porque es la adecuada para el desarrollo del valor y la inteligencia. Por eso son las partes de arriba del cuerpo superiores a las de abajo, el macho superior a la hembra, y el costado derecho al izquierdo" (Aristóteles, *Anatomía de los animales*: 46).

19  Hipócrates, médico de la Antigüedad nacido en la isla de Cos circa 460 a. C. con gran influencia en Asia.

emite semen semejante al del macho, y que la prole no se forma por mezcla de ambos, como algunos creen, es que ella concibe con frecuencia sin experimentar sensación placentera durante el coito (...). Una de las pruebas de que la hembra no eyacula semen es el hecho de que el placer que siente en la función es causado por el tacto en la misma región del cuerpo que en el del macho; no obstante, no es de allí de donde procede dicha fluencia. (...) lo aportado por el macho a la generación es la forma y causa eficiente, mientras la hembra contribuye con la materia. (...), por lo tanto, el macho representa lo efectivo y activo y la hembra lo pasivo (...) el semen, en el cual y con el cual despréndese del macho el espíritu que transporta el principio anímico (...). Porque puede decirse que la hembra es macho mutilado, y que el menstruo es semen, más no puro, que está falto de una cosa: el principio anímico. (...) La mujer concibe también sin experimentar el placer habitual que acompaña a tal acto... (Aristóteles, *Generación de los animales*).

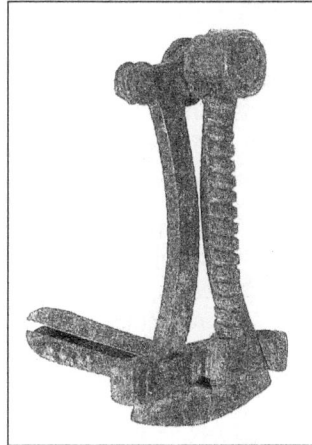

Figura 3. Fórceps de hierro, instrumento para partos con dificultades (circa siglo II). Roma, Museo de la Civilización Romana.

Aristóteles sistematizó el paradigma científico, Galeno (s. II)[20] fue un continuador, en lo esencial, de su pensamiento, particularmente en lo que respecta a la versión anatómica de las mujeres como inversión de la de los varones. La diferencia entre estos pensadores radica en que el segundo intuye la existencia de aporte seminal de las mujeres para la concepción. No obstante, la reproducción biológica y el matrimonio cívico se siguieron explicando por el predominio del modelo patriarcal.

Lo importante era cuidar la finalidad por excelencia del matrimonio, la procreación de niños legítimos (ver figura 3), aquello que habilitaba para Roma el aborto y el infanticidio siempre que lo decidiera el varón, pero castigado con el repudio e incluso con la muerte si era practicado por una mujer.

---

20 Claudio Galeno, médico griego (131-210 d. C.). Fue la máxima autoridad médica hasta fines del siglo XVII. Como anatomista, pecó por exceso de razonamiento en detrimento de la observación, y sus sucesores exageraron aún más este error.

## 2.2. Marcas judeo-cristianas

La emergencia de cada una de las religiones vino a colmar necesidades humanas en un momento preciso. Los tres monoteísmos patriarcales (judaísmo, cristianismo e islamismo) surgieron como fenómenos contestatarios frente a la opresión de los imperios egipcio, romano, bizantino y persa, respectivamente, pero con el tiempo, al institucionalizarse, se transformaron en su contrario: instrumentos retardatarios de la base ideológica dominante de nuestra cultura.

Los relatos de la Biblia judeo-cristiana, desde el Antiguo hasta el Nuevo Testamento, son una excelente fuente histórica de la evolución conceptual de la sexualidad, ligada a la base material de desarrollo y las normas socioculturales de cada comunidad.

El Antiguo Testamento plasmó la opresión femenina basada en su inferioridad esencial. El Génesis ofrece dos relatos de su nacimiento, lo cual demuestra que este libro se realizó a partir de historias de orígenes muy diversos. Un relato dice: "Y creó Dios al hombre a su imagen, a imagen de Dios lo creó; varón y hembra los creó" (Génesis 1, 27). El otro, más tenido en cuenta por el cristianismo y el Islam,[21] postula:

> Entonces Jehová Dios hizo caer sueño profundo sobre Adán, y mientras este dormía, tomó una de sus costillas, y cerró la carne en su lugar. Y de la costilla que Jehová Dios tomó del hombre, hizo una mujer, y la trajo al hombre. Dijo entonces Adán: Esto es ahora hueso de mis huesos y carne de mi carne; esta será llamada Varona, porque del varón fue tomada (Génesis 2, 21-23).

Esta versión fue la impuesta, casi con exclusividad como verdad eterna, durante siglos por los teólogos católicos. La explicación sobre la creación divina de la mujer modeló el principal rasgo del género femenino de la tradición judeocristiana. Más aún, los nuevos valores de la misoginia eclesiástica cristiana tienen sus raíces en los llamados cultos orientales egipcios y del Asia Menor.

La historia patriarcal está narrada en el Génesis en el contexto de una comunidad seminómada entre el 3500 y el 1200 a. C. preocupada por mantener su descendencia, la herencia dentro de la familia y la pureza de sangre. Es así que el ejercicio sexual y particularmente la sexualidad de las mujeres debe estar regida por normas estrictas, fundamentadas en la moral religiosa, para

---

21 Corán, Buenos Aires, Andrómeda, 1994. Azora IV: Las mujeres; Aleya 1: "Mortales, temed al Señor, que os ha creado a todos de un solo hombre, del cual formó a la mujer...".

controlar el crecimiento de la población en los clanes: fidelidad y prohibición del adulterio, prohibición de incesto,[22] etcétera.

Los preceptos religiosos y las normas sociales se funden en un solo cuerpo condenatorio para las mujeres: "Solo el hombre tiene derechos a sospechar de infidelidad en su mujer" (5, 12) o "El marido estará exento de culpa y la mujer cargará con la suya" (5, 31) y si bien la monogamia era el modelo impuesto a las mujeres, la poligamia a favor de los varones era tolerada.

Desde la instalación del patriarcado como fenómeno histórico universal, todas las culturas y sus religiones, incluso en los lugares más remotos del mundo, suelen tener en sus cosmogonías una mujer pecadora en sus orígenes. Así es que con el advenimiento del cristianismo el lugar discriminado de la mujer estaba largamente justificado por el dogma judío, cuya Pandora era la muy traicionera Eva.

La Teoría de Salvación del dogma cristiano se sostiene en tres mitos fundantes: el "mito del origen" de la inferioridad esencial de las mujeres, el de "pecado original" que fundamenta el sentimiento de la "culpa" y el de la "virginidad y castidad".

Según el relato bíblico en el Paraíso, el varón y la mujer vivían felices, excepto por el hecho de tener prohibido comer el fruto de determinado árbol (ver figuras 4 y 5).

> Y vio la mujer que el árbol era bueno para comer y que era agradable a los ojos, y árbol codiciable para alcanzar la sabiduría; y tomó de su fruto, y comió; y dio también a su marido, el cual comió así como ella. Entonces fueron abiertos los ojos de ambos, y conocieron que estaban desnudos; entonces cosieron hojas de higuera, y se hicieron delantales (Génesis 3, 6-7).

Adán y Eva formaban una sola carne ya antes, lo afirma santo Tomás: "en el paraíso, nuestros antepasados mantenían relaciones".[23] Al interpretar la metáfora, Filón el Judío, en época de Jesús, y más tarde Clemente de Alejandría (año 200) afirmaban que la desobediencia estaba vinculada al descubrimiento de la sexualidad. Si bien nunca hubo una versión oficial de la Iglesia Católica, la tradición mantuvo la asociación entre placer y culpa, en cuanto uso del sexo solo para el goce. Es así que la consecuencia directa de ese pecado, la maternidad, no es exaltada en los primeros tiempos del

---

22  En la Biblia se castiga con pena de muerte el incesto entre hermanos (Levítico, 18,6), con la mujer del padre (Levítico, 20,11 y Deuteronomio 23, 19), con la nuera (Levítico, 20,12), con la madre (Levítico, 20,14) y se suprime descendencia con la mujer del hermano (Levítico, 20, 21).

23  Guy Bechtel (2003); *Summa, I,* c.98, art. 2.

Figura 4. *Adán y Eva cogiendo el fruto prohibido*, miniatura de *Des cas des nobles hommes et femmes*, de Giovanni Bocaccio (1313-1371), atribuida al Maître du Champion des Dames, siglo XV. Carpentrás, Biblioteca Inguiumbertine.

cristianismo; por el contrario, el ideal de la nueva moral cristiana fue el de la castidad y virginidad.

Según el dogma cristiano, María no fue la única en permanecer virgen, Jesús también lo hizo. La castidad y la virginidad no son solamente los medios que conducen a la salvación eterna (desde una perspectiva ideológica) de quienes se someten a ella, sino que en la práctica fueron el principal medio de consolidación de la estructura eclesial del cristianismo.

El fenómeno de renuncia sexual y ascetismo significó no solo ingresar en un universo de santidad, sino fundamentalmente de prestigio y poder. Luego de que se oficializara el Cristianismo como culto del Imperio romano, la Iglesia, en calidad de institución, se organizó de acuerdo con el verticalista sistema imperial, aunque ya no en busca de fieles entre los desheredados, pobres y analfabetos, como en un principio, sino entre las clases terratenientes y esclavistas más poderosas. Las mujeres se convirtieron en la presa predilecta de los "Padres de la Iglesia". Muchas de ellas prestaron su apoyo económico a la Iglesia, liberaron a sus esclavos, entregaron sus tierras y toda su riqueza; de esta manera, la Iglesia hizo su acumulación originaria y se erigió en el principal poder económico, político e ideológico de la etapa feudal. Convocó a las creyentes para que abandonaran a sus familias; solicitó, asimismo, que las viudas no contrajeran nuevos matrimonios, sino que se entregasen como "vírgenes consagradas y esposas de Cristo".

Así Jerónimo sentenció en su *Carta a Eustoquia*:

> Todo esto, señora mía —pues señora debo llamar a la esposa de mi Señor, se endereza a que desde el comienzo de la lección te percates que no vengo ahora a cantar las loas de la virginidad que tú has aprobado por óptima por el hecho de abrazarla. Tampoco quiero enumerar los trabajos de la vida de matrimonio: cómo se va hinchando el vientre, los vagidos del niño pequeño, cómo atormenta la amiga del marido, cómo inquieta el cuidado de la casa y

cómo la muerte viene finalmente a cortar el hilo de todo lo que se tiene por bienes (...). Y he aquí un indicio de que la virginidad es cosa de la naturaleza y las nupcias secuela del pecado (...). Pues no hubo jamás vaso de oro o plata tan querido de Dios como el templo de un cuerpo virginal (C. 22).

El concepto que los primeros teólogos cristianos (Juan Crisóstomo, Ambrosio, Jerónimo, Agustín, entre otros) se formaron de las mujeres no fue el de "madre", "mujer casada con numerosa prole", "consagrada al hogar y dispuesta a dar lo mejor de sí misma a su familia". La madre jamás fue la mujer ideal para los primeros cristianos y, mucho menos, para los "Padres de la Iglesia". La madre a la que hoy suele presentarse como el prototipo de la cristiandad fue largo tiempo considerada como pecadora y vil. Los evangelios apenas mencionan a María en su rol de madre, y los primeros debates dogmáticos (Concilio de Nicea, año 325) fueron sobre su virginidad; no debatieron sobre la familia, sino acerca de la Santísima Trinidad (Padre, Hijo y Espíritu Santo), hegemónicamente masculina.

La tradición mariana, María, *madre* de Jesús, encarnó esa imagen ideal, pero fue una construcción modélica pergeñada muchos siglos después de la emergencia del cristianismo y particularmente en forma tardía por la Iglesia Católica Romana entre los siglos XII y XIII, fundamentada en razones demográficas, aunque ello constituyera una contradicción: ser virgen y madre. Contradicción que comienza a resolverse a finales del siglo XX, cuando la inseminación artificial hace posible la maternidad sin haber "pecado" nunca.

En los primeros tiempos, se exaltaba la virginidad y la renuncia sexual, pero san Agustín con su doctrina puso equilibrio entre ese ideal y la realidad de la unión matrimonial. El acto sexual seguiría siendo un pecado, pero venial, tolerable si era realizado dentro del matrimonio. Quedaba justificado, según san Agustín, por las siguientes razones: traer hijos al mundo (*proles*), apartar a los cónyuges de la concupiscencia (búsqueda del goce) extrema (*fides*) y siempre

Figura 5. *Adán y Eva en el Paraíso*, grabado de Rembrandt, siglo XVII. Madrid, Biblioteca Nacional.

que la unión de los esposos fuera sacramentada en forma indisoluble por la Iglesia. Sorprende la rigidez de quien, antes de ser nombrado Obispo de Hipona (395), había sido un joven libre y pecador, tal y como lo confiesa:

> Amaba amar (...). En aquel tiempo vivía con una mujer (...) prisionero de la carne, experimentaba mortales delicias (...). Cuando arrancaron de mi costado como un obstáculo para mi matrimonio a la mujer que era mi amante, mi corazón donde ella estaba incrustada quedó herido y desgarrado, y largo tiempo conservó la llaga ensangrentada (*Confesiones*; IV, 3; VI, 12; VI, 15).

Pero no sorprende de aquel que considera la inferioridad de la mujer como condición del orden social que él mismo ayudaba a consolidar:

> Hombre, tú eres el amo, la mujer es tu esclava, Dios lo quiso así. Sara, dice la Escritura, obedecía a Abraham y lo llamaba amo suyo... Sí, vuestras mujeres son vuestras servidoras y vosotros sois los amos de vuestras mujeres (Agustín, *Sermón*, 322).

Con severidad justificaba: "Su sexo la sitúa bajo la dependencia del sexo masculino" (*Confesiones*; 400) y, por si quedara alguna duda sobre su doctrina, también aseguró: "Por eso no veo con qué objeto la mujer habría sido concebida para servir de ayuda al hombre, si no es para parir" (*De genesi ad litteram*).

Las ideas de san Agustín que justifican el matrimonio y el acto sexual solamente por y para la procreación se convirtieron en la palabra oficial de la Iglesia durante quince siglos. El Arzobispo Cesáreo de Arlés, por ejemplo, alrededor del año 400 dijo: "Quien es buen cristiano solo conoce a su mujer porque desea tener hijos"; el Obispo de Orleáns Jonás sentenciaba en el 840: "El matrimonio ha sido instituido por Dios. No debemos desearlo por lujuria, sino para concebir hijos". Santo Tomás, el reconocido teólogo católico del siglo XII, afirmó: "si se practica con medida y con el orden prescrito, en relación con el fin de concebir hijos"; y podríamos seguir dando ejemplos. El bloqueo del goce en las relaciones sexuales fue el principal dispositivo de control social

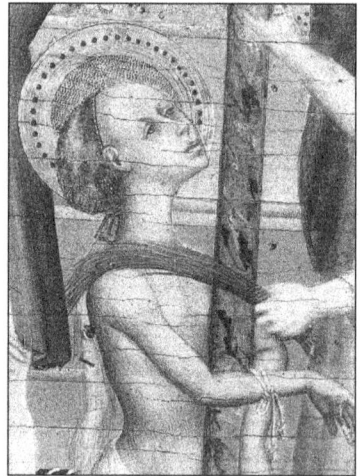

Figura 6. *Martirio de Santa Eulalia* (Detalle), de Bernardo Martorell (1427–1452). Museo Episcopal. Santa Eulalia (s. VII) fue sometida al potro de tortura, azotada, desgarrada, quemada y suspendida en la cruz.

ejercido principalmente a través del cuerpo de las mujeres. La Iglesia elaboró su justificativo ideológico para permitir la supervivencia del patriarcado por su utilidad con las diferentes formaciones económico-sociales que se sucedieron. Frente a la desnudez, entendida como símbolo de lujuria, el cuerpo de la mujer debió dignificarse por el martirio. El castigo de la carne, aun inocente, fue necesario en pos de advertir sobre los peligros de la incontinencia (ver figura 6).

Así, en el proceso de consolidación de la Iglesia apostólica romana, triunfante frente a todas las corrientes heréticas y cismáticas, se configuró una "nueva antropología cristiana", que fracturó los parentescos "naturales" fundados en la sangre para inaugurar un nuevo sistema de parentesco espiritual fundado en la fe. La ecúmene reunió, desde entonces, a todas las/os hermanas/os por ser hijos del mismo Padre, Dios Todopoderoso. En el seno de la Madre Iglesia y bajo la nueva moral sexual, empezaron a administrarse los sacramentos del *bautismo* para lavar el *pecado original*, con el fin de imponer a los *padrinos* y eliminar la institución romana de la *adopción*; todo a favor del matrimonio *monógamo, exogámico, acordado entre las partes e indisoluble.*

Esta Iglesia se transformó, en comunión con el Estado opresor, en instrumento de control social. La Iglesia romana, en particular, funcionó como *"empresa burocrática de salvación"* (Bourdieu, 2000).

## 3. Ruptura de modelos hegemónicos

Entrada ya la Edad Media, se desplegaron tres arquetipos de mujeres: la castellana, la monja y la bruja y, pese a constituir tan solo una parte de la población de mujeres al lado de la gran masa campesina, se transformaron en modelos de feudalidad. Los caminos que la castellana buscó para escapar de su calabozo palaciego la condujeron a nuevas prisiones: el "amor romántico", no siempre lícito, o el pasar del castillo a la prisión sagrada de los claustros del convento, lo que la convirtió en esposa de Cristo, aunque este encierro no fue siempre de su elección, sino su destino de viudez o la decisión del padre con un exceso de hijas que tenía que casar, donde debía cumplir votos de castidad, esencia de la tradición mariana impuesta por la Iglesia.

Por otra parte, la bruja fue una expresión de resistencia pagana, generalmente, en las aldeas. Ella, aterrorizada por las fantasmagóricas historias sacerdotales y abrumada por el peso de las injusticias, proclamaba en sus "famosas reuniones sabáticas" que el demonio era preferible al dios cuyos sacerdotes blasfemaban contra la belleza de las mujeres y su cuerpo, y hasta contra la maternidad.

A partir de la segunda mitad del siglo XI, las ceremonias para armar caballeros estuvieron sujetas a la cristianización del ritual, lo que transformó el ideal de la guerra por la guerra o por el botín, en lucha contra los paganos y en defensa de la Santa Iglesia. El caballero se pondría bajo el servicio de las buenas causas: protección de viudas, doncellas, huérfanos, pobres y, por supuesto, a favor de la cristiandad, léase la iglesia institucionalizada y verticalista.

La funcionalidad entre la formación económico-social feudal y el nacimiento del "amor cortés" justificó la heteronormatividad. El orden jerárquico feudal y la ética vasallática, a través de la correspondencia con el ritual del amor cortés o caballeresco, reforzaron desde el universo simbólico la ideología del *hombre-amo-señor* en relación con la *mujer-siervo-vasallo*. Por estas razones, el matrimonio, a semejanza del contrato vasallático, debía descansar en el *servicio de fidelidad y lealtad* de la "dama-vasallo", y el de *protección* del "esposo-señor" (Tejero Coni, 1995).

Los siglos XI y XII despiertan aún una gran polémica historiográfica. Las corrientes románticas llenas de imaginación han intentado presentar a la Edad Media como particularmente moral y animada de verdadera veneración de la mujer (Fossier, 1982);[24] por el contrario, otras ven en ella la imagen de la mujer degradada (Duby, 1988; Le Goff, 1972). Así lo ven quienes plantean que el surgimiento de una ética cortés en Occidente favoreció el auge de una cultura heterosexual hegemónica desde el siglo XII (Tin, 2010). No obstante estos debates de la ciencia histórica, ya nadie discute que la sexualidad haya estado siempre condicionada, primero por el matrimonio, como deber cívico desde los tiempos clásicos greco-romanos, y, luego, por la nueva moral cristiana de matrimonio indisoluble y heterosexualidad obligatoria, pero la realidad impuso la necesidad humana de liberar el goce sexual de la reproducción a través de la anticoncepción y el aborto.

Entre los métodos de contracepción, se practicó el *coitus interruptus* desde la Antigüedad. Ya la Biblia habla de su uso: Onán fue encargado de dar descendencia a su hermano que había muerto, pero, como derramaba el semen en tierra para interrumpir el coito, y eso resultó "malo a los ojos de Jehová, a él también le quitó la vida" (Génesis 38, 7-10). Para la tradición judía, el derramamiento de semen es el gran pecado, en la medida en que solo el varón contiene el flujo generador de vida. La historia de Onán sirvió después para denunciar, en el catolicismo, todas las formas de anticoncepción e incluso de

---

24 "... tal ascensión de la mujer llegó a la cúspide cuando trovadores y caballeros se dirigieron a estas damas (...) La institución de las Cortes de Amor señala el apogeo del poderío femenino en la Edad Media" (Lafitte Houssat, 1966: 23).

masturbación masculina. Con precisión, desde el siglo XVII hasta el XVIII, se empezó a llamar *onanismo* a toda estimulación manual de placer.

Distintas obras árabes, traducidas después de los siglos XI y XII en Occidente, ofrecían recetas de anticoncepción y aborto. Un método era el de las prostitutas egipcias, que utilizaban tampones embebidos en infusiones de algunas hierbas que luego se introducían en la vagina. En la Edad Media, se recomendaba moverse después del acto sexual hasta desprender el semen. Estornudar repetidamente o dar brincos hacia atrás también podía dar resultados abortivos. La farmacopea árabe proporcionaba venenos mortales para los embriones, supositorios de aceite de cedro, de mandrágora,[25] pimienta, menta, excrementos de elefante (Avicena, *Canon de la Medicina*, Libro III). También se recurría a vomitivos como el éboro, pues se pensaba que, estando el esperma dentro, el vómito podía expulsarlo.

Por otra parte, la arqueología nos da noticias del uso de preservativos hechos de intestino de cordero, llamados condones,[26] desde la antigua Roma. En los actuales tiempos de SIDA/HIV, es interesante registrar que, durante la larga conferencia de Utrecht en 1712, muchos diplomáticos y militares con estadía en los Países Bajos los utilizaban para protegerse del contagio de viruela. Aunque su uso se expandió, no alcanzó su masividad hasta el siglo XIX con la vulcanización del caucho. Este avance técnico aumentó la preocupación en la Iglesia y en los ambientes católicos, especialmente entre los médicos; se temió un descenso demográfico.

La actitud de la Iglesia cristiana, desde su emergencia dogmática, fue contraria a la anticoncepción y el aborto, por considerar su práctica un pecado asociado al acto sexual por placer y no para la procreación. Su condena, pese a ser sostenida en el tiempo, varió en sus argumentos en distintos contextos históricos. Respecto del aborto, si bien fue condenado desde Minucio Félix y San Clemente en el siglo II, quienes se oponían a la figura de "exposición de niños", particularmente niñas (práctica romana de infanticidio), recién en 1869 fue causa de excomunión impuesta por Pío IX.

En el siglo XI, Burchardo, Obispo de Worms, pregunta a las mujeres, a las que considera infanticidas en potencia:

> ¿Has hecho lo que las mujeres tienen por costumbre hacer? Cuando fornican, quieren matar al hijo, y hacen lo posible para arrancar su fruto del útero con maleficios y hierbas. Así, o matan su fruto o lo expulsan; o, si aún no lo han concebido, hacen en modo a

---

25 Planta de la familia de las solanáceas, de olor fétido, su forma recuerda un cuerpo humano con dos piernas. Fue utilizada desde la Antigüedad para prácticas de hechicería.

26 Del latín *condere*, que significa 'proteger'.

no concebir. ¿Has matado voluntariamente a tu hijo, niño o niña, después del nacimiento? ¿Has expulsado a tu fruto antes de que tuviera alma? o ¿Después de que tuviera alma? (*Decretum*).

Dos temas se desprenden de lo expuesto. Primero, la suposición de la frecuencia de las prácticas abortivas y, en segundo lugar, la aplicación de cierta indulgencia, ya que se pensaba que el feto no tenía alma, sino que el niño recién nacido recibía el alma infundida en el cuadragésimo día, mientras que la niña la recibía en el octogésimo,[27] sin duda por ser inferior e imperfecta.[28] Santo Tomás de Aquino, un siglo después, mantuvo que el pecado en el aborto no era el homicidio a menos que el feto ya tuviera alma.[29] Es importante hacer notar que en varios momentos, el aborto se castiga más levemente que los pecados de soborno, adivinación y hurto (Hurst, 1984).

El catecismo romano del Concilio de Trento (s. XVI) equipara la anticoncepción con el homicidio y, recién desde finales del siglo XIX, se impone la idea de la animación del embrión desde el momento mismo de la concepción, con lo que se endurece, por consiguiente, la prohibición absoluta del aborto. En cuanto a la anticoncepción entre los siglos XIII y XV, fue tolerante a consecuencia de las hambrunas y la depresión económica, en general.

Tiempos de epidemias y pestes en Europa quedaron atrás con la expansión geográfica, económica e ideológica que enmarcó lo que se llamó Renacimiento (ss. XV y XVI). La conquista y colonización de América creó nuevas condiciones económico-sociales para la acumulación originaria del futuro capitalismo. Así, el Renacimiento fue expresión de la lucha entre viejas concepciones y nuevas concepciones de modernidad y, particularmente, de la secularización de la sexualidad. Producto de la ruptura de modelos hegemónicos por siglos, surgieron nuevas relaciones sociales de producción, nuevos paradigmas científicos, así como una revisión de matrices culturales.

Las mujeres fueron partícipes en la vida social, sus luchas y transformaciones históricas, lo que no podía ser de otro modo ya que se trataba de la mitad de la humanidad. Por siglos, lo hicieron sin conciencia de su opresión específica (género) y, mucho menos, de su origen y, por lo tanto, de sus múltiples conexiones con todos los fenómenos y relaciones sociales que generaba la producción material de la vida. Esta limitación, por razones objetivas y subjetivas del desarrollo productivo, da cuenta de su falta de

---

27  Jacobo de Vorágine, arzobispo de Génova (1292); *Leyenda áurea.*

28  Concepción aristotélica, retomada más tarde por Santo Tomás. Ver *Biblia, op. cit.*; Levítico 12, 1-5.

29  Ver "teoría de humanización retrasada" en fuentes como Código de Graciano (1140); durante el siglo XIII a Inocencio III y el Decreto de Gregorio IX.

conciencia *para sí* y de su falta de organización para el cambio político-social, en la medida en que solo permite que se acumulen conocimientos fragmentarios y aislados. De este proceso de conciencia y como antecedentes del futuro proyecto político feminista, se rescatan de la historia europea algunos intentos no sistemáticos de acción contra la opresión de género, como la *Cité des Dames*, obra de Christine de Pizan a principios del siglo XV; el extendido movimiento intelectual de las *Querelles des femmes*, particularmente durante el siglo XVI, junto con el *Movimiento religioso Femminile* o ya en el siglo XVII las reflexiones de sor Juana Inés de la Cruz en suelo americano. Pero fue recién durante la Primera Revolución Industrial y los grandes cambios que se experimentaron en la producción cuando se crearon las condiciones para un salto cualitativo del conocimiento y organización política de las mujeres como sector social para el cambio.

## 3.1. Nuevos mundos

Es imprescindible detenernos en el análisis, aunque sea brevemente, de la realidad histórica precolombina como sustrato del producto final de la cultura americana. Al momento de la conquista hispano-lusitana (ss. XV y XVI) el continente americano transitaba desarrollos civilizatorios de variada índole: imperios andino y mesoamericano, confederaciones tribales, comunidades de jefatura y grupos de pescadores-cazadores-recolectores.[30] Su historia no es reductible al esquema de desarrollo europeo y adquiere su especificidad muy particularmente por la brutal irrupción europea, que dio, también, variados resultados.

La mayoría de las sociedades indoamericanas estaban organizadas sobre la base de sistemas de parentesco matrilineal y/o matrilocal. La importancia de las mujeres en estas sociedades agroalfareras indoamericanas se manifestó, también, en el plano mágico-religioso con el culto a diosas de la fertilidad ("Venus" de la Cultura Valdivia). Entre las diferentes culturas regían tabúes de incesto y prohibiciones, pero eran diferentes a las concebidas por los futuros colonizadores.[31]

---

30  La agricultura en América data del 6000 a. C. De acuerdo con distintos registros arqueológicos, hacia el 3000 a. C. se domesticaban animales como la llama, la alpaca, el conejo, el pavo, y se trabajaba el cobre martillado. Aún hoy sobreviven grupos de pescadores-cazadores-recolectores en algunas zonas selváticas de América.

31  Por ejemplo, los mapuches del sur de Chile, entre quienes era lícita la relación sexual entre hijos e hijas del mismo padre, siempre que fueran de diferente tótem. En lengua mapuche se denomina *lacutún*, unión entre abuelo y nieta, *lamuentún*, entre hermano y hermana de padre.

Figura 7. "A los adúlteros se les daba muerte tirándoles con piedras. Si el hombre había hecho fuerza a la mujer, se sentenciaba al hombre a muerte y a la mujer a doscientos azotes". Guamán Poma de Ayala, 1587.

Se constata, en las regiones andinas y centroamericanas, la evolución de la descendencia hacia formas patrilineales, y de la poligamia a matrimonios más estables o de imposiciones monógamas para las mujeres. En ese proceso se inscribe la cosmogonía de los quechuas del imperio inca que, al igual que los chibchas con *Bochica*, los aztecas con *Huitzilopchtl*, los quinches con *Hun-Apu-Vuch*, tenían al dios Sol como divinidad suprema, con el nombre sagrado de *Inti*, aunque más tarde fue evolucionando hacia una personalidad más compleja para dar paso a *ViraCocha*, una abreviatura del nombre completo del dios *Apu-Kon-Tiki-Uira-Cocha*, que dice de sus poderes: supremo ser del agua, la tierra y el fuego, los tres elementos en los que se basó la creación del Universo y contenía en sí mismo las cualidades del varón y la mujer[32] acompañado por su esposa y hermana, la Luna, bajo el nombre de *Quilla*. Al Sol representado con la forma de un elipsoide de oro y la Luna con un disco de plata.

La división del trabajo por sexo, que antecedió al surgimiento de la propiedad privada, fue acelerada por el régimen de dominación incaico y azteca sobre las tribus sometidas a tributar. A diferencia del tributo feudal, que se basaba en el trabajo del siervo al servicio de un señor, dueño de la propiedad privada de la tierra, la tributación bajo los incas y aztecas era realizada por los *ayllus* y *calpullis*, respectivamente, con posesión comunal de la tierra.

Las mujeres no solo sufrían la explotación del Estado, sino la opresión de sus varones en estas estructuras comunales (*ayllus* y *calpullis*). Las crónicas españolas dan cuenta de la existencia del patriarcado con poligamia para los varones, prostitución común de mujeres y formas de prostitución ritual de varones y mujeres en el templo. El adulterio por parte de las mujeres estaba considerado entre los crímenes más graves, cabiendo la pena de muerte (ver figuras 7 y 8). La homosexualidad no tenía ningún tipo de prohibición ni condena; es más, estaba investida de cierto carácter mágico.

En el amplio Imperio inca, que se extendía desde las costas del Pacífico, se elevaba hasta los Andes y se internaba en la selva amazónica, se han

---

32 Concepción del "hermafroditismo" como condición superior.

encontrado más de setenta sitios poblados habitados por mujeres consagradas al culto del Sol (Pachacamac, Machu Pichu, etc.). De acuerdo con muchos relatos, estas eran las *Casas de Escogidas*, mal llamadas *Templos de las Vírgenes del Sol*, ya que la virginidad no era una virtud en sí misma. Solo un grupo pequeño permanecía virgen con vistas al culto del Sol. La interpretación o confusión debe entenderse como un impedimento interpretativo de la cosmovisión europea. En cada casa había aproximadamente dos mil mujeres; los relatos de Guamán Poma de Ayala abundan en detalles:

> En el Perú hubo muchos monasterios de doncellas que de otra suerte no podían ser recibidas, y por lo menos en cada provincia había uno, en el cual estaban dos géneros de mujeres: unas ancianas, que llamaban Mamaconas, para enseñanza de las demás; otras eran muchachas, que estaban allí cierto tiempo y después las sacaban para sus dioses o para el Inga. Llamaban a esta casa o monasterio Acllaguasi, que es "casa de escogidas", y cada monasterio tenía su vicario o gobernador, llamado Apopanaca, el cual tenía facultad de escoger todas las que quisiese, de cualquier calidad que fuesen, siendo de 8 años abajo, como le pareciesen de buen talle y disposición. (…) a ningún padre era lícito negar sus hijas cuando el Apopanaca se las pedía para encerrarlas en los dichos monasterios, y aun muchos ofrecían sus hijas de su voluntad, pareciéndoles que ganaban gran mérito en que fuesen sacrificadas por el Inga. Si se hallaba haber alguna de estas mamaconas delinquido contra su honestidad, era infalible el castigo de enterrarla viva o matarla con otro género de muerte cruel (Guamán Poma de Ayala, Felipe: 1587).

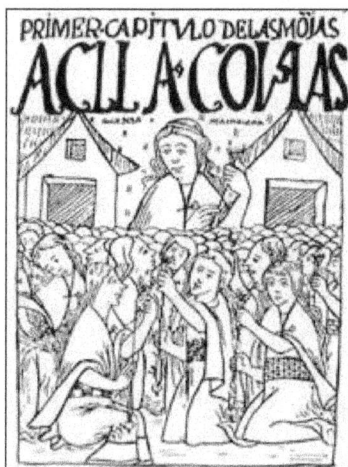

Figura 8. "En el tiempo de los Incas había seis maneras de vírgenes de los ídolos, y otras seis clases comunes". Guamán Poma de Ayala, 1587.

Las *Acllas* se recluían entre los 8 y los 12 años de edad; desde todo el *Tahuantinsuyu*, eran elegidas por su belleza y aptitudes; servían como objetos de obsequios (concubinas o esposas) para curacas o nobles guerreros de acuerdo con el concepto andino de reciprocidad, que servía para que el Inca estableciera lazos de parentesco y comercio con los señores sometidos, a la vez que significaban para el Estado fuerza de trabajo para la fabricación de textiles y la preparación de bebidas para los ritos.

Los conquistadores pudieron imponer su ideología patriarcal porque existía un terreno abonado por las formas de dominación impuestas en las sociedades clasistas (en transición) de incas y aztecas.

El desarrollo autónomo de las sociedades originarias americanas fue interrumpido por la conquista, que implantó la propiedad privada y un régimen de dominación colonial que fortaleció la dominación de clase, de etnia y de sexo.

Con la llegada de españoles y portugueses, por medio de la espada y de la cruz, se impuso el modelo feudal cristiano. Se impusieron conceptos como los de pecado, culpa, juicio final e infierno, desconocidos en suelo americano, en pos de colonizar la sexualidad, en un proceso doloroso de diferencias lingüísticas, discursivas, ideológicas y culturales. Se intentó borrar las diferencias por el disciplinamiento sacerdotal desde los dogmas católicos sobre la fornicación, el adulterio, el incesto, la violación, el secuestro y los pecados contra natura, incluyendo sodomía, lesbianismo y masturbación (Ebacher, 2000).

La Iglesia bregó a favor del matrimonio con las indias con el propósito de regular el mestizaje, pero el desenfreno de españoles encomenderos y sacerdotes con verdaderos *harenes* demostró que las prácticas sexuales en las colonias no se ajustó al dogma católico apostólico romano, sino que fueron crueles y violatorias, como denunció Fray Bartolomé de las Casas.[33]

No es posible comprender la historia de la opresión de las mujeres latinoamericanas sin incorporar al análisis la variable étnica, por lo que es ineludible en cuanto criterio metodológico del análisis, como un todo indivisible, la relación etnia-sexo-clase-colonialismo (Vitale, 1987).

El sistema de opresión patriarcal da cuenta de mujeres españolas blancas que, en el marco de la familia legítima, debían dar hijos para la reproducción del dominio colonial; mujeres indígenas, quienes en el marco de la *mita* masculina o la encomienda[34] debieron tributar doblemente a los conquistadores: con trabajo y sexualmente; así, ellos también se apropiaron de su capacidad reproductora separada del placer y asociada a la violación de la cultura y la "sexualidad colonizada"; las mujeres negras que, en su calidad de esclavas, reproducían obligatoriamente una nueva fuerza de trabajo esclavo, al mismo tiempo que desarrollaban tareas domésticas al servicio de las casas señoriales del campo y de la ciudad. Todas estas mujeres generaron excedentes no cuantificados, junto con el oro y la plata americana. Se convirtieron en reproductoras de una fuerza de trabajo destinada a ser

---

33 Fray Bartolomé de las Casas, religioso español, *Breve relación de la destrucción de las Indias* (s. XVI).

34 Encomienda: institución colonial de reparto de tierras con la población indígena (encomendados) sujeta a ellas.

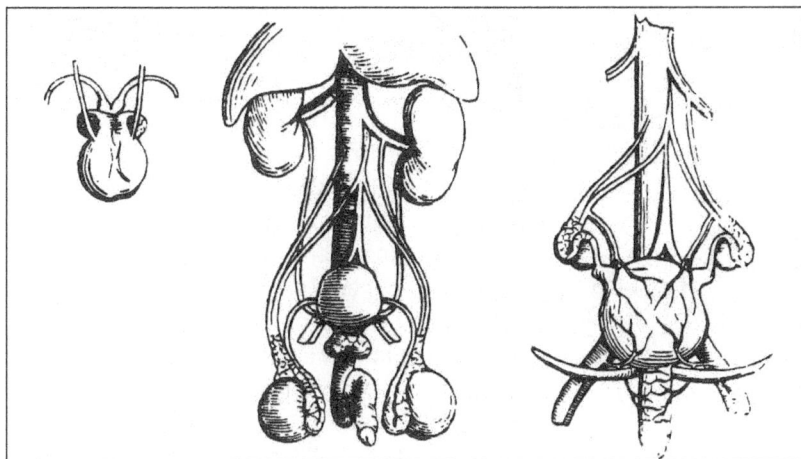

Figura 9. *Tabulae sex*, de Vesalio (1538). Órganos masculinos y femeninos dispuestos para demostrar sus correspondencias.

explotada por el régimen colonial en un hábitat enajenante que, como fenómeno castrador, devino entre las mujeres mestizas, las zambas y mulatas, en despersonalización o pérdida de identidad.

## 3.2. Nuevos paradigmas científicos

Como dijimos, el Renacimiento fue expresión de la lucha entre viejas y nuevas concepciones y abrió caminos a nuevos paradigmas científicos y revisión de matrices culturales. Los placeres del cuerpo, tan estrechamente ligados a la generación como lo estuvieron para Aristóteles e Hipócrates, volvieron a estudiarse. Hurgar en los clásicos fue no aceptar sus verdades, sino buscar otras nuevas explorando nuevamente el cuerpo.

Los estudios de Leonardo da Vinci y de Andrés Vesalio,[35] quienes fueron de los primeros en emprender sistemáticamente la disección de cuerpos humanos y cuestionar, en los hechos, las enseñanzas de Galeno, no pudieron desprenderse de la versión de "sexo único", de inversión anatómica de las mujeres como varones invertidos (ver figuras 9 y 10).

No obstante, los resabios aristotélicos y las exageraciones medievales de las enseñanzas de Galeno, las disecciones de los anatomistas de los

---

35 Andrés Vesalio, el mayor anatomista del siglo XVI, nacido en Bruselas en 1541, fue acusado de hacer la disección de una persona viva y, por ello, se le condenó a muerte por la Inquisición, pena que en virtud de gestiones de Felipe II fue conmutada por la peregrinación a Jerusalén. Falleció en 1564, durante el regreso.

Figura 10. *Habammenbuch*, de Jacob Rueff (1583). Obsérvese que a la izquierda se ha cortado la uretra y desplazado la vejiga de su posición natural para poder dejar a la vista el feto en su interior.

siglos XV y XVI abrieron las puertas a nuevas observaciones y nuevos conocimientos.

En 1559, Mateo Realdo Colombo, gracias a la observación, descubre el *clítoris* y expresa: "es el asiento fundamental del placer femenino" y como un pene "si lo tocas, encontrarás que se hace un poco más duro y oblongo hasta el punto de parecer una especie de miembro viril".[36] En la misma época, el anatomista Gabriel Falopio identifica los oviductos (trompas), y Kaspar II Bartholin encuentra y otorga su nombre a las grandes glándulas vestibulares que lubrican la parte final de la vagina durante el acto sexual.

El siglo se plaga de clases públicas de anatomía y de espectáculos de disección humana en Anfiteatros, donde la mayor atracción son los cuerpos de las mujeres, pero la anatomía renacentista no logra desprenderse de siglos de cultura de poder masculino. Fue entonces la ideología y no las observaciones la que determinaba la descripción que se hacía de ella. Aun así, los estudios en obstetricia y ginecología se multiplican durante todo el siglo XVI (ver figura 11).

Fue el descubrimiento de William Harvey[37] sobre la circulación de la sangre (1619), en el siglo XVII, el que inaugura una nueva etapa del conocimiento y hace caer 2000 años de ignorancia sobre la transformación de los humores corporales; por ejemplo, la conversión de la menstruación en leche. Abre, entonces, un campo nuevo de la medicina: la fisiología. Este camino inacabado del saber permitió el paulatino abandono de las versiones aristotélicas y galeanas de "sexo único" —el de los varones— que como modelo "testifica virilidad" (testículos). Fue Harvey quien dijo por primera vez que toda vida procede de un "huevo", producto germinativo específico, aportado por las mujeres.

En estos tiempos comienzan a darse nombre propio a los órganos sexuales y reproductivos de las mujeres, por lo que adquieren estas entidades ana-

---

36  Colombo (1559), *De re anatomica*, citado en Laqueur, *op.cit.*; Colombo fue el ilustre sucesor de Vesalio en la cátedra de cirugía de Padua.

37  William Harvey, médico inglés (1578-1658), vivió en una Inglaterra en plena revolución. Descubrió la circulación pulmonar de la sangre.

Figura 11. *La muerte de Agripina. Disección de un cadáver*, miniatura del manuscrito *Le miroir de la mort*, por Thomas de Gerson, 1460. Carpentrás, Biblioteca Inguiumbertine. La imagen se centra en la identificación del cuerpo de las mujeres como "máquinas para engendrar": sexo, vientre y matriz.

tómicas y fisiológicas autónomas de la existencia de los varones (ver figura 12). Los ovarios y la vagina pasaron a ser protagonistas y, pese a la resistencia social a los nuevos conocimientos hasta avanzado el siglo XIX, para entonces ya pudieron observarse por microscopio el "huevo y el esperma", lo que inauguró un nuevo paradigma científico de Teoría de la Fusión Celular para la Concepción. Coincidimos con Laqueur cuando afirma que "el sexo tal como lo conocemos fue inventado en el siglo XVIII", cuando se rompió el corsé cultural de modelo reproductivo de "sexo único" y se reemplazó por un nuevo modelo reproductivo de "dos sexos". La ciencia moderna comienza a vislumbrar la existencia de un sexo biológico y otro de índole social. La formulación del reconocimiento del aporte de dos sexos para la concepción fue un avance científico en el contexto de las revoluciones sociales de los siglos XVII y XVIII y la emergencia de la burguesía con su nuevo proyecto político.

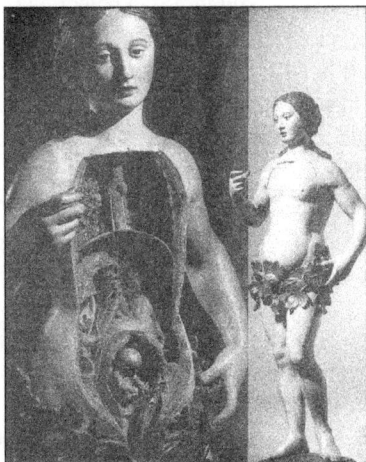

Figura 12. *Estatua anatómica*, siglo XVII. Colección Roudillon, París. Aquí, la parte anterior de la estatua se levanta y permite ver el interior del cuerpo, donde su útero contiene un feto.

## 3.3. Revoluciones sociales

Mediante la práctica social las mujeres accedieron al conocimiento de la opresión que sufren. Esa práctica incluyó la producción y reproducción biológica y social, la vida familiar, la lucha de clases, la participación o, en muchos casos, la exclusión de la vida política, científica y cultural. Esta compleja y repetida práctica por miles de años permitió, bajo las condiciones de la sociedad capitalista, dar un salto en calidad respecto del conocimiento de la relación contradictoria entre varones y mujeres.

En esta etapa, las mujeres adquirieron "conciencia para sí" en una práctica económica y política consciente. Entre las primeras expresiones del feminismo político organizado podemos destacar la *Vindicación de los derechos de la Mujer*, de Mary Wollstonecraft, que se publicó en Inglaterra en 1774, en la que su impronta política estuvo en el análisis de la discriminación de la mujer como un problema social y la necesidad de acceso a la educación como vehículo liberador.

Durante la Revolución francesa, algunas mujeres se dirigieron a otras para hacerles tomar conciencia de grupo con identidad propia, y particularmente en las históricas *Jornadas del 4 y 5 de octubre* de 1789 (Dubet, 1994), cuando fueron las mujeres del pueblo de París las que arrancaron de Versalles al rey y su corte. En tanto eran las principales protagonistas de la lucha antifeudal contra el hambre y la suba del precio del pan, legitimaron, acción política mediante, su identidad colectiva como mujeres. Muchas de ellas funcionaban en clubes femeninos revolucionarios, y luego de ser rechazada su integración en la Asamblea Nacional de la Francia revolucionaria y prohibidas sus organizaciones, se reunieron en la clandestinidad y sostuvieron la proclama de la *Declaración de los derechos de la mujer y la ciudadana*, elaborada por Olimpia de Gouges en 1791. Estos hechos pusieron de relieve las limitaciones de la Ilustración y el liberalismo burgués y la hipocresía de la "igualdad jurídica", el "sufragio universal" y la expresión plenamente electoral de la "soberanía popular".

Hacia fines del siglo XVIII los vientos revolucionarios soplaron también en América y abrieron los procesos de descolonización, en los que, inicialmente, empuñaron armas cientos de mujeres de los pueblos originarios, afrodescendientes y campesinos.

En el transcurso del siglo XIX, al calor de la segunda fase de la Revolución Industrial y junto con la ideología de la burguesía destinada a fundamentar la reproducción del sistema de dominación, el movimiento obrero fue desarrollando sus conocimientos y configurando un cuerpo de ideas para luchar contra la explotación y subvertir revolucionariamente el sistema capitalista.

Esa síntesis teórica fue el socialismo, que desarrolló su carácter verdaderamente científico con los aportes de Carlos Marx y Federico Engels.

El clima de cambio social también estuvo alimentado por las luchas de las mujeres y sus organizaciones, que demandaban el sufragio, la participación política y la inclusión en el mercado laboral en iguales condiciones y salarios que los varones. El movimiento de extensión mundial tomó el nombre de *Primera Ola de Feminismo* y continuó vigente hasta entrada la década de los treinta.

Las síntesis teóricas recogieron, entre otras, las experiencias de muchas mujeres durante la Comuna de París (1871), bajo la influencia de un movimiento revolucionario que había subvertido por unos días el orden social burgués. Durante esos días, las mujeres participaron de los puestos sanitarios, las cantinas, los clubes barriales, y las ejecuciones con el fusil en mano.

> La "Unión de mujeres para la defensa de París y el cuidado de los heridos" denunció la discriminación de la mujer, y la Comisión Ejecutiva de la Unión reclamó la organización y distribución del trabajo de las mujeres (...) la igualdad de salarios..., el restablecimiento del divorcio, una pensión para las mujeres que tuviesen tres hijos y la liquidación de la prostitución mediante la creación de puestos de trabajo y la represión (...) es justo advertir que éstos no son sino inicios de un reconocimiento de derechos..., pues no existía ninguna mujer en el Consejo de la Comuna ni en ninguna de las diez comisiones encargadas de asegurar el funcionamiento de los servicios públicos (Uria, Pineda, Olivan; 1985).

La Comuna fue derrotada, y cada clase hizo su balance sacando enseñanzas de lo vivido. Y como no podía ser de otro modo, las ideologías de clase también dividieron a las mujeres entre quienes desde un enfoque feminista burgués concibieron la emancipación de la mujer solo como la desaparición de la desigualdad ante la ley (sufragismo, derechos civiles, etc.) y quienes, desde el feminismo proletario, llevaron sus luchas más lejos, hacia lo que sería la primera gran experiencia revolucionaria, la Revolución Rusa de 1917, "la más audaz experiencia de construcción de la vida", como la calificara Alejandra Kollontai, miembro del Comité Central durante la revolución bolchevique y reconocida dirigente de las mujeres. Esta experiencia fue recorrida por éxitos y fracasos, lógica de la dialéctica histórica.

> ... lo principal fue el gran avance, no solo para las mujeres rusas, sino para el conjunto de las mujeres, por la influencia que tuvo en todo el mundo que en la Rusia de 1917 se considerara a la maternidad una "función social", se creara en la estructura del nuevo Estado la Sección de Protección a la Maternidad y la Infancia, y

que por ley se reconociera que el aborto no era delito. Y que en los años veinte fuera un debate de masas la nueva moral, la familia y la sexualidad en el marco de la lucha de clases (Tejero Coni, 1997).

No obstante, el conocimiento de las mujeres y sus luchas no se detuvo ni se detendrá. Continuó desarrollándose por reflejo de las dos grandes revoluciones y de la significativa incorporación de las mujeres al trabajo asalariado desde la Primera Guerra Mundial, pese al frustrado intento de entreguerras del capitalismo dominante de retrotraer la situación haciendo volver a las mujeres al "calor del hogar". Como se ha visto, desde el gineceo griego hasta hoy han pasado 2500 años, pero la Historia registra que los últimos 300 han sido el escenario de mayor tensión en la relación entre trabajo y género, en la medida en que permitieron, en situaciones históricas concretas, que las mujeres irrumpieran en el campo del considerado "trabajo socialmente productivo". Así sucedió durante la Revolución Industrial y en contexto de las dos guerras mundiales del siglo XX, en las que el capitalismo impuso a las mujeres condiciones brutales, incluida la creación de la "doble jornada" muy conocida por todas. Pero pese a ello, el aspecto principal de esa contradicción fue que las mujeres recuperaron el derecho a su esencia como productoras y no solo reproductoras.

Recién entrado el primer tercio del siglo XX, comenzará a modificarse la influencia de la doctrina agustiniana de la Iglesia frente al desarrollo de la ciencia. La incidencia del descubrimiento científico del funcionamiento ovárico y del óvulo en la década de los veinte permitió que se tuviera constancia de la participación de la mujer en la concepción, lo que abrió un camino acelerado a la endocrinología y puso en experimentación lo que más tarde sería la "anticoncepción hormonal" y sus consecuencias positivas para las mujeres.

La segunda posguerra fue el marco para la emergencia de los antecedentes teóricos del "género" producidos contemporáneamente por dos mujeres. En 1948, Margaret Mead, antropóloga cultural estadounidense, publica *Macho y Hembra*, libro en el que vuelca todas sus experiencias de campo con otras culturas, entre ellas, su juventud en Samoa, donde demuestra que las cualidades de género son producidas y adquiridas en prácticas sociales concretas. En 1949, Simone de Beauvoir, filósofa francesa, escribió *Segundo sexo*, donde analizó la existencia de lo masculino, a partir del cual se moldea nuestra identidad como "ser mujer", y desde el análisis del "otro" ajeno a un determinismo biológico, cuestiona el "mito de la feminidad".

La práctica social para millones de varones y mujeres que fue la Revolución Rusa, al igual que la Gran Revolución Proletaria China en 1949, no ha sido aún estudiada en profundidad desde la perspectiva de género para sintetizar teóricamente su experiencia. Y muy particularmente la pérdida de las conquistas que las mujeres obtuvieron durante esos procesos revolucionarios y qué incidencia tuvo su retroceso preanunciando las posteriores restauraciones capitalistas.[38]

La segunda mitad del siglo XX fue testigo de grandes conmociones en el mundo: luchas anticolonialistas y de liberación nacional, la Revolución cubana, la "Revolución de la píldora" y la libertad sexual, inmensos avances científicos y tecnológicos, la Revolución Cultural Proletaria China, el desarrollo de las ciencias sociales, particularmente, de la Psicología y de la Antropología Social, las luchas obreras y estudiantiles del Mayo francés, etc., y en ellas las mujeres tuvieron cada día una mayor participación, pero ahora se presentan como sujetos de su propia liberación, protagonistas de un proyecto político de cambio social antipatriarcal que se identificó como Segunda Ola de Feminismo desde fines de la década de los sesenta.

> Por primera vez en la historia se niegan a ser definidas en relación al hombre. Pero no para mantenerse en la "feminidad" que les ha sido impuesta y que se les ha ido adjudicando a lo largo de los siglos, sino para rechazar la división del mundo en masculino y femenino (...). El feminismo ha puesto de manifiesto que la revolución social, si aspira realmente a serlo, no puede limitarse a transformar las relaciones entre las clases, sino que debe obligatoriamente romper también con el actual sistema de relaciones entre los sexos, a falta de la cual no podrá lograr la emancipación de la humanidad y la abolición de la opresión y explotación de unas personas por otras (Uria, Pineda, Olivan, 1985).

Al calor de triunfos y derrotas, y paradojas de avances y retrocesos, todos fenómenos de la dialéctica histórica, el proceso cultural de independizar el placer sexual de la reproducción sigue su derrotero. La OMS (Organización Mundial de la Salud) ha eliminado, a fines del siglo pasado, la clasificación patológica sobre la homosexualidad y el lesbianismo. La medicina puede ofrecer fertilización asistida (*in vitro* con implante embrionario, etc.) sin obligar a las personas a prácticas sexuales normativizadas. El avance de la genética permite identificaciones de ADN remotas, que ponen en cuestión las paternidades, etc.

Inauguramos el siglo XXI con profundas crisis económicas, sociales y políticas producto de la paradoja capitalista de sobreproducción de bienes y hambre de millones de personas en el mundo. Y por efecto del proceso productivo dislocado se asiste a un gran peligro ecológico por agotamiento de los recursos naturales. Pero, como contracara positiva, la revolución en las

---

38 Restauraciones capitalistas en la URSS en 1957, Cuba en 1968 y China en 1978.

comunicaciones ha abierto fronteras culturales que nos permiten masificar el debate sobre un nuevo "modelo de tres sexos" de mujeres, varones e infinidad de intersex,[39] que siempre estuvieron pero que en un momento de la historia se les negó —como a las mujeres— entidad ontológica.

Por otra parte, el conocimiento científico ha permitido cuestionar —como en los siglos XVII y XVIII— los chalecos ideológicos que no nos permitían reconocer "lo otro". Hoy el sexo puede leerse desde la variable cromosómica o genotípica, gonadal, endócrina y los rasgos fenotípicos primarios y secundarios, y sus concordancias al momento de determinar el sexo. Como así también podemos diferenciar el sexo reproductivo, de las identidades de género y las orientaciones y prácticas sexuales.[40]

En la Argentina de los últimos 30 años, las mujeres y, en particular, el feminismo político han sido la vanguardia de la organización y lucha por los derechos sexuales y reproductivos de las personas, especialmente denunciando la violencia, las violaciones, el proxenetismo y la trata de mujeres para prostitución, las muertes por abortos clandestinos, la falta de libertad y acceso masivo al uso de anticoncepción, entre otros y la demanda de aplicación efectiva (ejecutiva y presupuestaria) de las leyes como las de Educación Sexual Integral.

El carácter "integral" de la historia y de la educación sexual en particular implican un posicionamiento teórico e ideológico respecto de la complejidad bio-psico-social y, por ende, intergenérica de la realidad y, si bien sabemos esta no será cambiada solo por la educación, desde este lugar orientamos acciones pedagógicas que contribuyan para transformarla en pos de la felicidad de todas las personas.

## 4. Estrategias pedagógicas

Todo proceso de enseñanza implica no solo el manejo de contenidos teóricos (conceptos, datos, etc.), sino también la adquisición de destrezas para el trabajo didáctico y la intervención institucional, a través de proyectos de innovación pedagógica.

---

39  Hoy la ciencia ha podido identificar más de cincuenta síndromes asociados a la intersexualidad y al mal llamado hermafroditismo (hiperplasias suprarrenales, Turner, Klinefelter, XXY, insensibilidad a los andrógenos, etc.) de carácter cromosómico, gonadal, neurológico, etc., sin que por ello se establezca un vínculo directo con la "fertilidad" (reproducción biológica) y/o destrezas para "maternar" (cuidado de la prole) capacidades muchas veces ausentes también en varones y mujeres.

40  Unión de óvulo y espermatozoide / travestismos y transexualidades / heterosexuales, bisexuales, homosexuales y lésbicas, masturbadoras y célibes.

Hoy en día prácticamente la totalidad de los/as profesores/as admiten que la enseñanza debe ser activa y que es el alumnado el que tiene que elaborar su propio conocimiento partiendo de sus saberes preexistentes en vez de recibirlo, de manera unidireccional, de boca de sus docentes. Sin embargo, estos principios pedagógicos no suelen ser la práctica en la formación de formadores.

La formación requiere siempre que docente y futuros docentes observen críticamente las prácticas escolares, particularmente las propias. Deben objetivar la práctica cotidiana para someterla a crítica, buscar en la propia subjetividad las experiencias de discriminación sufrida y/o ejercida y resignificar las prácticas escolares descubriendo en el hacer colectivo su sentido social y por ende su capacidad transformadora. Aquí intentamos hacer una reelaboración general de los contenidos pedagógicos y didácticos que orienten la enseñanza con perspectiva de género y su íntima relación con la sexualidad.

Para guiar esta metodología, proponemos técnicas participativas y variados recursos didácticos: relatos de experiencias o descripciones de la vida cotidiana, historias ficcionales, frases incompletas; dramatizaciones o técnicas plásticas; observaciones de aula, entrevistas; disparadores audiovisuales (videos, películas, imágenes) o gráficos, análisis de noticias periodísticas, etc.

Proponemos el diseño de actividades específicas para el aula que cumplan las condiciones básicas a las que nos referimos. Pero, sin duda, contamos para nuestro trabajo con dos recursos de excelente ductilidad didáctica: en primer lugar, la utilización de fuentes primarias, sumamente ricas para la recreación histórica, y particularmente el conocimiento de las relaciones sociohistóricas entre varones y mujeres como incentivo para reflexionar sobre el presente. Y, en segundo lugar, la metodología lúdica para la interacción social, entendiendo que el juego es una actividad que permite aprender mediante una situación enormemente motivadora. Por ejemplo, los "juegos de simulación" en los que se pueden reproducir situaciones de vida real del pasado desempeñando el papel de "actores comprensivos y críticos" de esa realidad desde nuevas perspectivas de análisis del presente.

Si bien la propuesta está dirigida fundamentalmente a los/as profesores/as de los institutos de formación docente, el conjunto de actividades y recursos didácticos que se ofrecen pueden adaptarse a jóvenes de nivel medio, siempre prestando atención a la metodología de dialéctica entre el trabajo conceptual y la aproximación empírica. El objetivo es desarrollar estrategias de enseñanza y aprendizaje que promuevan tanto la elaboración e integración de conceptos, particularmente la categoría analítica de género, como la comprensión de la dimensión y dinámica histórica, en la que los cuerpos de ideas, incluidas las científicas, están sujetos al cambio.

# 5. Actividades propuestas

El diseño de todas las actividades propuestas se adecua a la práctica de enseñanza interdisciplinaria, dependiendo del equipo docente y el proyecto institucional su aplicación áulica.

Las actividades sugeridas, a modo de ejemplo, se agrupan según la metodología:

1) Indagatoria;
2) Lúdica o lúdico-indagatoria;
3) Reflexión vivencial.

## Actividad 1. Metodología indagatoria
Ejercicios de investigación histórica

• Aula-taller 1

Objetivo temático: indagar los orígenes de la homosexualidad como construcción discursiva y analizar distintas maneras de considerarla y regularla a lo largo de la historia occidental, especialmente respecto del surgimiento de la homofobia.

Consignas:

1) Investigar: ¿cuándo surge la homosexualidad como noción que construye una identidad?, ¿en qué contexto social? ¿Cuál fue el papel del Estado? ¿Qué roles jugaron el dogma religioso y las concepciones médicas?
2) Analizar el tratamiento de la homosexualidad en distintas épocas históricas, a través de las fuentes históricas y/o literarias.

Recursos sugeridos:
*Fuentes históricas*
- Platón, *Fedro* y/o *Banquete* u obras de Teognis o Anacreonteocomedias de Aristófanes.
- Legislación comparada o protocolos de la OMS hasta la década de los ochenta.
Película: *The Hours*, Dirección Stefen Daldry (EE. UU., 2002) sobre la base de obra de Virginia Woolf.

• Aula-taller 2

Objetivo temático: indagar los orígenes de la prostitución como institución y analizar distintas maneras de considerarla y regularla a lo largo de la historia occidental.

Consignas:
1) Investigar ¿cuándo surge la prostitución?, ¿en qué contexto histórico? ¿Cuál fue el papel del estado? ¿Qué rol jugó el dogma religioso?
2) Analizar el tratamiento de la prostitución en distintas épocas históricas, a través de las fuentes históricas y/o literarias.

Recursos sugeridos:
*Fuentes históricas*
- Legislación soloniana, en Plutarco; *Vidas paralelas*: *Solón*.
- Legislación comparada en Argentina (Sistema reglamentarista y abolicionista).
Película: *Vidas privadas*, Documental de Colectiva Chaya Comunicación (Argentina, 2007).


• Aula-taller 3
Objetivo temático: investigar la revolución sexual de los años sesenta del siglo pasado, cambios y continuidades en las prácticas en relación con las parejas: relaciones prematrimoniales, las familias, el género y las sexualidades.
Consignas:
1) Buscar información sobre las transformaciones en las relaciones de género en la década de los sesenta (difusión de la píldora anticonceptiva, nuevos modelos de familia, divorcio, movimientos sociales y feminismo).
2) Analizar las diferencias de contexto político y social norteamericano, europeo y argentino.

Recursos sugeridos:
Fuente: *Política sexual*, de Kate Millet.
Película: *Kinsey,* Dirección Bill Condon (EE. UU., 2004) sobre la vida de Alfred Kinsey.

## Actividad 2. Metodología lúdico-indagatoria
Ejercicios de representación/dramatización/escenificación
• Aula-taller 1
Objetivo temático: reflexionar sobre la homosexualidad y la hipocresía social de "doble moral".
Consignas:
1) Investigar el debate que suscitó su primera representación: prohibición municipal, descargo del autor ante el Concejo Deliberante, revocatoria y discursos ante el reestreno, opiniones periodísticas, etc.
2) Analizar el texto literario y seleccionar los parlamentos de contenido más significativo.

Actividad: Escenificación de los parlamentos seleccionados. Análisis grupal de los datos obtenidos en la pesquisa y debate al calor de los conocimientos científicos biológicos, antropológicos e históricos.

Recurso sugerido:

Fuente literaria: *Los invertidos,* de José González Castillo (1885-1937).

• Aula-taller 2

Objetivo temático: reflexionar sobre la paternidad, la herencia y la opresión sexual de las mujeres.

Consignas:

1) Investigar los cambios operados en el Código Civil Argentino respecto del matrimonio y el estatus de los hijos hasta conquistar su igualdad ante la ley.

2) Analizar el texto literario y seleccionar los parlamentos de contenido más significativo.

Actividad: Escenificación de los parlamentos seleccionados. Análisis grupal de los datos obtenidos en la pesquisa y debate al calor de los conocimientos científicos biológicos, antropológicos e históricos.

Recurso sugerido:

Fuente literaria: *El hijo de Agar,* de José González Castillo.

• Aula-taller 3

Objetivo temático: reflexionar sobre la maternidad y el "maternaje", el divorcio y los dogmas religiosos.

Consignas:

1) Investigar los cambios operados en el Código Civil Argentino respecto de la maternidad como obligación y la indisolubilidad del vínculo matrimonial.

2) Analizar el texto literario y seleccionar los parlamentos de contenido más significativo.

Actividad: Escenificación de los parlamentos seleccionados. Análisis grupal de los datos obtenidos en la pesquisa y debate al calor de los conocimientos científicos biológicos, antropológicos e históricos.

Recurso sugerido:

Fuente literaria: *La mujer de Ulises,* de José González Castillo.

## Actividad 3. Metodología de reflexión vivencial

Ejercicios de introspección y puesta en común

• Aula-taller 1

Objetivo temático: reflexionar sobre el tema "piropos", insultos de connotación sexual.

Consignas:

1) Elaborar una lista de no menos de 5 "piropos" sexuales y 5 insultos.

2) Ejercitar la memoria buscando en la vivencia personal los sentimientos experimentados siendo receptor/a y emisor/a de estos mensajes.

Actividad: juego dramático en que distintos grupos de manera alternada sean protagonistas de emitir y/o ser destinatarios/as de "piropos" sexuales e insultos. Reflexión grupal sobre las resonancias de la actividad y el carácter agresivo y discriminador que entraña.

Recursos sugeridos:

Ejemplos: relevamiento de mensajes en baños públicos; grafiti callejeros, etc.

• Aula-taller 2

Objetivo temático: reflexionar sobre el papel que los dogmas religiosos le adjudican a las mujeres.

Consignas:

1) Ejercitar la memoria buscando en la vivencia personal alguna impronta (positiva o negativa) en su subjetividad que hayan dejado los textos religiosos de matriz judeo-cristiana.

2) Aportar experiencias personales para el trabajo grupal.

Actividad: leer en grupo y analizar los textos desde los marcos teóricos referenciados en el capítulo (teoría de género, psicología social). Confrontar los resultados de la reflexión grupal con el ejercicio de memoria individual.

Recursos sugeridos:

Fuente: Biblia (Antiguo y Nuevo Testamento)

Ejemplos:

> Habló Jehová a Moisés, diciendo: Habla a los hijos de Israel y diles: Cuando alguno haga especial voto a Jehová, consagrándole alguna persona a la que haya de redimir, lo estimarás así: Si es varón de veinte hasta sesenta, lo estimarás en cincuenta monedas de plata… Y si es mujer, la estimarás en treinta monedas. Y si es de cinco años hasta veinte, al varón lo estimarás en veinte monedas, y la mujer en diez. Y si es de un mes hasta cinco años, entonces estimarás al varón en cinco monedas, y a la mujer en tres. Más si es de sesenta años o más, al varón lo estimarás en quince monedas, la mujer en diez.
>
> Levítico 27: 1-7. Antiguo Testamento.

> Más si resultare ser verdad que no se halló virginidad en la joven, entonces la sacarán a la puerta de la casa de su padre, y la ape-

drearán los hombres de la ciudad, y morirá, por cuanto hizo vileza fornicando en casa de su padre; así quitaras el mal de en medio de ti.

Deuteronomio 22:20-21. Antiguo Testamento.

Pero quiero que sepáis que Cristo es la cabeza de todo varón. Y el varón es la cabeza de la mujer...

Corintios 11:3. Nuevo Testamento.

... vuestras mujeres callen en las congregaciones, porque no les es permitido hablar, sino que estén sujetas, como también la ley dice. Y si quieren aprender algo, pregunten en casa a sus maridos; porque es indecoroso que una mujer hable en la congregación...

Corintios 14:34-35. Nuevo Testamento.

## Referencias bibliográficas

Andreoti, Gonzalo Cruz; Jiménez, Aurelio P. y otros (1996). *Hijas de Afrodita: la sexualidad femenina en los pueblos mediterráneos*. Madrid, Ediciones Clásicas.

Aristóteles. *Obras Completas*. Madrid, Espasa Calpe (Biblioteca Filosófica).

—— (1945) [s. IV a. C.]. *Las partes de los animales*. Buenos Aires, Edición Schapire.

Bechtel, Guy (2003). *Las cuatro mujeres de Dios*. Barcelona, Ediciones B Grupo Zeta.

Blake Tyrrell, W. (1979). *Las Amazonas. Un estudio de los mitos atenienses*. México, Fondo de Cultura Económica.

Bourdieu, Pierre (2000a). "Una interpretación de la teoría de la religión según Max Weber", en: *Intelectuales. Política y poder*. Buenos Aires, EUDEBA.

—— (2000b). *La dominación masculina*. Barcelona, Anagrama.

Brown, Peter (1987). "La nueva antropología", en Ariès, P. y Duby, G.: *Historia de la Vida Privada*, Madrid, Taurus.

Brundage, James (2000). *La ley, el sexo y la sociedad cristiana en la Europa Medieval*. México, Fondo de Cultura Económica.

Coler, Ricardo (2006). *El Reino de las Mujeres: el último matriarcado*. Buenos Aires, Planeta.

De Laurentis, Teresa (1990). "Sujetos excéntricos: la teoría feminista y la conciencia histórica", *Feminist Studies*, Vol. 16, Nº 1.

Dubet, Paule Marie (1994). *Las mujeres y la Revolución*. Barcelona, Península.

Duby, George (1988). *El caballero, la mujer y el cura*. Madrid, Taurus.

Duby, G. y Perrot, M. (dirs.) (2000). *Historia de las Mujeres*, t.os 1 a 6. Madrid, Taurus.

Ebacher, Colleen (2000). "No me veo en su discurso: el confesionario colonial y la construcción de la sexualidad femenina", en Ilarregui, Gladys *et al.*: *Feminismo Plural: la locura, la enfermedad, el cuerpo en las escritoras hispanoamericanas*. s/l, Fundación Cultural Iberoamericana.

Elizalde, Silvia; Feletti, Karina y Queirolo, Graciela (2009). *Género y sexualidades en las tramas del saber*. Buenos Aires, Libros del Zorzal.

Engels, Federico (1984) [1884]. *El origen de la familia, la propiedad privada y el Estado*. México, Nuevomar.

Femenias, María Luisa (1996). *Inferioridad y exclusión. Un modelo para desarmar*. Buenos Aires, Grupo Editor Latinoamericano.

Fossier, Robert (1982). "Le Moyen Age", en: *L'eveil de l'Europe*, t.º II. Paris, A. Colin.

Foucault, Michel (1986). *Historia de la Sexualidad*, t.ᵒˢ I a III. Madrid, Siglo XXI.

Freire, Paulo (1975). *La educación como práctica de la libertad*. Buenos Aires, Siglo XXI.

Guamán Poma de Ayala, Felipe (1943) [1587]. *Nueva crónica y buen gobierno de este reino*. Buenos Aires, Editorial Nova.

Guash, Oscar y Osborne, Raquel (2003). "Sociología de la sexualidad", *CIS* N° 195, Madrid.

Guash, Oscar y Viñuales, Olga (2003). *Sexualidades. Diversidad y control social*. Barcelona, Edicions Bellaterra.

Hesíodo (1990) [s.VIII a. C.]. *Poemas Hesiódicos*. Madrid, Akal Clásica.

Hurst, Jane (1984). *El Aborto de Buena Fe*. Washington, Catholics for Free Choice.

Ilarregui, Gladys *et al.* (2000). *Feminismo Plural: la locura, la enfermedad, el cuerpo en las escritoras hispanoamericanas*. s/l, Fundación Cultural Iberoamericana.

Lafitte Houssat, Jacques (1966). *Trovadores y Cortes de Amor*. Buenos Aires, EUDEBA.

Laqueur, Thomas (1990). *La construcción del Sexo. Cuerpo y Género desde los griegos hasta Freud*. Madrid, Ediciones Cátedra - Universidad de Valencia (Feminismos).

Le Goff, Jaques (1972). *La civilisation de l´Occidente medieval*. Paris, Arthaud.

—— (2005). *Una historia del cuerpo en la Edad Media*. Buenos Aires, Paidós.

MacLaren, Angus (1993). *Historia de los anticonceptivos*. Madrid, Minerva.

Maffía, Diana (comp.) (2008). *Sexualidades migrantes. Género y transgénero*. Buenos Aires, Librería de Mujeres - Feminaria.

Marx, K. y Engels, F. (1982) [1845]. *La Ideología Alemana*. La Habana, Editorial Pueblo y Educación.

Mead, Margaret (1972) [1948]. *Macho y Hembra*. Caracas, Tiempo Nuevo.

Naroztsky, Susana (1995). *Mujer, Mujeres, Género. Una aproximación crítica al estudio de las mujeres en las Ciencias Sociales*. Madrid, Consejo Superior de Investigaciones Científicas.

—— (1996). "El marido, el hermano y la mujer de la madre: algunas figuras del padre", en Tubert, S.: *Figuras del padre*. Madrid, Ediciones Cátedra - Universidad de Valencia (Feminismos).

Otis-Cour, Leah (2000). *Historia de la pareja en la Edad Media. Placer y amor*. Madrid, Siglo XXI.

Piossek Prebish, Teresa (2008). *Mujeres en Crónicas de la Conquista*. Tucumán, edición de autor.

Peronnet, Michel (1985). *Vocabulario básico de la Revolución Francesa*. Barcelona, Crítica.

Platón (1975) [s. V a. C.]. *Obras completas*. México, Porrúa.

Pomeroy, Sarah B. (1990). *Diosas, Rameras, Esposas y Esclavas*. Madrid, Akal.

Porter, Roy (1994). "Historia del Cuerpo", en Burke, Peter (comp.): *Formas de Hacer Historia*. Madrid, Edición Alianza.

Quiroga, Ana P. de (2001). *Enfoques y perspectivas en Psicología Social.* Buenos Aires, Ediciones Cinco.

Rousselle, Aline (1989). *Porneia: del dominio del cuerpo a la privación sensorial.* Barcelona, Península.

San Agustín (2006) [354-430]. *Confesiones.* Traducción de Gustavo A. Piemonte. Buenos Aires, Colihue.

Scott, Joan (1990). "El Género: una categoría útil para el análisis histórico", en Amelang, James S. y Nash, Mary: *Historia y Género. Las mujeres en la Europa Moderna y Contemporánea.* Valencia, Alfons el Magnanim.

Sociedades Bíblicas en América Latina (1960). *Biblia.* Buenos Aires.

Tejero Coni, Graciela (1995). "Para recuperar la memoria. Análisis de fuente (Siglo XII)", en *Actas Jornadas de Historia Interescuelas.* Montevideo, Universidad de la República.

—— (1997). *Contribución al Seminario Internacional sobre la Revolución Rusa,* Facultad de Ciencias Sociales de la Universidad de Buenos Aires, noviembre, IMLM.

—— (2005). "Sexualidad, tradición católica y política", *Política y Teoría* N° 58, Buenos Aires.

Tejero Coni, Graciela y Fioretti, Susana (1997). "Cuerpo de Mujer: Sexualidad y política", en *Actas VI Jornadas Interescuelas y Departamentos de Historia.* La Pampa, Universidad Nacional de La Pampa.

Tin, Louis-Georges (2010). *La invención de la cultura heterosexual.* Buenos Aires, El cuenco de plata.

Uria, Paloma; Pineda, Empar y Oliva, Montserrat (1985). *Polémicas Feministas.* Madrid, Revolución.

Vitale, Luis (1987). *La mitad invisible de la historia latinoamericana.* Buenos Aires, Sudamericana-Planeta.

Yan, Thomas (1993). "La división de los sexos en el derecho romano", en: *Historia de las Mujeres en Occidente.* Tomo I. *La Antigüedad: modelos femeninos.* Madrid, Taurus.

Yantorno, Noemí Iris (1998). "Incesto del padre con la hija: una mirada histórica", en Giberti, Eva: *Incesto Paterno-Filial: una visión multidisciplinaria.* Buenos Aires, Universia.

# Capítulo 4

# El currículum como *Speculum*

*Mónica da Cunha*[1]

> Cada acto de designación divide al mundo en dos:
> *entidades que corresponden al nombre y el resto que no /*
> *corresponden/*. Determinadas entidades pueden ser inclui-
> das en una clase —*hechas una clase*— solo en la misma
> proporción en que otras entidades son excluidas, *aparta-*
> *das.* *Invariablemente*, semejante operación de inclusión/
> exclusión es un acto de violencia *perpetrado al mundo* y
> requiere el soporte de una cierta coerción...
> (Zygmunt Bauman, 1996, en *Las consecuencias perver-*
> *sas de la modernidad*).

Quienes nos dedicamos a la formación docente nos encontramos a menudo con propuestas (diseños) curriculares[2] en las que se destacan fuertemente los *silencios y las ausencias* que tiñen y vician imperceptiblemente a dichos diseños de un componente de violencia sexista (étnica y/o de clase) que se convierte en insoslayable cuando su análisis es abordado desde categorías con potencial dilucidario. Para evitar incurrir en demasiados supuestos, comenzaremos por clarificar algunas de las principales categorías que pondremos en juego en el presente trabajo, a los efectos de mostrar claramente cómo la *definición de los contenidos para la enseñanza* de diferentes espacios curriculares incurre y, al hacerlo, legitima la *invisibilización* de problemas/ cuestiones relativos, entre otros, a la cuestión del género.

## 1. Los currículum y sus problemas

Para poner en eje nuestro análisis, tomaremos como punto de partida la categoría de "género" presentada por Joan Scott (1999). A partir de ahí,

---

1   Profesora en Filosofía, en Psicología y en Ciencias de la Educación por el Instituto Superior del Profesorado "Dr. Joaquín V. González", desarrolla estudios de maestría en Ciencias Sociales y Humanidades, en la Universidad Nacional de Quilmes, y es docente del Instituto Superior del Profesorado "Dr. Joaquín V. González" y de la Universidad de Buenos Aires (CBC).

2   Puede tratarse tanto de diseños curriculares (caja curricular) de planes de estudio como de los programas de un espacio curricular específico (asignatura).

iremos construyendo el mapa de la cuestión que nos interesa: el circuito que nos lleva desde "el silencio epistemológico" en el ámbito de la didáctica hasta la "violencia epistémica" que este mismo silencio produce, como recurso ideológico implícito en toda práctica de legitimación y de perpetuación hegemónica, sus dimensiones fenoménicas, o, si se prefiere, sus manifestaciones en la práctica, así como también los "efectos de sentido" que opacan su carácter de violencia y exclusión instituidas e instituyentes.

Para comenzar, es preciso señalar que todo análisis que se realice desde una *perspectiva de género* presupone que esta es una categoría en virtud de la cual todo lo que se dice o se hace queda subsumido bajo *el imaginario de la diferencia sexual básica* (varón/mujer). Sin embargo, como se sabe, este dimorfismo que se funda en la presuposición biologicista de la existencia de (solo) dos sexos anatómicos queda superado, en principio, por la diferencia entre sexo y género. Así, el "género" será relativo a los roles sociales que se adjudican a un individux[3] en función de su sexo anatómico, los cuales, por su propio carácter histórico, trascienden la materialidad del cuerpo:

> En su acepción más reciente, "género" parece haber aparecido primeramente entre las feministas americanas que deseaban insistir en la cualidad fundamentalmente social de las distinciones basadas en el sexo. La palabra denotaba el rechazo al determinismo biológico implícito en el empleo de términos tales como "sexo" o "diferencia sexual". "Género" resalta también los aspectos relacionales de las definiciones normativas de la feminidad... (Scott, 1999).

Ahora bien, el problema que nos interesa particularmente, como anticipamos, es el relativo a la *ausencia, silencio, invisibilidad* que devalúan, en el acto mismo de la omisión, cierto conjunto de saberes (contenidos) en espacios curriculares, que podríamos incluso considerar ideológicamente estratégicos, como es el caso de las humanidades y las ciencias sociales.

Dicho de otra manera, nuestra tesis es que la invisibilización de la dimensión del género (lo mismo que con la de etnia y clase), es decir, tanto su ausencia en los diseños curriculares como su tematización edulcorada o banalizada, opera como mecanismo de silenciamiento, de ocultamiento y de negación de su "estatus ontológico" (su realidad) y, por ello mismo, como un modo de expresar y ejercer *violencia* sobre la "otredad", pero de modo tal que esta microviolencia se produzca de un modo imperceptible y, por su misma

---

3  De aquí en adelante, cuando un término implique la suposición de valor semántico universal como por ejemplo "algunos", para evitar una universalización androcéntrica, reemplazaremos la "o" por la "x" de manera tal que se entienda que hablamos tanto de varones como de mujeres.

imperceptibilidad, resulte sumamente eficiente como instrumento de legitimación de un *régimen de verdad* instalado como hegemónico e inapelable.

A su vez, como se sabe, toda decisión y definición curricular supone, en principio: a) un Sujeto pedagógico (¿quién aprende?), b) unos contenidos y c) un conjunto de estrategias didácticas (¿cómo enseñar *ese* contenido a *ese* sujeto?), que hagan plausible el logro de los objetivos pautados *para y sobre* ese sujeto. En otras palabras, el acto educativo presupone un sujeto pedagógico *ideal y regulativo*, que determina todo el conjunto de decisiones teóricas e instrumentales, que buscan instituir exitosamente el "modelo o paradigma" de un sujeto político normalizado, concebido por ese mismo régimen de verdad, como su condición de posibilidad y perpetuación. Ahora bien, como parte de la misma estrategia de invisibilización, intentaremos mostrar que *ese* Sujeto pedagógico es siempre entendido y concebido como "masculino".

Veremos, entonces, que las decisiones acerca de lo que se "debe" enseñar, lejos de responder a los valores epistémicos que la ciencia moderna ha dado en considerar neutrales: *racionalidad, objetividad, publicidad*, etc. y cuyo valor depende justamente de su independencia con el sujeto que los enuncia, acaban siendo en rigor ficciones ideológicas reificadas tendientes a conservar el *statu quo* del mismo Sujeto moderno (euro/androcentrista) que ha instituido dichas ficciones como entidades axiológicas que garantizan así el estatus epistemológico de sus descripciones acerca de lo real y en las cuales aparece como único fundamento posible de verdad ese mismo Sujeto.

Veamos ahora cuáles son las características principales de un diseño curricular y cómo esas características favorecen la legitimación y la perpetuación de un sistema euro-androcentrista.

La noción de *currículum educativo* es controversial, pero más allá de las controversias podemos acordar en que contempla un plan general de enseñanza, en cuyo marco se postulan las metas que orientan las prácticas educativas concretas. Se constituye en una suerte de "hoja de ruta" que da sentido a las acciones y decisiones pedagógicas. De esta manera, el diseño curricular se centra entonces en la delimitación de los contenidos que serán luego impartidos en las instituciones educativas; seleccionando, clasificando, organizando y distribuyendo esos contenidos en ciclos, áreas y materias. Pretende así "orientar" la acción a futuro; mientras que los programas, en cambio, prescriben lo que debe hacerse en una determinada región espacio-temporal del universo educacional. Ahora bien, todo diseño curricular está, a su vez, inserto dentro de un marco aún más general, esto es, el de las políticas educativas vigentes en una época o en una comunidad. Las cuales, a su vez, como no es difícil concluir, forman parte de un conjunto de políticas generales (sociales, económicas, sanitarias, etcétera). De este modo vemos cómo se va constituyendo un espiralado de políticas que va desde lo macropolítico (Nivel Nacional) a lo micropolítico (Nivel Institucional) atendiendo, al mismo tiempo, a un conjunto de supuestos que orientan y definen el perfil y la implementación de dichas políticas.

Las teorías acerca del currículum son muchas y variadas, pero se dividen fundamentalmente en dos grandes líneas que son: a) las teorías críticas y b) las teorías no críticas. Algunos autores, como da Silvia (1999), hablan también de una tercera línea, que denominan c) teorías poscríticas.

Centrémonos, entonces, en lo que concierne a las políticas educativas. En este caso, el currículum es un elemento central, articulador y dador de sentido a toda la práctica educativa. Como se sabe, el campo de las teorías curriculares es diverso y heterogéneo. Sin embargo, tras el cuestionamiento a la concepción tradicional, tanto los abordajes críticos como los poscríticos acuerdan en afirmar la existencia de tres dimensiones curriculares: la oculta (o implícita) y la nula (o ausente), que se desvanecen tras la aparente neutralidad y evidencia del currículum explícito. Esta distinción pone de manifiesto que las temáticas consolidadas en el currículum explícito son aquellas que, en general, se adecuan a criterios de valoración epistémica y que, en cuanto "adecuadas", cobran relevancia epistemológica.

Así, el *currículum implícito* (CI) enseña a través de lo que no se dice abiertamente o bien se dice de manera sesgada. De este modo, transmite valores y apreciaciones que no figuran en los programas, pero que son vitales a la hora de fijar y reproducir estereotipos.

Por su parte, el *currículum nulo* (CN) queda conformado por aquellos saberes que son excluidos de los contenidos "oficiales" de la enseñanza. Son aquellos temas y cuestiones que no deben enseñarse a las nuevas generaciones por ser nocivos, peligrosos o, simplemente, falsos o banales, lo cual implica que carecen de estatus epistemológico, por no satisfacer ningún valor epistémico. En otras palabras, dicho contenido es "des-preciado", "devaluado" y queda exiliado, excomulgado, marginado del discurso curricular oficial, es decir, del *currículum explícito* (CE).

De este modo, el CE queda conformado por todos los contenidos (mínimos o completos) que deben impartirse según un plan de estudios y, más específicamente aún, por un proyecto programático particular que se ajusta a los criterios epistémicos correspondientes a su disciplina. Esta selección, a su vez, queda explicitada por la enunciación de objetivos y propósitos específicos.

Por su parte, el CI/CO queda constituido por todas aquellas expectativas que no se explicitan en los objetivos, pero que suelen ser mucho más poderosas en cuanto al impacto psicoafectivo que tienen sobre el alumnado. En otras palabras, es aquello que se enseña de un modo inconsciente, a través de actitudes, gestos, metamensajes, valoraciones, opiniones, etc., que exceden claramente el ámbito de la selección explícita de los contenidos, y que suele tener vinculación con aquellos supuestos relativos tanto a los roles sociales como a los roles del alumnado y al conjunto de expectativas que se depositan en ellos (y en ellas).

Silva Águila cita como ejemplos de CI: "No hablar a menos que el docente lo ordene" (ya que es él quien posee la autoridad), "realizar las actividades que el docente propone sin necesidad de consenso por parte de los alumnos" (ya que es él quien maneja el "saber" y no los alumnos), nosotrxs podemos agregar: "¿cuál es el tipo de orientación vocación profesional esperable o preferible según el género de los alumnos?" *(ya que no todos los sexos son aptos para las mismas cosas).*

Cualquiera de nosotros recordará alguna anécdota "divertida" de sus años de escolaridad cuando algún varón o alguna niña afirmaban que su vocación era tal o cual, y esta no entraba en las elecciones típicas según género o según su "nivel de inteligencia para". Los gestos o muecas —aun en el caso de lxs maestrxs más discretxs— solían ser muy elocuentes respecto de su "aprobación o desaprobación" en relación con la vocación profesional expresada por lxs alumnxs.

Por último, nos queda la dimensión curricular que se denomina "nula" o *currículum nulo* (CN), el cual se define por la negativa, esto es, incluye todo aquello que ha quedado excluido o fuera del currículum explícito. *Todo lo que se decide no enseñar.* Pero ¿quién se encarga de tomar estas decisiones?, ¿de acuerdo con qué criterios?, ¿en función de qué supuestos estos criterios de exclusión quedan legitimados?

Siguiendo a Águila Silva (1984), estas decisiones son tomadas por un grupo de profesionales (de la educación) y académicos reconocidos. Nuestro autor sostiene que aquello que se decide no enseñar suele ser tan o casi más importante que aquello que sí se decide impartir dentro del claustro escolar. En este sentido, el CN tiene dos dimensiones:

1) relativa a la concepción acerca de los procesos de aprendizaje, y
2) relativa a los contenidos o asignaturas que son dejados fuera del CE.

Con respecto a la primera dimensión:

> Desde el punto de vista de los procesos cognitivos que el currículum explícito incorpora o no, hay una serie de supuestos, cuya validez científica es cuestionable. Estos *statements* sostienen que la cognición es diferente al afecto, que el afecto es diferente a la actividad motriz, y que la actividad motriz es diferente a la cognición. Estos tres elementos constituyen subsistemas que interactúan y son interdependientes, pero cada uno tiene una autonomía y un

campo específico en la actividad mental. La cognición es identificada con pensamiento y reflexión, el afecto, con los sentimientos y la motricidad con la actividad física, el desarrollo de destrezas. Esta conceptualización tiende a ser reificada, y de esta manera asumida como certeza. La raíz de este malentendido tan nefasto para los alumnos (porque los desintegra) es el producto del uso y abuso de las llamadas taxonomías que sirven de base a la formulación de los objetivos conductuales[4] (Silva Águila, 1976).

Como vemos entonces, esta dimensión del currículum (CN) que, *a priori*, uno podría concebir como la más inocua e irrelevante de las tres, condiciona fuertemente a las otras dos dimensiones y es en este sentido que nosotrxs creemos pertinente denominarlo *metacurrículum*.

Esta denominación varía según los enfoques, algunos usan este término para referirse al CI, otros para referirse a las expectativas de logro no explicitadas en el diseño curricular. Para nosotrxs, en cambio, y sin que esto entre necesariamente en contradicción con las concepciones a las que acabamos de aludir, el *metacurrículum* está constituido por todos aquellos supuestos, prejuicios, preconceptos que, habiéndose aceptado a partir de cierta "validación científica" (por ejemplo, sociobiología), han sido "naturalizados" por el "uso" y el "hábito" acríticos (por ejemplo, los estereotipos de género) y acaban por instituirse como una constelación de categorías y criterios de selección para la perpetuación de conceptos, saberes aceptados y legitimados, desde los cuales este *metacurrículum* se retroalimenta y perpetúa.

La elección acerca de lo que debe "quedar afuera" (y esto no solo lo estamos pensando en términos de currículum) es siempre muchísimo más comprometida desde el punto de vista ontológico, gnoseológico y ético-político, que la elección de lo que "debe ser incluido". La amalgama de presupuestos que orientan estas decisiones en "negativo" es muchísimo más compleja, impenetrable y violenta que aquellas que se manifiestan de un modo más o menos explícito. Esta suerte de inaccesibilidad conceptual a la ideología que opera como fundamento de estas exclusiones la denominaremos *opacidad axiológica*, y aceptaremos, además, que es la característica definitoria de lo que hemos denominado *metacurrículum*.

Esta *opacidad axiológica* estaría constituida por todo el conjunto de valores/valoraciones no explicitadas, pero determinantes a la hora de trazar y construir un criterio de demarcación entre lo enseñable, lo pseudoenseñable y lo no enseñable en absoluto. Es opaca porque invisibiliza, obtura la posibilidad de acceso a esos valores que, al mismo tiempo, significan, imprimen

---

4    El destacado es nuestrx.

valores y operan, en términos psicoanalíticos, fantasmáticamente. Dicho en otras palabras, su presencia no es claramente visible, pero los efectos de su existencia sí lo son.

Llegadxs a este punto, parece obvio que una práctica pedagógica ecuánime deba exigirnos una revisión permanente de aquello que se acepta como enseñable, pero mucho más importante es que nos obligue a volver sobre aquello que ha quedado confinado al estatus de "residuo curricular" (lo negado, lo silenciado por los diseños oficiales) atendiendo especial y puntualmente a aquellas cosas que se decide *no enseñar* (sobre todo aquellas temáticas que son omitidas y/o silenciadas y que, en general, guardan estrecha relación con la problemática de la sexualidad, de la segregación por etnia o clase, la violencia, y la exclusión social). En este sentido, se impone la pregunta: *¿qué es realmente lo que se decide (decir) cuando se decide no enseñar determinados contenidos por considerárselos curricularmente irrelevantes?*

Así vemos como dentro de los planes de estudio de formación media o superior, por ejemplo en Filosofía, una materia como Teoría de Género no resulta significativa ni relevante en términos de problemática filosófica, pero sí es indiscutiblemente relevante una Teoría del Conocimiento. ¿En qué se funda esa decisión o, mejor dicho, esa no elección? ¿El CN es (o puede interpretarse) como una consecuencia (ideo)lógica del CI? ¿Existe "opacidad axiológica" en la relación CN-CE?, ¿Cuál es la carga "ideológica", si es que la hay, de este tipo de "omisiones"? ¿En qué sentido puede ser funcional, para la matriz ideológica hegemónica, la omisión de contenidos curriculares? ¿Cómo se conecta con la producción y la legitimación de saberes (también) hegemónicos, y la estigmatización de roles, por ejemplo, sexuales?

En otras palabras, podemos inferir que la carga ideológica de lo *no dicho* tiene sobre los sujetxs pedagógicxs un efecto (per) formativo muchísimo más potente y subjetivante que los contenidos expresados de manera explícita. De este modo, el currículum nulo acaba siendo mucho más que una dimensión del currículum: una efectiva y eficiente *tecnología de subjetivación* (Foucault, 1990) para la perpetuación del etnocentrismo, del patriarcado y de sus efectos de sentido en la praxis social: *machismo, micromachismo, violencia de género, cosificación de la mujer.*

## 2. Silencio epistemológico, violencia epistémica: una lectura filosófica

¿Cómo opera la producción de conocimiento?, ¿cuál es su papel en la legitimación en función de construcciones culturales, imaginarios sociales y prácticas efectivas?, ¿cómo nos convertimos en cómplices inocentes de todo un entramado de violencias que no logramos ver como tales y, particularmente, cuán comprometida está la práctica docente en la perpetuación de un sistema que, por naturaleza, debe ser "excluyente" para poder reproducirse? Veamos ahora cuáles son las estrategias y construcciones "míticas" que nos siguen atravesando y constituyendo como sujetxs de ese juego de "exclusiones".

## 2.1. La ideología como violencia y la violencia como ideología

Ahora bien, ¿por qué hablar de violencia epistémica y no simplemente de violencia sexista? En primer lugar, porque nuestro concepto de "violencia epistémica" pretende dar cuenta, más que de una situación contingente y fácilmente desmontable, de un modo de institucionalización de la matriz ideológica del patriarcado, por medio de un entramado que articula lo discursivo, lo no discursivo, lo disciplinario, la sexualidad y el saber. Y, en segundo lugar, porque creemos, siguiendo a Foucault (1990), que el "saber como dispositivo" es una de las estrategias más eficaces en el juego de las microviolencias.

Como decíamos anteriormente, la selección de los contenidos para un diseño curricular responden a varios criterios, entre los cuales el fundamental es que esos contenidos que se enseñen estén validados epistemológicamente, esto es, den cuenta de su "cientificidad". De esta manera, podemos anticiparnos e inferir que lo que no esté validado en términos epistemológicos, es decir, por la ciencia y sus propios criterios de cientificidad, es imposible que ingrese a los espacios de formación a través de los canales oficiales de definición de los contenidos.

Ahora bien, en el ámbito de las discusiones epistemológicas, una de las cuestiones más álgidas (entre otras) es la relativa al contexto de justificación de las hipótesis, y al problema de la demarcación. En otras palabras, ¿qué criterios son adecuados al momento de justificar la aceptación (o el rechazo) de una hipótesis científica? Problema que se complejiza en el ámbito de las ciencias fácticas y, muy particularmente, en el ámbito de las ciencias sociales. Más allá de los debates actuales en torno a estas cuestiones —que no trataremos aquí—, lo cierto es que a la base de estas decisiones, y de estos criterios, se encuentran una serie de valores que son denominados "valores epistémicos". Es decir, ¿qué es lo que convierte en "valiosos" a determinados saberes en detrimento de otros, imprimiéndoles justamente el estatus de "conocimiento" a unos y denegándoselo a los otros?

Primero que nada, dejaremos claro que no deben confundirse los valores epistémicos con los valores morales. Estos prescriben un "deber ser" en relación con la praxis moral (*ethos*), mientras que los primeros deben ser entendidos como valores cognitivos que vuelven "valiosa", es decir, epistemológicamente adecuada a la teoría. Estos valores son *verdad, simplicidad, coherencia, capacidad explicativa y predictiva.*

Autores como Moore (1903) sostienen la imperiosa necesidad de no confundir estos valores con los valores morales, ya que, de hacerlo, se incurriría en la falacia naturalista, es decir, en la presunción de que los valores epistémicos son del mismo orden que los valores éticos, siendo que los primeros son descriptivos, mientras que los segundos son claramente prescriptivos. Así pues, lo que otorga valor a una teoría para que pueda esta luego ser validada epistemológicamente es su (veracidad) "verdad", definida canónicamente como isomorfismo. Esto es, la "correspondencia" entre el plano lingüístico (proposiciones) y el plano ontológico (hechos/entidades). No podemos dejar de mencionar que este criterio presupone fuertemente el acceso, en términos de conocimiento verdadero, a lo real, el cual implica una fuerte diferencia entre distintas concepciones acerca de lo que la ciencia puede validar como conocimiento estricto.

Ahora bien, los valores epistémicos juegan un papel preponderante en el circuito de las decisiones en torno a la aceptabilidad o no de una hipótesis empírica, justamente porque promueven y alientan estas decisiones sobre el carácter epistemológico de nuestras descripciones respecto de un "estado real de cosas", es decir, lo que llamamos "realidad".

Para decirlo de otra manera, los valores epistémicos están en la base de las decisiones sobre la aceptabilidad o no de las teorías, pero no las determinan de modo directo. Esto es, solo aceptando que lo real es accesible a los sentidos (objetividad) y que los sentidos son una fuente confiable de conocimiento o, al menos, que podemos arbitrar acuerdos desde cierto psicologismo inocuo sobre la "verdad" (convencionalismo) de los enunciados empíricos básicos, podemos aceptar que cierta evidencia empírica juega un papel confirmatorio o no de aquello que se propone como hipótesis de respuesta a una pregunta epistémica.

El punto es que estos valores le imprimen (o mejor dicho pretenden hacerlo) a nuestras intenciones de conocimiento, la "certeza" de que aquello que producimos como descripción (pretendidamente) objetiva y verdadera del mundo_lo es porque posee un carácter claramente racional, puesto que, si nuestra motivación no fuese del orden de la producción de conocimiento, bastaría con elucubrar relatos ficcionales con capacidad tranquilizadora frente a lo que se manifiesta como "desconocido", como ha sucedido con los mitos. Son entonces estos valores los que demarcan, claramente, qué debe aceptarse como conocimiento y qué debe descartarse, ya sea porque no satisface el criterio de verdad (isomorfista), o bien porque no responde a determinadas exigencias de *racionalidad científica*, entendida como capacidad de argumentación lógica o susceptible de ser reducida a un esquema algorítmico.

Ahora bien, la pregunta obligada es: ¿cómo se definen esos valores? ¿Qué es lo que convierte a un "valor" en epistémico? ¿Quiénes definen dichos valores? Y, si esos valores son "connaturales" con la racionalidad científica, ¿qué es entonces lo que debemos entender por racionalidad científica o simplemente "racionalidad"? Racionalidad que, por su parte, sigue siendo básicamente entendida como racionalidad moderna.

En resumen, ¿qué debemos entender por *valores (epistémicos), racionalidad y razón moderna*, ya sea desde la perspectiva canónica, como también más allá de los relatos hegemónicos que legitiman dicha *concepción de racionalidad*?

Volviendo a los debates epistemológicos más álgidos, uno de ellos tiene que ver con la cuestión de la "neutralidad valorativa" en ciencia. Esta cuestión tiene dos dimensiones:

a) la neutralidad/objetividad del científico[5] que trabaja en determinada investigación, esto es, su capacidad de "no contaminar su investigación con elementos emocionales, o personales";

b) la diferencia entre "hechos/valores" que permitiría (o no) justificar la "objetividad" de una serie de "observaciones", por ejemplo, confirmatorias. En otras palabras, ¿observamos "hechos puros" o reconocemos a algo como un "hecho" a partir de un conjunto de valores que vuelven "significativo", para la teoría, cierto acontecimiento?

Tomemos el siguiente (enunciado descriptivo) del hecho: "Juan ha golpeado a su mujer". De este enunciado no podemos inferir "Juan es violento", ya que, para poder realizar dicha inferencia, deberíamos partir de una premisa axiológica del tipo "es malo golpear a una persona". Según la posición en virtud de la cual solo podemos constatar el hecho "fáctico" de la golpiza. Derivar de ese hecho un juicio de valor implicaría incurrir en una falacia que atenta contra la "neutralidad" de la observación (y su consecuente valor epistémico), es decir, no podríamos ofrecer una justificación lógica o "racional" de dicha conclusión. Esta postura cuyo origen se remonta a Hume establece una clara distinción entre juicios descriptivos y juicios de valor. Esta dicotomía delimita con claridad cuál "debe ser" el registro discursivo de la ciencia y cuál el de la ética. La ciencia elabora teorías que describen "lo que es" (hechos, *factum*), mientras que la ética centra sus desarrollos teóricos en "el deber ser" (valores morales).

---

5   Nótese que *no hemos usado* la "x" ya que la cuestión acerca de la capacidad de las mujeres para "hacer (o no) ciencia" implica en este punto debates álgidos.

Ahora bien, ¿esta dicotomía no presupone ya, en sí misma, un "juicio de valor"? Entendemos que no solo presupone un juicio de valor, sino que simultáneamente ese y otros juicios de valor se fundan en una matriz ideológica que les otorga inteligibilidad; o, para decirlo con otras palabras, un valor epistémico es siempre ideológico. Pero ¿qué es la ideología?, ¿no es acaso la actividad científica, un quehacer "separado" de lo ideológico? El concepto de "ideología" no es un concepto unívoco ni se encuentra a salvo de un ideario que ha demonizado, precisamente, este concepto, tomándolo como sinónimo de "falsedad".

Enrique Marí, en su prólogo a *Neopositivismo e ideología*, pone en contexto este debate acerca de la tensión existente entre "ideología" y "conocimiento científico", mostrándonos los peligros de su radicalización, es decir, de caer ya sea en una mirada ingenua sobre la absoluta independencia entre los problemas y demandas sociales y la ciencia, o de suponer que toda actividad científica no es más que una mascarada de los intereses económicos del liberalismo más perverso. En su lugar propone superar la disyuntiva comprendiendo a la actividad científica como un saber "posicionado socialmente"[6] y condicionado por su propio contexto.

En otras palabras, los valores que rigen la praxis científica no son valores "naturales", sino sociales. Estos valores, como el carácter "público" del conocimiento, es decir, su "comunicabilidad", su accesibilidad, objetividad, perfectibilidad, etc., son el producto de un *ethos* científico, que se genera, dentro de las instituciones científicas, bajo la forma de "normas", es decir, prescripciones (metodológicas), proscripciones, preferencias, permisos, etc., legitimados sobre la base de valores institucionales e institucionalizados. Y, como se sabe, toda institución se funda sobre un imaginario instituyente que define e inventa ciertas "realidades" (paradigmas o arquetipos) que permiten fundar y legitimar ciertos valores por sobre otros.

Así, nadie sospecharía, en principio, que la ciencia, *la actividad racional por excelencia*, es un discurso sesgado por el sexismo y donde lo femenino es recluido, excluido, marginado por su carácter intrínsecamente irracional que, incluso, llega a limitar claramente el acceso de las mujeres a la actividad científica.

Permítasenos aclarar que no pretendemos caer en el absurdo de las hipótesis conspiracionistas, al suponer que toda actividad y producción científica está orientada al ejercicio de la exclusión, sino que tratamos de mostrar *la urgencia y necesidad de revisar algunos supuestos* que siguen manteniendo como efecto de sentido, en la dimensión de la praxis, posicionamientos que inducen a la exclusión, puesto que se fundan en ella. La negativa a poner bajo

---

6   Las epistemologías feministas hablarán de "saberes situados". Ver el capítulo I.

revisión el supuesto de una racionalidad "no contaminada por la irracionalidad de lo social" es, en sí misma, una proyección ideológica, con efectos sobre lo social que resultan —ellos mismos— "irracionales".

Pero continuemos con nuestro análisis del concepto "ideología". Žižek (2000), siguiendo a Hegel, propone comprender "la ideología" (y para no perder de vista su valor cognoscitivo) desde tres ejes: a) la ideología como complejo de ideas (teorías, convicciones, creencias, procedimientos argumentativos); b) la ideología en su apariencia externa, es decir, su materialidad, lo que Althusser llama Aparatos ideológicos del Estado; y c) el terreno más elusivo, la ideología "espontánea" que opera en el centro de la "realidad" social en sí. De acuerdo con Barthes (1950), enfatiza la noción de ideología como "naturalización" del orden simbólico; esto es, como la percepción que reifica los resultados de los procedimientos discursivos en propiedades de la "cosa en sí", con lo cual podemos ver que la "realidad" estudiada por la ciencia de manera "objetiva" no sería más que una reificación (ideológica) de los procedimientos discursivos, que provienen en este caso del mismo discurso científico. Žižek sostiene lo siguiente:

> ... no se puede trazar una clara línea de separación entre los niveles descriptivo y argumentativo del lenguaje: no existe el contenido descriptivo neutral; una argumentación exitosa presupone la invisibilidad de los mecanismos que regulan su eficacia (...) una de las estratagemas fundamentales de la ideología es la referencia a alguna certeza manifiesta: "¡Mira, puedes ver por ti mismo cómo son las cosas!". "Dejemos que los hechos hablen por sí mismos" es quizás el archienunciado de la ideología: la cuestión es, precisamente, que los hechos nunca "hablan por sí mismos", sino que una red de dispositivos discursivos los hace hablar. Basta recordar la conocida película antiabortista [El grito silencioso]: allí "vemos" a un feto que "se defiende", que "grita", etc.; y, sin embargo, lo que "no vemos" en este acto mismo de ver es que "vemos" todo esto contra el fondo de un espacio preconstruido discursivamente. [Y siguiendo a Laclau agrega] el significado no es inherente a los elementos de una ideología como tal, sino que estos elementos funcionan, más bien, como "significantes flotantes" cuyo significado es fijado por el modo de su articulación hegemónica (2000).

De esta manera, para el discurso epistemológico clásico, los "valores epistémicos" cumplen esta función de "significantes flotantes" articulando un "sentido" que hace inteligible determinados "hechos" y no otros a cierto tipo de racionalidad. Así, pues, es un "hecho" que los sexos son "naturalmente" dos, que —en consecuencia— en la naturaleza solo hay "machos y hembras", que "el macho es superior en fuerza y capacidad a la hembra" y que las relaciones, por ejemplo, homosexuales son "antinaturales". En resumen, la ideología (y en especial el discurso científico, en cuanto "aparato ideológico") instituye un "deber ser" que luego "describe" como un "estado real (natural) de cosas", patologizando, segregando, y excluyendo todo aquello que no se "amolde" a "la realidad" (que es comúnmente aceptada como tal).

Otra consecuencia de esto es, también, que esta misma matriz ideológica significante construye no solo "la realidad", sino el modo correcto de acceso epistémico a esa realidad, definiendo qué es la racionalidad, en cuanto facultad de conocimiento. Recordemos que solo será "enseñable" aquello que haya sido epistemológicamente legitimado.

En la actualidad, con el auge de los estudios poscoloniales, filósofos como Dussel han desarrollado la tesis del "mito de la razón moderna", mostrando su carácter intrínsecamente falaz, tanto desde su génesis histórica como desde su (presunto) fundamento geopolítico. Estos aportes nos permiten entender no solo la dimensión ideológica del concepto moderno de "racionalidad (científica)", sino su modo violento y legítimo de operar.

> Si se pretende superar la Modernidad hay que negar la negación producida por el mito de la Modernidad, esto es, afirmar la alteridad del otro negado y negar la inocencia de la Modernidad, des-cubriendo la otra cara oculta y esencial a la "Modernidad": el mundo periférico colonial, el indio sacrificado, el negro esclavizado —y, agregamos, la mujer explotada e invisibilizada— (Dussel, 2005).

Según Dussel, para poder comprender en toda su dimensión este mito, tenemos que partir del concepto de "Europa" como ficción ideológica. Esto nos obliga a una revisión histórica que nos permite poner en evidencia "la falacia" en la que se sostiene el relato histórico oficial que nos muestra a "Europa" como la "cuna de la civilización occidental", cuyo origen directo es Grecia y, a partir del cual se pretende justificar, simultáneamente, su etnocentrismo y superioridad respecto de la periferia (por ejemplo, América Latina). No nos detendremos en la genealogía revisionista propuesta por Dussel, sino solo en las características que la "racionalidad moderna" pone de manifiesto, como *Ego cogito* y, fundamentalmente, *Ego conquiro*. El "Yo conquisto" sería, según Dussel, la verdadera cara de la modernidad antes que el *Ego cogito* o "yo pienso".

> ... aunque toda cultura es etnocéntrica, el etnocentrismo europeo moderno es el único que puede pretender identificarse con la "universalidad-mundialidad". El "eurocentrismo" de la Modernidad es exactamente el haber confundido la universalidad abstracta con la mundialidad concreta hegemonizada por Europa como "centro".

El *ego cogito* moderno fue antecedido en más de un siglo por el *ego conquiro* (Yo conquisto) práctico del hispano-lusitano que impuso su voluntad (la primera "Voluntad-de-Poder" moderna) al indio americano (Dussel, 2005).

La modernidad, al descubrir el *cogito*, descubre su capacidad de dominar la naturaleza (las mujeres, la otredad, etc.), es decir, de conocer sus leyes, y así dominarla y controlarla. Sin embargo, esta idea de dominio no es tan inocente como pretende hacer ver el relato hegemónico, sino que, en rigor, este dominio sobre la naturaleza es literalmente un ejercicio de sojuzgamiento vehiculizado por la violencia física. Nos dice el autor que sí la modernidad tiene un núcleo fuerte *ad intra*, como "salida de la minoría de edad", tiene también otro, *ad extra*, que se realiza en el ejercicio violento de la negación de "Otro" que ella misma oculta a sus propios ojos.

… la "Modernidad" es justificación de una praxis irracional de violencia. El mito [que sostiene la modernidad] podría describirse así: 1) La civilización moderna se auto comprende como más desarrollada, superior (lo que significará sostener sin conciencia una posición ideológicamente eurocéntrica). 2) La superioridad obliga a desarrollar a los más primitivos, rudos, bárbaros, como exigencia moral. 3) El camino de dicho proceso educativo de desarrollo debe ser el seguido por Europa (es, de hecho, un desarrollo unilineal y a la europea, lo que determina, nuevamente sin conciencia alguna, la "falacia desarrollista"). 4) Como el bárbaro se opone al proceso civilizador, la praxis moderna debe ejercer en último caso la violencia si fuera necesario, para destruir los obstáculos de la tal modernización (la guerra justa colonial). 5) Esta dominación produce víctimas (de muy variadas maneras), violencia que es interpretada como un acto inevitable, y con el sentido cuasi-ritual de sacrificio; el héroe civilizador inviste a sus mismas víctimas del carácter de ser holocaustos de un sacrificio salvador (el indio colonizado, el esclavo africano, la mujer, la destrucción ecológica de la tierra, etcétera). 6) Para el moderno, el bárbaro tiene una "culpa" (el oponerse al proceso civilizador) que permite a la "Modernidad" presentarse no solo como inocente sino como "emancipadora" de esa "culpa" de sus propias víctimas. 7) Por último, y por el carácter "civilizatorio" de la "Modernidad", se interpretan como inevitables los sufrimientos o sacrificios (los costos) de la "modernización" de los otros pueblos "atrasados" (inmaduros), de las otras razas esclavizables, del otro sexo por débil, etcétera (Dussel, 2005).

¿Cómo deberíamos operar, entonces, para volver a hacer visible la Otredad, dentro de la cual debe incluirse también a las mujeres blancas? Deconstruyendo esta mitología de la violencia moderna, amparada en la ficción ideológica de la racionalidad. En resumen, deconstruyendo el concepto hegemónico de "racionalidad".

Retomando ahora la cuestión de la "violencia", nos interesa mostrar cómo esa violencia "moderna" sigue vigente bajo formas más sofisticadas y menos perceptibles, es decir, nos preocupan fundamentalmente dos cuestiones puntuales: (a) la conceptualización de "violencia" y las dimensiones a través de las cuáles se ejerce, y (b) los efectos de sentido, en cuanto significado (significatividad), que tiene el "silencio", la "ausencia" o el "no decir" (Spivak, 1990).

En su análisis sobre los diferentes tipos de violencia, Žižek (2006) menciona tres modalidades de la "violencia": la violencia subjetiva, la violencia objetiva y la violencia sistémica. Las razones de esta clasificación responden, según el autor, a lo siguiente:

> En vez de enfrentarnos a la violencia de manera directa, presentaremos miradas de soslayo. Hay razones para mirar al sesgo el problema de la violencia. Mi premisa subyacente es que hay algo inherentemente desconcertante en una confrontación directa con él: el horror sobrecogedor de los actos violentos y la empatía con las víctimas funcionan sin excepción como señuelo que nos impide pensar. Un análisis desapasionado de la tipología de la violencia debe, por definición, ignorar el impacto traumático. Pensemos en el falso sentido de urgencia que domina el discurso humanitario liberal-progresista sobre la violencia: en él la abstracción y la (pseudo)concreción gráfica coexisten en la representación de la escena de violencia (…). Hay un límite antiteórico fundamental en estas acotaciones de urgencia. No hay tiempo para reflexionar, hay que actuar ahora.

A estas presentaciones "efectistas" de la violencia, Žižek las denomina "violencia subjetiva" y advierte que debemos resistirnos a la "fascinación" que ellas producen. El horror frente a las imágenes de la violencia ejercida por los actores sociales, individuos malvados, etc., es "simplemente" el modo más visible de violencia, pero no es el único. Hay dos tipos más de violencia: la objetiva y la sistémica. El concepto de violencia "objetiva" encuentra su cuño conceptual en Marx y se caracteriza por ser una abstracción, pero el problema no es que sea solo una abstracción, sino que se constituye como "real" en la medida en que determina la estructura de los procesos materiales sociales:

La danza metafísica autopropulsada del capital (es) lo que hace funcionar el espectáculo, lo que proporciona la clave de los procesos y catástrofes de la vida real. Es ahí donde reside la violencia sistémica fundamental del capitalismo, mucho más extraña que cualquier violencia directa socioideológica: esta violencia no es atribuible a los individuos concretos y malvados, sino que es puramente 'objetiva', sistémica, anónima. Aquí se halla la diferencia lacaniana entre "realidad" y lo "Real": La realidad es la realidad social de las personas concretas implicadas en la interacción y en los procesos productivos, mientras que lo real es la lógica espectral, inexorable y "Abstracta" del capital que determina lo que ocurre en la "realidad social" (Žižek, 2006).

Más adelante, analiza el fenómeno de la violencia en el lenguaje y señala dos cuestiones que merecen ser destacadas: a) la denegación fetichista y b) el miedo a la sobreproximidad del Otro.

La primera puede definirse como el antiaxioma del kantiano *sapere aude*, es decir, podríamos traducirlo como "sé, pero no estoy dispuesto a hacerme responsable por lo que sé, ni de las consecuencias de ese saber, por lo tanto, sé, pero actúo como si no supiera". La segunda tiene que ver con el aspecto amenazante de la Otredad. Aspecto que queda evidenciado, creemos, con claridad en el trasfondo del problema moderno del "solipsismo". Dicho de otra manera, "sé que el Otro es conciencia, igual a mí, aun en su diferencia; pero como no tengo conciencia de su conciencia, con la misma claridad y distinción que tengo conciencia de mi propia conciencia, ergo, no es claro y distinto que el otro sea, otro (como) yo".

Este temor puede explicarse (en términos psicoanalíticos) como el temor al deseo del Otro. Es decir, si definimos al deseo como deseo de *saber qué se desea*, y lo que se desea es aquello que de alguna manera le devuelve al sujeto (castrado/incompleto) su completitud, el otro como deseo, desea lo mismo que yo (es decir, el acceso a un saber del que no hay saber posible) y ese deseo, entonces, puede ponerme en la incómoda situación de preguntarme *¿quién soy?*, respuesta que presupone un saber, del cual no hay saber posible. Si llevamos esta situación de nuevo al descubrimiento del *Ego cogito* podríamos sospechar que Descartes se hace la pregunta, pero se la responde de modo tal que no haya *Otro Cogito*, reconocido como tal, que también me lo pregunte, pues en la imposibilidad de la comunicabilidad de la reflexividad de la propia conciencia, el Otro vería "mi estado de castración", lo que se traduce, en términos epistémicos, como la asunción de la carencia de la verdad. Para evitar esto, lo mejor es alejar al Otro y cercarlo simbólicamente, esto es, "definirlo como Otredad subalterna", como "inferioridad" puesto que aceptarlo como un igual es aceptar el riesgo de mirarnos en el espejo que le devuelve al "narciso racional y moderno" su imagen incompleta.

Para evitar que estos muros simbólicos que protegen al Sujeto, instituido como norma, se desintegren, cada cultura se autoinstituye como central. Así, esta violencia "subjetiva" es el resultado de una "violencia sistémica" que pretende poner a resguardo el capital (en este caso cultural) y sus modos de circulación. El lenguaje, en cuanto sistema de signos, la palabra como tal, no puede circular por fuera del cerco simbólico que protege lo instituido como norma, pues se pone en peligro justamente esa economía de significantes y significados. Asumir que el Otro tiene "palabra", "voz", implica reconocerlo como portador de sentidos que pueden entrar en conflicto con los sentidos hegemónicos y, en consecuencia, hacerlos peligrar en su estatus hegemónico; por ello mismo, para evitar esta amenaza, se lo silencia.

Si bien el acto mismo de nombrar es en sí violento puesto que supone, en términos hegelianos, la acción negatriz sobre la cosa; cuando la cosa no es ni siquiera nombrada, opera sobre ella una negación aún más violenta, porque si aceptamos que el lenguaje es performativo, esto es, instituye "la realidad", el ser nombrado del modo que sea otorga "realidad", mientras que el no ser nombrado implica quedar fuera del mercado simbólico, del circuito de sentidos posibles. Por ello mismo, es mucho más violento puesto que es un nombrar fantasmático, que nombra desde el silencio, desde la invisibilización. Y, al hacerlo de este modo, la otredad queda entrampada en una dimensión ininteligible para los Sujetos normalizados dentro de un determinado régimen de verdad.

> Lo que es importante en una obra es lo que no se dice. Esto no es lo mismo que la formulación descuidada: "lo que rechaza decir", aunque ello también sería en sí interesante: se puede construir un método acerca de ello, con la tarea de medir los silencios, sean o no reconocidos [y *reconocibles*]. Pero más bien lo que la obra no puede decir es lo importante, porque allí se lleva a cabo la elaboración del mensaje, como en una especie de camino hacia el silencio (...). Dentro del trayecto borrado del sujeto subalterno, las huellas de la diferencia sexual están doblemente borradas. No se trata de la participación femenina en la insurgencia, ni tampoco de las reglas básicas en la división sexual del trabajo, aunque para ambas cuestiones haya "pruebas". La cuestión es más bien que, ya sea como objeto de la historiografía colonialista, ya sea como sujeto de la insurgencia, la construcción ideológica del género [*gender*] conserva lo masculino como dominante. Si en el contexto de la producción colonial el subalterno no tiene historia y no puede hablar, cuando el

subalterno es una mujer se encuentra todavía más profundamente en las sombras (Spivak, 1990).

Este ejercicio de ocultamiento e invisibilización de "lo femenino" podemos verlo claramente en la historia de la Filosofía.

## 2.2. La mujer es solo un varón castrado: la invisibilidad vista desde el feminismo de la diferencia

En su trabajo *Speculum*, L. Irigaray pone en práctica una serie de lecturas reveladoras respecto del sesgo de género presente tanto en el psicoanálisis freudolacaniano como en sus fundamentos filosóficos, desde Platón en adelante. La tesis Irigariana sostiene que el concepto de subjetividad debe comprenderse como una construcción exclusivamente masculina, con lo cual en la reconstrucción historiográfica "oficial" de la filosofía se haría manifiesta la existencia de una episteme (ideología) patriarcal tendiente a la invisibilización de lo femenino. Parece pertinente, entonces, preguntarse cuáles son, para Irigaray, los dispositivos que hacen factible dicha invisibilización.

Irigaray parte de la siguiente proposición: "Toda teoría del sujeto se ha adecuado siempre a lo masculino", lo cual apoya la idea de Spivak (1990): "la construcción ideológica del género [*gender*] conserva lo masculino como dominante". Ahora bien, ¿cómo se instrumenta esta construcción?

Ante la crisis del sujeto moderno, encontramos, siguiendo el hilo histórico, un descentramiento, una fragmentación. Las corrientes posmodernas ya no hablarán del Sujeto, sino de sujetos, denominación que parece promisoria para un feminismo de la diferencia como el que propugna Irigaray. Sin embargo, a su entender, este descentramiento o fragmentación del sujeto moderno no sería más que una multiplicación, "una división fantasmática (es decir, no real) que extrae su fuerza del mismo modelo, del *modelo (de lo) mismo*: el sujeto". Según Irigaray (1974), la invisibilización de la mujer sigue siendo el punto de contacto, entre los enfoques más contrapuestos y pretendidamente superadores de la tradición. Invisibilización que se opera desde el lenguaje, es decir, desde lo simbólico: el discurso. Es el *discurso* el que se instituye como el principal dispositivo de esta exclusión de lo "femenino". Así, a su entender y, dentro de lo que se ha dado en llamar *la lógica de lo mismo*, todo aquello que *es* (existe), es idéntico a sí mismo (principio de identidad). De aquí que *lo Otro* no pueda ser pensado, a menos que sea reducido a lo Mismo, esto significa que lo otro (alteridad) solo puede volverse inteligible dentro de la lógica de sentido vigente, o sea, la lógica de la "Mismidad", con lo cual la mujer es reducida a ser lo no idéntico de lo Mismo, su negación, su opuesto, su contrario.

El sujeto masculino es el axioma de partida, y lo otro se comprenderá entonces como su negación, como su contrario. Recordemos que, en este registro, la contrariedad debe comprenderse como la imposibilidad (lógica, esto es, racional) de que dos proposiciones sean simultáneamente verdaderas. Con lo cual si 'A' (lo masculino) es verdadero, esto implica necesariamente que '-A' (la negación de lo masculino [lo femenino]) es falso.

Este binarismo lógico tiene como consecuencia un fuerte compromiso ontológico que permitiría, a entender de la autora, la "negación" de lo femenino. Dicho en otras palabras, si el varón (lo masculino) se autoinstituye como lo que es saber de sí (autoconciencia), como Razón (*logos*) y como Norma (*nómos*), luego, lo Otro del varón (la mujer) es simultáneamente lo otro de la norma, lo Otro de la razón y lo a-lógico, lo que no tiene un *logos* (discurso) capaz de expresarla en su ser Otro. No nos olvidemos de que en la base de esto funciona la distinción sujeto-objeto. El sujeto es quien conoce, el objeto es aquello que no conoce, pero es conocido por el sujeto. Para comprender mejor los compromisos óntico/ontológicos que tiene este binarismo lógico, tomemos, por ejemplo, a Heidegger, quien definía al Otro solo como aquel en el que puede ser encontrado el *sí Mismo*, el doble de un *yo* que se reconoce (especularmente) en la mismidad. El Otro es un doble del propio yo o del *sí-mismo*; es un yo *interpretado* a imagen y semejanza del propio yo.

Retrocediendo un poco en la historia (de lo Mismo), Hegel disuelve la dicotomía sujeto-objeto. Sin embargo, según Irigaray, esto no resulta en beneficio de lo *femenino*, ya que, si bien la distinción desaparece en la fusión entre sujeto y objeto, la categoría de conciencia —central en el pensamiento hegeliano— será, ahora, la encargada de preservar el ocultamiento de lo femenino. Por su parte, Hegel, en la *Fenomenología del espíritu*, de 1807, la lucha por el reconocimiento obtiene su sentido en el acto mismo de arriesgar la propia vida.

La lucha a muerte por el reconocimiento es condición necesaria para el devenir conciencia, y superar, así, el estado de animalidad o de naturaleza (que debe entenderse como equivalente a la noción de objeto), ya que lo propio del animal es el instinto de conservación de la especie y el de autopreservación.

Sin embargo, en esta dialéctica, pese a lo que supondríamos, y como ya señaló S. de Beauvoir (1949), la mujer no puede ser asimilada al esclavo, pues ella no ha sostenido con el varón una lucha a muerte, no ha puesto en riesgo su vida; por el contrario, ella es quien engendra y da vida. Así, el arriesgarla supone la trascendencia de la animalidad (objetivación o cosificación); el darla, en cambio, supone un estado de *permanencia* en dicha animalidad.

En consecuencia, la mujer no deviene conciencia (*ser-para-sí*), sino que, por el contrario, se conserva *ser-en-sí*. Ella es lo Otro de la *conciencia de sí* que, como hemos visto, sigue siendo masculina. Hegel, al negar la posibilidad de devenir conciencia a aquello que no supera el *en sí* (en este caso puntual, la mujer), deja claro que lo que no es conciencia (*saber-de-sí*) es desconocimiento de sí, inconsciencia, carencia de discurso.

Con todo, Irigaray encuentra aquí otra consecuencia interesante. Lo que no es saber *de sí* (la naturaleza) debe ser, entonces, saber *para otro*, un saber que *le pertenece* a otro. Aquello que es conciencia de sí (el sujeto masculino) es conciencia, simultáneamente, de lo que *no es* él Mismo. En otras palabras, la naturaleza no se sabe a sí misma, pero es aquello en lo cual el *saber de sí* (la conciencia) encuentra resistencia y oposición. Lo que es en-sí (el objeto, la cosa) es aquello en lo cual la conciencia descubre que eso Otro de sí (mismo) es, simultáneamente, algo *para sí* (para él), lo que lo convierte rápidamente en objeto de su apetencia: el objeto es, por definición, lo *en sí* que no es *para sí*; es *para otro*.

El problema de la invisibilización de lo femenino no disimula sus implicaciones, en especial, cuando la forma dada al discurso surge de los intereses de la subjetividad masculina que, según Irigaray, está guiado, en su construcción, por conceptos de identidad de género, extraños a los deseos e intereses de las mujeres, subsumiendo, asimilando y disolviendo lo *diferente* en lo *Mismo*. Ahora bien, si el discurso dominante es *logos* de lo Mismo, de lo masculino; ¿qué discurso será, entonces, capaz de decir, de enunciar la diferencia? Para Irigaray, es evidente que ese discurso no será el falologo-céntrico, puesto que su sintaxis es encubridora, dominante y disolvente; es un lenguaje sistematizado *por y para* lo Mismo (el varón). El término "falologocéntrico" conjuga tres conceptos: lo fálico como representación de "lo masculino"; el *logos*, en su sentido filosófico, es decir, como aquello que otorga e imprime racionalidad o inteligibilidad a algo; y "centralidad" en cuanto criterio de significación que se instituye referencia última del sentido.

Por consiguiente, habrá que reinventar el lenguaje, procurarse algún tipo discurso de lo Otro: un *logos* capaz de enunciar la diferencia. En la medida en que este tipo de demarcaciones aún no existen, debemos procurárnoslas de alguna manera.

La mujer ha sido condenada al silencio, simplemente, porque el discurso que ella puede enunciar no es un discurso propio; es una resonancia, un eco de la amalgama de significados que provienen de la lógica falologocéntrica (equivalente al discurso de lo Mismo). Se le ha denegado el acceso a un *logos* que es impotente para decir lo que *Ella* es, sin reducirla a un reflejo imperfecto y extraño del varón.

Aristóteles afirmaba respecto de la mujer que "no solo era un varón defectuoso, sino además, un ser monstruoso". Por lo tanto, si la mujer es a-lógica, si el discurso que tenemos es incapaz de expresarnos como tales, dice Irigaray, habrá que operar una revolución insólita, ya que no es posible erigir una protesta con la misma clave discursiva que nos invisibiliza, pues la queja sería una queja muda, inaudible. Debemos, por tanto,

> poner todo *sentido* cabeza abajo, patas arriba, del revés. Convulsionarlo radicalmente (…) insistir así, deliberadamente, en esos blancos del discurso que indican el lugar de su exclusión /de lo femenino/ (…) reinscribirlos en *apartes* (…) que desmonten los modelos lógicos del lector-escriptor, que hagan a su razón desatinar (…) sin posibilidad alguna de un retorno a un origen (Irigaray, 1974).

Romper con ese discurso significa, pues, para la autora, desquiciar la sintaxis, haciéndola estallar, volviéndola impredecible, inefable, pero, fundamentalmente, inasimilable al *discurso de lo Mismo*, que no es otro más que el discurso de lo Masculino como único espacio de sentido.

El discurso de lo diferente exige, pues, a decir de Irigaray, hacer estallar los intersticios, los blancos del discurso hegemónico, allí donde se vuelve impotente para decir lo femenino. Esta microfísica del discurso debe insistir en esos blancos, en esos lugares donde no sabe qué decir o directamente reconoce sus propias limitaciones teóricas. Es allí donde debemos, según la autora, tratar de infiltrar un sentido propiamente femenino que desoriente al imperio falocrático (es decir, gobernado por lo fálico) y exaspere los signos de autorepresentación y autoperpetuación de lo masculino. La propuesta de Irigaray es, entonces, recapitalizar el lenguaje, pero sin renunciar por completo ni a todo espejo ni a todo sujeto. Ya que, al menos por el momento, *este* sujeto es con el único que contamos.

Sin embargo y a pesar de que la lectura Irigariana es claramente dilucidadora, no quisiéramos dejar de señalar algunas observaciones a su propuesta que, a nuestro entender, pueden resultar enriquecedoras al planteo que hemos venido desarrollando.

En primer lugar, la referencia constante a *lo femenino*, por parte de la autora, nos parece indicar una clara tendencia a la radicalización, una inclinación al esencialismo, respecto de qué debemos entender por *femenino*. Si bien Irigaray no presenta ninguna definición, parece suponerla sin explicitarla en ningún momento. De hecho, es ese supuesto el que le permite sugerir un discurso que lo enuncie. Puesto que, si lo femenino está encubierto, desdibujado e invisibilizado por el sentido del discurso falologocéntrico, significa que lo femenino existe como tal, aunque negativizado por la ideología patriarcal.

En segundo lugar, creemos poco prudente reificar o esencializar lo femenino, puesto que supondría la misma estrategia que retractamos. Volviendo a caer, por otro camino, en lo mismo, aunque invirtiendo el signo, la valoración. De este modo, nos encontraríamos instituyendo una nueva normatividad; con lo cual, un discurso así construido, correría el peligro de dejar afuera cualquier valoración novedosa que no haya sido, oportunamente, integrada al sistema. Es decir, podría sospecharse que este nuevo discurso (de lo Otro) opera obturando, igualmente, la posibilidad de fundar nuevos valores. Con lo cual se convertiría en un discurso de lo Otro que ha circunscripto de alguna manera, también *aprioristicamente*, qué debe entenderse por lo Otro.

Finalmente, más allá incluso de las críticas que pudieran formulársele al planteo Irigariano desde la perspectiva de los Estudios de Género, o incluso desde una posición antiesencialista, lo cierto es que no podemos dejar de destacar el valor que su aporte representa para cualquier ejercicio de reflexión, y análisis orientado a comprender (para luego actuar) los modos y modelos de la exclusión. Este es, a nuestro entender, el trabajo que logra la autora, al iluminar muchos de los supuestos que, desde siempre, han *fundado, legitimado* y *orientado* un pensar que excluye sistemáticamente a la Otredad, en cualquiera de sus dimensiones. Y como hemos venido viendo, una de esas dimensiones, es sin dudas, la que implica, y compromete a la producción de saberes y conocimientos. Es por ello que ese "Silencio epistemológico" acerca de la "diversidad de alteridades" es, sin dudas, uno de los silencios que con mayor urgencia debe comenzar a emitir palabras.

Un ejemplo claro de silencio epistemológico, lo encuentra Irigaray en su deconstrucción de los aportes más significativos del psicoanálisis freudolacaninano, mostrando, en esa deconstrucción, como la mujer ha sido (y sigue siendo) solo un varón castrado, sin entidad propia, es decir, lo que permanece es siempre, en última instancia, "la ausencia". La Ausencia de lo "Otro".

## 3. ¿Una didáctica excéntrica y (des)generada?

Sobre la base de la idea de que la producción teórico-científica, en general, y la implementación curricular, en particular, adolecen de ausencias y silencios, que se comprenden como un ejercicio de violencia epistémica desde el punto de vista de la perspectiva de género, nos proponemos explicar cómo la legitimación de ciertos saberes en detrimento de otros pone en evidencia un entramado de significaciones, de sentidos y de valores en relación con el conocimiento que soterran la "visibilidad" de aquello que queda definido como lo "Otro" en referencia a lo "Uno/Lo mismo" (Descombes, 1979).

Esta invisibilización, esta negación tanto en el caso de las mujeres, en especial, como también en otros tipos de alteridades, puede verse claramente en la producción teórica tanto de la filosofía como de la psicología y, en consecuencia, en los programas oficiales para su enseñanza y reproducción como discursos hegemónicos. Es por esta razón que, basándonos en los análisis de teóricas como Irigaray (1974) y Butler (1990), mostramos la marca casi indeleble de esos "silencios epistemológicos", su fuerte carácter de violencia epistémica y su capacidad performativa. Luego, a partir del relevamiento de estas marcas en los programas oficiales de enseñanza de Filosofía y Psicología (dentro de la cual aparece el psicoanálisis, aun cuando no pueda considerárselo "psicología" según sus fundadores), proponemos una serie de estrategias didácticas que apuntan a desarrollar un trabajo de deconstrucción de estos silencios dentro de estos espacios curriculares, intentando darle voz a esas ausencias.

La idea de excentricidad apunta justamente a eso, a que la didáctica discurra y opere por un margen que se aparta del androcentrismo, y dé lugar al reconocimiento de la diferencia, sin jerarquizar la diferencia de género. De ahí que esta propuesta pretenda ser, "excéntrica y des-generada".

## 4. La crítica de Irigaray al modelo "monosexual". Lo que se escucha cuando el silencio (epistemológico) habla

El complejo de Edipo es caracterizado como el conjunto organizado de deseos amorosos y hostiles que el niño experimenta respecto de sus padres. En su forma llamada positiva, el complejo se presenta como en la historia de *Edipo Rey*: deseo de muerte del rival que es el personaje del mismo sexo y deseo sexual hacia el personaje del sexo opuesto. En su forma negativa, se presenta a la inversa: amor hacia el progenitor del mismo sexo y odio y celos hacia el progenitor del sexo opuesto. De hecho, estas dos formas se encuentran, en diferentes grados, en la forma llamada *completa* del complejo de Edipo.

En su texto de 1924, Freud explica cuál es el camino que siguen los varones para resolver su complejo de Edipo. Así pues, afirma que la organización sexual infantil sucumbe ante la amenaza de castración, producto de la represión que se ejerce sobre él a partir del descubrimiento de su genital privilegiado (pene/falo) y su manipulación en la masturbación.

Recordemos que, para Freud, el término *falo* sirve para afirmar el carácter intrínsecamente sexual de la libido. El pene es, en la anatomía, su correspondencia biológica. Solo con J. Lacan el falo se convierte en un concepto central del psicoanálisis, señalando desde el primer momento la función simbólica del falo en el inconsciente y su lugar en el orden del lenguaje (*logos*).

La amenaza de la castración es desestimada por el niño, en principio, quien además conserva su *amor* por la madre. Esta incredulidad del niño es quebrada y sucumbe cuando observa los genitales femeninos por primera vez (descubrimiento de la diferencia sexual).

Contempla la zona genital de una niña y se *convence de la falta* del pene que posee, y del que está tan orgulloso. Esta observación de la *falta*, de alguna manera, le recuerda y le confirma, la efectiva posibilidad de la pérdida de su propio pene, en virtud de lo cual comienza a surtir efecto la amenaza de castración.

Aceptar la posibilidad de ser castrado y descubrir que la mujer "aparece" *ya* castrada pone fin a cualquiera de las dos posibilidades de satisfacción relacionadas con el complejo de Edipo:

a) la pasiva, ser amado por el padre y, como tal, *sustituir a la madre*;
b) la activa, amar a la madre del mismo modo que lo hace el padre y, en este caso, *sustituir al padre*.

Ambas suponen la pérdida del pene (falo): una por la vía del castigo (la masculina, en abierta competencia con el padre); la otra, mediante la premisa: *para ser amado como mujer, debe carecer de lo mismo que carece la mujer: el pene.*

Por lo tanto, si este tipo de satisfacción libidinal exige la pérdida del pene, *este complejo debe resolverse a favor de su conservación*, con lo cual el niño se aparta del complejo de Edipo. Comienza así la introyección de la autoridad paterna, centro del superyó y disolución del complejo de Edipo ante la amenaza de castración.

Ahora bien, ¿cuál es el camino seguido por el sujeto infantil femenino? En primer lugar, la diferencia morfológica, la diferencia anatómica (reduccionismo biologicista), implica una diferencia en la trayectoria de la disolución del complejo para el varón y para la niña aunque las fases de dicho desarrollo sean las mismas. "La anatomía es el destino", el clítoris de la niña se comporta, en principio, exactamente como el pene, pero, en ocasión de comparar su pequeño pene con el de un varón, nota la desventaja que motiva su sentimiento de inferioridad (envidia del pene). Durante algún tiempo, abriga la esperanza de que su "pequeño" pene crezca con ella (complejo de masculinidad). La niña no asume su *falta* como un carácter sexual propio, sino que explica esta *falta* como una pérdida del pene que alguna vez tuvo, a causa de la castración que asume como un hecho consumado; la niña, entonces, se asume como "castrada".

Esta falta no la hace extensiva a las otras mujeres, sino que supone en ellas (las mayores) la existencia de un órgano completo. Desaparece así, en la niña, el motivo que en el varón activa la formación del superyó. Lo que en el varón es amenaza, en la niña es una realidad.

Sin embargo, esta renuncia a la posesión del pene no es abandonada por la niña sin la búsqueda de una compensación, cambiando y reemplazando la idea de tener pene por la idea de tener un niño (con pene). Su complejo culmina con el deseo de recibir, como regalo, un niño del padre, deseo que no llega a cumplirse nunca y en virtud de lo cual el complejo es abandonado lentamente, a pesar de que estos deseos (pene-hijo) son guardados en el inconsciente y preparan a la niña para su ulterior función sexual, aunque según Freud confiesa, los procesos en la niña no son conocidos ni en forma satisfactoria ni completa (Freud, 1924).

Recordemos que la tesis de *Speculum de la otra mujer* (1974) es: "Toda teoría del sujeto se ha adecuado siempre a lo masculino". En el capítulo cuarto de esta obra, la autora realiza una crítica puntillosa del texto de Freud de 1924. El capítulo se titula "Una 'causa' más: la castración". Pero nos preguntamos: ¿una *causa más* de qué?; y ¿por qué la castración?

Irigaray toma como punto de partida la hostilidad que la niña siente hacia su madre, fase en la cual la niña abandona su objeto primario de amor (la madre) y comienza a realizar el desplazamiento hacia la figura del padre. De esta manera, estaríamos presenciando cómo la niña resuelve su complejo de Edipo. Ahora bien, ¿qué es lo que *causa* esta hostilidad de la niña hacia su madre?

> Pues bien hemos descubierto que dicho factor se encuentra justamente allí donde esperábamos encontrarlo (...) es decir en el complejo de castración (...) lo que nos pareció *extraño* fue constatar que la niña reprochaba a su madre el no haberle dado un pene y que la consideraba responsable por ello (...) podríamos citar en extenso a Freud cuando se refiere a la sexualidad femenina apelando a un recurso un tanto unívoco (como) la anatomía para explicar una economía psíquica (...). Así la niña reprocha a la madre su carencia de pene (...) se da cuenta inmediatamente de la diferencia (¿sexual?) y comprende toda su importancia. Sensible al prejuicio que se la inculcado de no tener "una cosita" igual, y a partir de allí la "envidia" por el pene se apodera de ella. Envidia que dejará huellas imborrables en su evolución (Irigaray, 1974).

A partir de este punto, Irigaray empieza un juego conceptual que parte del hecho de "ser visto", "ver". La niña ve que no posee "esa cosita" y, al mismo tiempo, es "vista" como carente de esa "cosita" que parece ubicarla en un lugar de inferioridad. Ver y ser vista como castrada. Como desposeída de ese elemento privilegiado que es el pene (falo).

Esta mirada, dice Irigaray, es una mirada falo-logo-céntrica. ¿Qué significa esto? La mirada es fálica, recordemos, porque lo único que es capaz de "ver" es la presencia, o no, del falo (en este caso su correspondiente anatómico el pene). El término *logos*, nuevamente, tomado en su acepción clásica, como dador de sentido, coherencia y racionalidad, y también como discurso (racional). Y *céntrica*, en la medida en que se (auto)instituye como única significadora o, dicho de otra manera, como la única (mirada, sentido, significante) posible.

Entonces, ¿por qué la mirada tiene que ser falologocéntrica? ¿Por qué el falo (o su correspondiente anatómico el pene) debe ser el significante primordial? La respuesta de Irigaray es taxativa, porque el análisis que Freud hace del desarrollo libidinal es androcéntrico y está predeterminado por los ideales patriarcales.

De esta manera, el desarrollo es "leído" desde una subjetividad típicamente masculina que, a su vez, se instituye como "normal" y normativa. Lo que no sigue por este sendero es lo "a-normal", lo que transita por fuera de la "norma", y este lugar es el de lo femenino. La mujer es lo Otro del varón, lo otro del Sujeto.

Cuando Irigaray habla de la mirada falologocéntrica, habla de esa mirada que "ve" una falta de pene en la anatomía femenina, esa mirada (falologocéntrica) decide que en esa anatomía hay una "carencia", una "mutación" natural, porque lo "normal" es la presencia del pene (falo).

La pregunta casi obvia es: ¿por qué ver una carencia, por qué ver una falta, y no simplemente una "diferencia"? La respuesta de nuevo es, citando a Irigaray, "la sexualidad y todo lo que se dice acerca de la sexualidad se mide siempre por los parámetros de la sexualidad masculina, y en este sentido entonces la 'niña' jamás ha existido". La niña se ve a sí misma como castrada, y es vista como tal, y esta mirada unívoca es insoslayable; es un callejón sin salida porque la niña no sería otra cosa más que un *varón castrado*. Así pues, la niña sale del complejo de Edipo, asumiendo su castración mientras el varón lo hace para evitarla. Ella sale del complejo "feminizada", es decir, resignándose o, peor aún, asumiendo su ser "castrado".

## 5. ¿Quién es esa mujer? La lectura butleriana y los peligros de los universales

Si bien, como dijimos, la lectura de Irigaray permite echar luz sobre las sombras bajo las cuales queda oculta "la mujer", también hemos señalado el peligro latente de esencialismo que esto presupone. En otras palabras, ¿Mujer se nace, o se hace?

Judith Butler (1990) responde de una manera ciertamente novedosa a la cuestión planteada por De Beauvoir (1949). Partiendo de la pregunta "¿se nace o se hace?" y asumiendo que lxs sujetos no somos "una esencia *a priori*", lo que nos interesa retomar es cómo el individuo en cuanto corporalidad es agencia del discurso, esto es, cómo la subjetividad es (o puede ser) un "metarrelato inscripto en un relato más amplio, ya aceptado, o no, como verdadero"; cómo esas subjetividades se inscriben y se reformulan dentro de los diferentes paradigmas disciplinares e históricos.

Cuando hablamos de subjetividades, nos referimos, en primera instancia, a los modos, formas o características que permiten identificar a un individux como "Sujeto".[7] ¿Quién es el sujeto? ¿Quién posee (hace "visibles") aquellos atributos que permiten asociar lo individual con la subjetividad?, es decir, ¿qué es lo que hace que este individux sea sujeto y no meramente una cosa?

El problema de la subjetividad se convierte en tal, en la modernidad, como consecuencia del descubrimiento del *ego cogito* cartesiano, cuando Descartes solo puede tener la certeza de que al dudar (uno de los modos del pensar, *cogito*) debe existir, puesto que, de no existir, sería imposible (dada su inexistencia) dudar de que existe.

Ahora bien, muchos de estos mitos fundacionales acerca de la constitución de la subjetividad (como resultado del "uso adecuado de la Razón" y este uso, a su vez, como condición de posibilidad para instituirse en sujetos de derecho) quedan en jaque a partir de las críticas iniciadas, por ejemplo, por Simone de Beauvoir, quien mostrará cómo la subjetividad no es un "patrimonio de la humanidad", sino, por el contrario, un privilegio exclusivo (y por ende excluyente) de los varones blancos y occidentales (Europeos): "mujer no se nace, se hace" reza el epígrafe de la obra mencionada. Esto deja ver claramente el carácter de construcción/devenir del ser "mujer". Ahora bien, si la mujer "se hace", ¿sucede lo mismo con el varón? ¿Qué es lo que determina que un individuo sea sujeto, y que sea, a la vez, un sujeto masculino o femenino de manera, además, fuertemente excluyente?

Por su parte, Michel Foucault (1990) muestra que el "sujeto" es el resultado de las relaciones de poder que, sujetando a un individuo a una determinada "episteme", lo subjetivan; de modo que los sujetos son, en rigor, producciones discursivas, que emergen como resultado de un determinado entramado de significaciones, profundamente enlazados y funcionales a un "sistema disciplinario" (sexualidad, disciplinamiento, saber, etcétera).

---

7   Omitimos el uso de la "x" en la palabra "Sujeto", para que se note con mayor claridad el problema, y su planteo.

En la actualidad, y en particular para los Estudios de Género, la pregunta por el "sujetx" es central, justamente, porque la problemática acerca de los derechos de las minorías sexuales nos obliga a revisar el problema de la constitución de la subjetividad, poniendo en tensión la dimensión sexual de lxs sujetxs. Aquí es en dónde los planteos de la teoría de género introducen una nueva mirada acerca de la construcción de la subjetividad asociada al género, y diferenciándola claramente del sexo biológico.

Así, hoy en día ya no es posible pensar la subjetividad (como tampoco la sexualidad) en términos de algo "dado *a priori*" o simplemente por "naturaleza", ni "permanente para toda la vida", sino que hay que pensar a la sexualidad como una construcción social, cultural y —fundamentalmente— discursiva ligada directamente al concepto de "deseo" que introduce el psicoanálisis.

Judith Butler retoma, entonces, elementos del estructuralismo, de la lingüística, del psicoanálisis lacaniano, del pragmatismo y del hegelianismo para generar un marco teórico desde el cual deconstruir el modelo dimorfista básico y naturalizado del binomio sexo/género.

¿Es acaso el sexo lo dado por la naturaleza, y el género aquello que construimos? ¿Es posible pensar algo "fijo", una suerte de sustrato (*basamento, fundamento último*) que nos hace comportar, ser, pensar, sentir, desear de un modo inequívoco? La respuesta de Butler es, por supuesto, negativa, ya que:

> La categoría "mujer" como su plural "mujeres" se convierte en una categorización problemática tanto por su carácter de "ficción fundacional" como por sus derivaciones en el plano político: "mujeres" no se trata de un significante estable, porque una es Mujer, pero también es "muchas otras cosas". La noción "mujer" está atravesada por, e interactúa con infinidad de modalidades (etnia, clase, sexo, región, edad, etc.) de "identidad" discursivamente constituyentes, las cuales a su vez no son "fijas" o constantes (Butler, 1990).

Judith Butler, en el primer capítulo de *Gender Trouble* (traducido como *El género en disputa*, 1990), parte de un problema que podríamos resumir en las siguientes preguntas: ¿Quién es *la mujer* o quiénes son *las mujeres*?, ¿Quién es específicamente el sujeto de las reivindicaciones que promueve el feminismo? ¿A quién hay que emancipar? La cuestión es que si vamos a defender a las "mujeres" deberíamos primero, y en principio, definir con claridad quiénes son los individuos que quedarán categorizados bajo esta identificación de *mujer*, y a quienes se pretende "representar", en este caso, políticamente.

Así, la categoría "mujer" se convierte claramente un término operativo que pretende hacer visible a una porción de la humanidad que ha sido históricamente invisibilizada. Ahora bien, el uso de dicha categoría encierra algunos peligros, sostiene Butler, pues podríamos estar naturalizando sin mayores cuestionamientos quiénes son o quién es *la mujer*, reduciéndola, por ejemplo, a sus caracteres biológicos. Caracteres que quedarían, al mismo tiempo, naturalizados, legitimados por el lenguaje, por ejemplo, médico o biologicista, siendo así un discurso que puede revelar, pero también velar aquello que se considera "verdadero" en relación con las mujeres.

De este modo, advierte la autora, si la representación política supone un fuerte compromiso normativo, en relación con un "deber ser", es claro que el tamiz conceptual de la categoría "mujer" no puede tomarse a la ligera, y es por ello que aún no hay acuerdo en cuanto a su delimitación conceptual y, por ende, semántica. ¿A quiénes representa la categoría mujer?, ¿es posible "universalizar" dicha categoría? O, por el contrario, debemos hablar de *las mujeres* a fin de no establecer categorizaciones que acaben operando como dispositivos de exclusión. Por ejemplo, si la mujer es "la que posee una vagina", ¿las mujeres "travestis" son mujeres? Aceptando la legitimidad del discurso médico o biologicista rápidamente responderíamos que no. Sin embargo, ¿es esto correcto?

> En lugar de un significante estable que reclama la aprobación de aquellas a quienes pretende describir y representar, *mujeres* (incluso en plural) se ha convertido en un término problemático, un lugar de refutación, un motivo de angustia. Como sugiere el título de Denise Riley, *Am I that name?* [¿Soy yo ese nombre?], es una pregunta motivada por los posibles significados múltiples del nombre. Sí una "es" una mujer, es evidente que eso no es todo lo que una es; el concepto no es exhaustivo no porque una "persona" con un género predeterminado sobrepase los atributos específicos de su género, sino porque el género no siempre se constituye de forma coherente o consistente en contextos históricos distintos, y porque se entrecruza con modalidades raciales, de clase, étnicas, sexuales y regionales de identidades discursivamente constituidas. Así, es imposible separar el "género" de las intersecciones políticas y culturales en las que constantemente se produce y se mantiene (Butler, 1990).

Así, la delimitación lingüística nos sujeta, nos subjetiva, porque establece con anticipación un *a priori*, esto es, define y determina cómo deben constituirse los sujetos. Para ser "mujer" hay que poseer un cuerpo femenino, menstruar, ser madre, tener vagina. Entonces, ¿una mujer que no ha tenido hijos, o que no menstrúa, no es mujer?

En este sentido, la autora recurre a Foucault, quien ha mostrado cómo los sistemas jurídicos "producen" a los sujetos que luego ese sistema representará. El *dictum* de estos sistemas sería: "Si quieres ser, debes ser como nosotros definimos que debes ser, de lo contrario no serás". En otras palabras, no sujetarse a la norma establecida como régimen verdadero implica convertirse en una entidad abyecta, enferma, o peligrosa que debe ser *reducida, encerrada, excluida, segregada, domesticada o eliminada*, puesto que "no encaja" en el molde.

Si no se cumplen estos "requisitos" (esta normativa del discurso dominante y dominador) el *sujeto mujer no existe*, como afirmaba Irigaray; sin embargo, la mujer, en cuanto mujer, ¿es un sujeto? Y si existe porque es "previamente" constituida como sujeto desde el discurso, ¿no es este sistema, peligroso y contraproducente? En otras palabras, si definimos *a priori* quiénes son las mujeres, a quienes queremos reivindicar y representar políticamente; en la medida en que el discurso "produce" a los sujetos, quienes no encajen no podrán ser representados. Y, por otra parte, apelar a este sistema de "definición" supondría, por su parte, reutilizar las mismas estrategias de "exclusión" contra las que se pretende generar un movimiento de reivindicación tal como, por ejemplo, el movimiento feminista.

> La oposición binaria masculino/femenino no solo es el marco exclusivo en el que puede aceptarse esa especificidad, sino que (…) hace que la noción concreta de identidad sea errónea (…). La construcción de la categoría de las mujeres como sujeto coherente y estable, ¿es una reglamentación y reificación involuntaria de las relaciones entre los géneros? ¿Y no contradice tal reificación los objetivos feministas? (Butler, 1990).

En síntesis, la Ley (discurso) produce el sujeto al que y sobre el cual legisla, y luego "oculta" la noción de "sujeto producido" a fin de naturalizar la subjetividad y legitimar su hegemonía. Según Butler, "… la tarea consiste en elaborar, dentro de este marco constituido, una crítica de las categorías de identidad que generan, naturalizan e inmovilizan las estructuras jurídicas actuales…" (Butler, 1990).

Así tanto la categoría "mujer" como su plural "mujeres" se convierten en problemáticas por su carácter de ficciones fundacionales, así como por sus derivaciones en el plano político: "mujeres" no posee un significante estable, porque una *es* mujer, pero también es "muchas otras cosas". La noción "mujer" interactúa con infinidad de modalidades de "identidad" discursivamente constituyentes, como etnia, clase, sexo, religión o edad, entre otras, que, a su vez, no son fijas o constantes.[8]

---

8    Ver el capítulo 1.

Entonces, la construcción de la categoría "mujeres" como sujetos coherentes, como si se tratase de un sistema consistente y cerrado, deviene en una suerte de reglamentación y una reificación involuntaria de la relación entre los géneros, lo cual es exactamente el resultado opuesto de lo que se pretende lograr, ya que su sentido solo puede emerger como tal dentro de la matriz heterosexual.

Ahora bien, ¿qué pasa con la distinción sexo/género? El sexo suele definirse como el *factum* biológico, y el género como el *dictum* cultural. Pero la pregunta es, entonces, ¿puede ser el sexo el destino?, o, por el contrario, el sexo, al igual que el género, es una construcción cultural. Suponer que existe una lógica análoga entre binarismo sexual (biológico) y de género (cultural) es una inconsistencia, ya que los géneros pueden ser más de dos y suponer lo contrario es mantener la idea tácita de una relación mimética entre lo biológico y lo cultural. ¿Qué es el sexo? ¿Es natural y anatómico, cromosómico, u hormonal? ¿Cómo puede la crítica feminista valorar el discurso científico en torno al sexo, cuando la ciencia es un discurso que pretende establecer "hechos", y estos son, a su vez, construcciones epistémicas? De la misma manera, no debe concebirse al género solo como una inscripción cultural del significado del sexo; el género no es a la cultura lo que el sexo es a la biología, ni la biología es el destino. Ambos son construcciones, aún cuando se pretenda que el "sexo" es una construcción prediscursiva y políticamente neutral. ¿Cómo y dónde tiene lugar la construcción del género? ¿Es una forma de elección como sugiere Simone de Beauvoir?, ¿existe un *cogito* en relación con el género? Si como mencionáramos, para la autora de *El segundo sexo*, una no nace mujer, sino que llega a serlo; en este axioma, vemos claramente la presencia del *dictum* cultural: si la persona nació hembra, debe "construirse" sobre su biología como "mujer". Así, tanto el sexo como el género han sido siempre el género. Pero el problema es otro y se relaciona con cierto "rasgo voluntario" del género. Si el cuerpo es en sí mismo una construcción, como lo son los innumerables cuerpos que constituyen el campo el género, no puede decirse que estos tengan una existencia antes del género. El cuerpo no es una realidad concreta que posea significado prediscursivo. Así el resultado es, como vimos, que el sexo ha sido género, todo el tiempo. En este sentido, las siguientes citas de Butler son relevantes:

> El género es la estilización repetida del cuerpo, una sucesión de acciones repetidas —dentro de un marco regulador muy estricto— que se inmoviliza con el tiempo para crear la apariencia de sustancia, de una especie natural de ser (…) el propósito de este proyecto no es presentar, dentro de los términos filosóficos tradicionales, una *ontología* del género, mediante la cual se explique el significado de *ser* una mujer o un hombre desde una perspectiva fenomenológica.

La hipótesis aquí es que el "ser" del género es *un efecto*… (Butler, 1990: 98).

(…) si las ficciones reguladoras del sexo y del género son lugares de significado puestos en duda por múltiples razones, entonces esa misma multiplicidad de sus constructos plantea la posibilidad de una perturbación de su posicionamiento unívoco… (Butler, 1990: 99).

Afirmar que el género está construido no significa que sea ilusorio o artificial, entendiendo estos términos dentro de una relación binaria que opone lo "real" y lo "auténtico". Como una genealogía de la ontología del género, esta explicación tiene como objeto entender la producción discursiva que hace aceptable esa relación binaria y demostrar que algunas configuraciones culturales del género ocupan el lugar de "lo real" y refuerzan e incrementan su hegemonía a través de esa feliz auto naturalización (Butler, 1990).

Ahora bien, la invisibilización sistemática de las mujeres, pasada y presente, no es ni una sospecha ni una omisión "accidental", sino una realidad "sustancial" que se legitima desde el ideario patriarcal. Y esto sucede, incluso, cuando los estudios de género han desarrollado importantes dispositivos teóricos (y también políticos) para desmantelar, desmitificar y revertir este "androcentrismo invisibilizante e invisibilizador", sea denunciando la invisibilización sistemática, promoviendo la conciencia de género al crear espacios de fuerte presencia "femenina" o luchando por la igualdad jurídica de las mujeres, entre otras estrategias.

Sin embargo, en la actualidad y a pesar de haberse instalado en forma creciente tanto los estudios como la "conciencia de género", especialmente en el circuito académico universitario, registramos, no sin cierto asombro, claros rasgos de "hipocresía" política en el funcionamiento y estructuración social, producto de una fuerte permanencia del discurso y de la tradición patriarcales.

Para entender mejor de qué se trata o en qué consiste la tradición patriarcal, revisemos, primero, su estatus ideológico. ¿Podemos hablar de una "ideología patriarcal"? En caso afirmativo, ¿cómo se trasluce, por ejemplo, en las políticas y prácticas educativas contemporáneas? ¿Existen dispositivos, pretendidamente "neutrales" en el ámbito de la educación, que refuercen y reproduzcan estereotipos de género, y dispositivos de segregación? ¿Cuáles son o pueden ser y cómo funcionan?

Para Cèlia Amorós (1985), la cultura y la filosofía occidentales, a lo largo de la historia, se han ido desplegando marcadas por la insignia del universalismo; sin embargo, esta aspiración a los universales ha quedado referenciada por aquellos supuestos que asimilan lo racional, lo superior y lo cultural a lo masculino; esto es lo que se conoce como "androcentrismo". Por el contrario, lo inferior, lo natural, lo irracional, han sido identificados con lo femenino. Este androcentrismo o falologocentrismo o razón patriarcal, o también "ideología" patriarcal, categoriza a lo femenino como "no pensante", como lo "otro" de la racionalidad.

Así, la ideología patriarcal se identifica con un entramado de prácticas tanto materiales como simbólicas, conscientes e inconscientes que sojuzgan a la mujer. De la misma manera, las representaciones sociales resultantes inducen a que las mujeres queden sometidas a la autoridad genérica del varón. En síntesis, el "varón" es la norma, es la ley, es la autoridad; mientras que la mujer es lo que está por fuera de la norma y debe someterse a ella.

Asimismo, toda la realidad queda estructurada dicotómicamente, de modo que conlleva a una jerarquización de las partes implicadas en dónde la propensión es subrayar la diferencia entre los sexos, valuando con signo positivo a lo masculino y, con signo negativo, a lo femenino. Esta dicotomización reifica/cosifica el dimorfismo sexual básico, y propugna un esencialismo en función del cual cualquier práctica discriminatoria, subyugante y represora quedaría justificada.

Sin embargo, actualmente la mayoría de los discursos emergentes de cualquier ámbito de la sociedad intentan (auto)moderarse para ser "políticamente correctos"; pero podríamos afirmar, sin temor a caer en una falacia, que esta premisa de "corrección política" es solo formal o, si se quiere, *protocolar*, ya que un análisis de las condiciones materiales, en nuestro caso puntual el diseño curricular, nos permite comprobar que sigue existiendo discriminación y segregación por género, clase social y etnia, entre las principales.

## 6. ¡Niñas, hagan (y sean) silencio!

Volviendo al ámbito educativo, que es lo que nos interesa aquí, hemos podido observar que los planes de estudio (tanto en nivel medio como en superior), los diseños curriculares (para todos los niveles) y las políticas educativas, en general, excluyen o apenas mencionan las cuestiones de género. Incluso nos resulta curioso, y alarmante, a quienes ejercemos la docencia en el nivel medio, escuchar, por parte de los alumnos y de las alumnas, como respuesta a la cuestión de la discriminación por sexos, que "¡Profe!, eso pasaba antes, ahora ya no existe". No resulta difícil sospechar, entonces, que se ha instalado una suerte de *falsa conciencia de género*, que induce peligrosamente a una severa miopía ante dispositivos sofisticados de reproducción de las desigualdades. Por otro lado, si bien quienes trabajan en el diseño de estos documentos reconocen y aceptan abiertamente la relevancia social de los estudios de género, seguimos sin observar la existencia de un diseño curricular (tanto en el nivel inicial, primario, en el medio, como en el nivel superior no universitario) que asuma el compromiso de articular, transmitir e implementar *sustancialmente* estas cuestiones "dentro del aula": y esto es un claro ejemplo de lo que vimos que se conoce como *currículum nulo* (CN).

Cabe destacar que esta "realidad" encuentra una variante en el ámbito académico universitario, ya que, como se sabe, en la mayoría de las universidades existen distintas instancias que "garantizan" la presencia curricular de los estudios de género (institutos, seminarios, maestrías). Sin embargo, una reflexión aparte merecería la pregunta acerca de si dicha "presencia" es coherente, o no, con conductas efectivamente no sexistas dentro de los claustros universitarios en general.

Volviendo a la cuestión central de la teoría y diseño curriculares, si acordamos que la educación es una herramienta de transformación social y, simultáneamente, aceptamos y reconocemos la importancia de formar sujetxs con conciencia de género, entonces, no podemos pasar por alto la "evasiva política-educativa" de diseñar documentos curriculares que contemplen e incorporen tanto longitudinal como transversalmente a la teoría de género.

En otras palabras, debemos analizar por qué la cuestión de género es hoy, en una proporción *casi total* dentro del diseño curricular para la enseñanza primaria, secundaria y de formación superior un componente central del *currículum nulo*.

A los cambios de discurso deben seguirle cambios de "actitud hacia" o cambios en los modos de conducirse, tanto individual como socialmente. Los cambios en los modos de conducirse *socialmente* deben ser promovidos desde la reestructuración de las políticas socioculturales; sin embargo, somos testigos de una *discursividad que pretende ser políticamente correcta*, pero que, al mismo tiempo, reproduce permanentemente los estereotipos de género, en algunos casos más sutilmente o de un modo más encubierto que en otros. Y esto podemos observarlo tanto en el lenguaje vulgar como en el lenguaje de la publicidad, de los medios de comunicación, en general, y lo que es más grave aún, desde los discursos que implican políticas educativas, tanto en el ámbito de la planificación como en el de la implementación curricular. Si bien la LEN (Ley de Educación Nacional/2006) ha abierto un camino, en este rumbo de concientización y tematización de la cuestión de género al crear el Programa Nacional de Educación Sexual Integral (ESI), las resistencias por parte de sectores de histórica incidencia en la práctica educativa como la Iglesia Católica son aplastantes.

En suma, en relación con el género la brecha entre el "decir" y el "hacer" (o el "poder hacer") es importante y peligrosa, ya que es también una manifestación solapada de violencia simbólica de género. Pero estamos convencidxs de que esta peligrosidad merece una atención muchísimo más urgente, si la detectamos en el ámbito educativo.

Quienes trabajamos en educación sabemos que la educación (en este caso la escuela como institución) tiene un "núcleo duro" paradojal o, si se quiere, una doble faz altamente cuestionable desde la perspectiva de sus funciones, a saber:

a) Una función "positiva" tanto cuando aporta a la formación de los ciudadanos elementos que estimulan el desarrollo de la capacidad de discernir y cultiva valores de igualdad entre los seres humanos, como cuando se instituye en cuanto condición de posibilidad para la efectiva "movilidad social" de los individuos.

b) Una función "negativa", que se manifiesta cuando "traiciona" su función "positiva" y, desde mecanismos de acción como los que describe el currículum oculto, se refuerzan y legitiman prejuicios y detonadores de la desigualdad entre las personas, por lo que termina reproduciendo de esta manera esquemas sociales de inequidad y segregación.

Entonces, ¿cuál debe ser la función de la escuela? Estimamos que nadie se atrevería a proferir que la función de la escuela debe ser aquella que hemos señalado como "negativa", en especial, si estamos dispuestxs a comprometernos con una "pedagogía de la libertad" en su sentido freireano. Si esto es así y nos atrevemos a tomar la idea de "progreso de la humanidad" en un sentido inclusivo y regulativo, y con la esperanza de un "mundo más justo para todxs, todos y todas"; no cabe ninguna duda de que la función de la escuela debe ser la función "positiva". Como tampoco puede ponerse en duda que nuestros esfuerzos deben estar concentrados y dirigidos al desarrollo de políticas educativas, diseños curriculares y estrategias didácticas que afiancen este *carácter emancipador* de la escuela, con el firme propósito de desarticular una "dialéctica perversa", que solo ha conseguido perpetuar un sistema de profundas injusticias y dolientes desigualdades para una porción, considerablemente numerosa, de la humanidad.

Hasta aquí, hemos intentado mostrar cómo se articulan las distintas dimensiones de lo simbólico, para operar como un potente y efectivo dispositivo de definición y disolución de la alteridad, la otredad, la diferencia, lo abyecto, lo marginal, etc., ejerciendo un tipo de violencia, ya no directa ni explícita, sino solapada, microfísica y consecuentemente mucho más perversa y difícil de desarticular.

Pero, a pesar de que en el discurso epistemológicamente legitimado la mujer es una "ausencia/presente" y no se halla presente como temática relevante en los diseños curriculares, se ha producido, en la praxis, la feminización de la docencia.

En las últimas décadas, el ingreso de las mujeres en las carreras de formación docente es considerablemente superior al ingreso de varones. Con lo cual observamos una creciente feminización de la docencia, pero también una creciente devaluación del prestigio profesional docente y una total invisibilización de aquellas temáticas que permitirían empoderar a las mujeres, justamente para desactivar el "efecto de la feminización, como efecto devaluador".

En otras palabras, se ocultan, se niegan aquellos saberes que facilitan y contribuyen a deconstruir una imagen de lo femenino, fetichizada por la ideología patriarcal; de modo tal que los estigmas, los estereotipos y los prejuicios de género se siguen fosilizando. Si los hombres se conocen por sus obras, parece claro que las mujeres (y la Otredad en general) solo pueden ser conocidas por las obras de los varones, es decir, por el efecto subordinante al orden patriarcal y androcéntrico. Con lo cual puede entenderse, entonces, la necesidad de su ocultamiento como sujetx y su mostración solo en función de objeto (cosa). En otras palabras, la mujer es la "matriz" de reproducción simbólica y, desde luego, biológica.

Dicho esto, no parece ser casualidad entonces que el planteo acerca de la existencia del Otro, *la alteridad como cuestión* haya dejado de ser un problema de dimensiones éticas (período antiguo) y se haya convertido en un problema antropológico y epistemológico. Si la realidad es producto/manufactura simbólica de una voluntad de saber y del modo de vincular este saber con la verdad dentro del orden del discurso, cuando la modernidad se pregunta por *el sujeto* (varón), comienza a desarrollar una tecnología cuya estrategia es legitimar una serie de particiones binarias capaces de imprimir inteligibilidad a lo real. Este binarismo que tiene como base los valores "razón/sin razón" puede reducirse a la pregunta, como señala Foucault, ¿quién es el soberano?, ¿quién ejerce el dominio?, especialmente en términos gnoseológicos. Así, el sujeto (varón) será el soberano que domine a la naturaleza (lo otro); él será quien conoce, ella será lo conocido; él será quien domine y controle, ella será lo dominado y controlado. Así nace la ciencia moderna, y así podemos ver cómo la ciencia establece su estatuto también político. No se trata tanto de saber si la ciencia es o no un aparato ideológico como sí de cuáles son sus funciones ideológicas, o sea, los efectos del saber, entendido como poder que instituyen realidad y taxonomías jerárquicas dentro de esa realidad.

Sin dudas, la escuela, a través de los diseños curriculares, vehiculiza estos efectos. Como vemos, la "verdad" no está fuera del poder, sino que es "producida" y tiene efectos reglamentados de poder, es decir, constituye un régimen de verdad: lo que cada época definirá como mecanismos, procedimientos e instancias que permitan distinguir los enunciados verdaderos de los falsos.

En virtud de lo expuesto, nos ha interesado mostrar por qué consideramos urgente revisar la presencia de los estudios de género en el ámbito de la psicología, la filosofía y su enseñanza; justamente, porque se trata de discursos que obedecen a las reglas de un determinado régimen de verdad que, en cuanto prácticas discursivas, atraviesan a lxs individuxs y los sujetan a dicho régimen, es decir, los subjetivan. Ese régimen establece lo que se dice y acepta como "verdad"; pero es un decir que excede el acto lingüístico, es un orden discursivo en virtud del cual se circunscribe el *campo de las experiencias posibles*, y del saber acerca de un campo en el cual se inscriben ciertos objetos y no otros.

Insistimos, el discurso narra el mundo posible, haciéndolo posible, y además único en cuanto narración verdadera; organizándolo a partir de líneas divisorias entre lo verdadero/falso, lo posible/imposible, lo racional/irracional, lo admitido/no admitido. Y, en este punto, es innegable la función que cumplimos quienes nos dedicamos a la enseñanza, puesto que somos lxs responsables de "reproducir" ese régimen de verdad. Reproducción que, al mismo tiempo, se realiza desde un "estar situadxs": situadxs en una clase social, situadxs en nuestra condición de "portadorxs de saber", y situadxs política y partidariamente.

> El problema político esencial para el intelectual [dice Foucault y nosotrxs agregamos, a lxs docentes como miembrxs de la clase de lxs intelectuales] no es criticar los contenidos ideológicos que estarían ligados a la ciencia, o de hacer de tal suerte que su práctica científica esté acompañada de una ideología "justa". Es saber si es posible constituir una nueva política de la verdad. El problema no es cambiar "la conciencia" de las personas o lo que tienen en la cabeza, sino el régimen político, económico, institucional de la producción de la verdad (Foucault, 1992: 189).

Así, entonces, una de las preguntas que sigue operando en la base de esta lectura es, por supuesto, la cuestión acerca de si los estudios de género deben considerarse como una especificidad disciplinar o como un eje transversal interdisciplinario.

Particularmente, consideramos que la filosofía de género debe anidar dentro de la filosofía, ya que su tratamiento como eje disciplinar específico podría verse reducido, en su práctica concreta, a un mero enfoque con pretensiones de corrección política, pero finalmente edulcorado e invisibilizado; cuando en rigor de lo que se trata es de abonar y apostar a su potencial disruptivo.

Es en esta línea, pues, que hemos decidido operar una tentativa de descentralización del eje canónico incorporando en su núcleo duro el contenido invisibilizado o silenciado por el propio canon. Para ello, tomaremos el concepto de "excentricidad", de Teresa de Lauretis (1993), y lo abordaremos como posible herramienta de desterritorialización política del discurso didáctico, lo que dará lugar, así, a una propuesta que podríamos considerar como una "didáctica excéntrica" que busca visibilizar a lxs sujetxs históricamente ignoradxs.

> La conciencia como un concepto del pensamiento feminista se ubica en la línea divisoria que une y distingue a los términos opuestos de una serie de conceptos centrales de la teoría contemporánea de la cultura: el sujeto y el objeto; lo público y lo privado, la opresión y la resistencia, la dominación y la acción, la hegemonía y la marginalidad, la igualdad y la diferencia, etcétera. A principios de los setenta el feminismo, en su primer intento de definición, se hizo las siguientes preguntas: ¿quién es o qué es un mujer?; ¿quién soy o qué soy yo? *Haciéndose estas preguntas, el feminismo, que era un movimiento social de y para las mujeres, descubrió que la mujer no existe[9]*. Su existencia es paradojal, pues está al mismo tiempo atrapada y ausente en el discurso; se habla constantemente de ella, pero es inaudible e inexpresiva en sí misma; una existencia que se despliega como un espectáculo, pero que no es aún representada ni representable, que es invisible, pero que es, a su vez, el objeto y la garantía de la visión; un ser cuya existencia y especificidad es simultáneamente declarada y rechazada, negada y controlada… (De Lauretis, 1993).

El carácter de "excentricidad" que De Lauretis (1993) reconoce en los sujetos consiste en la no pertenencia simbólica al entramado social, razón por la cual estos sujetos transitan los márgenes de dicho sistema en busca de reconocimiento e integración; ¿cómo, entonces, algo que por definición opera desde los márgenes por su calidad de *excéntrico*, podría ser "infiltrado" en los espacios centrales? Nuestra idea al respecto es que ese núcleo paradojal es el espacio fértil en virtud del cual la estrategia discursiva puede desplegar su potencial disruptivo.

> Debo señalar que allí es precisamente donde reside el peculiar carácter del discurso y la epistemología de la teoría feminista: El hecho de estar al mismo tiempo dentro de sus propios determinantes sociales y discursivos y afuera de ellos superándolos. La aceptación de esto marca un tercer momento de la teoría feminista, que es su etapa actual de reconceptualización y elaboración de nuevos términos: (1) una reconceptualización del sujeto como una enti-

---

9   El destacado es nuestrx.

dad cambiante, que se multiplica a lo largo de diversos ejes de diferencias; (2) una reflexión sobre la relación entre las formas de opresión y las formas de comprensión formal o de construcción de la teoría; (3) una emergente redefinición de la marginalidad como una ubicación, de su identidad como una desidentificación y (4) la hipótesis del auto desplazamiento que expresa al movimiento simultáneo social, subjetivo, interno y externo, que es en realidad un movimiento político y personal... (De Lauretis, 1993).

Veamos un ejemplo puntual de esta "marginalidad/nulidad de lo femenino" en una unidad didáctica de la materia Filosofía: Antropología Filosófica. Los temas para la escuela media son los siguientes:

Antropología Filosófica: Diferentes concepciones del hombre. Aristóteles: El hombre como animal racional. Edad media: El hombre como creación de Dios. Edad Moderna: Descartes, el nacimiento del Sujeto. El hombre y el proyecto de la ilustración: Rousseau, Kant. La concepción marxista del hombre. Cassirer: El hombre como animal simbólico.

Alguien podría objetar que, en este caso, es "obvio" que el término "hombre" está siendo usado como sinónimo de "humano", sin embargo, intentaremos mostrar, más adelante, que, en rigor, "hombre" es la máscara semántica de "varón".

En función de lxs docentes, la institución y las políticas educativas de cada jurisdicción, estos temas pueden ser desarrollados de maneras variadas, pero, en general, siempre dentro de los imperativos didáctico-pedagógicos del canon.

De este modo, la infiltración de la temática de género en el problema antropológico, y su presentación didáctica, puede hacerse empezando ya por la pregunta misma que define al problema: *¿Qué es el Hombre?* Aquí tenemos un espacio que puede ser desterritorializado con la pregunta: ¿Qué es el Hombre (humano) según el hombre (varón)?

La idea del término "hombre" como genérico es lo que pretende justificar que dicha pregunta sea presentada como neutral y objetiva; sin embargo, un rápido repaso por los elementos teóricos que desde diversas perspectivas filosóficas dan cuenta del intento de respuesta a dicha pregunta nos permiten ver que el problema, lejos de ser interpelado en términos "genéricos", es solapado y semantizado androcéntricamente.

Así pues, el problema filosófico que en rigor debe implicar la pregunta antropológica es no solo la pregunta por "el hombre" (varón), sino también la pregunta por "la mujer" y, entre esos dos polos, la pregunta por todo el plexo de construcciones de género que puede mediar/habitar entre ellos.

La consigna de las primeras feministas era "lo personal es político", para mostrar que el ámbito doméstico es una construcción política. Nosotrxs proponemos el siguiente: "lo humano es siempre político" y, en esta variante, podríamos afirmar que "toda educación debe dejar de ser androcéntrica".

El problema antropológico como problema filosófico, al igual que el gnoseológico/epistemológico, fundamentales y fundantes, debe ser no solo revisado con nuevas categorías, sino que esas categorías deben estar, a su vez, en permanente tensión dialógica consigo mismas y sus posibles efectos de sentido en lo "real" (entendido como "Realidad" simbólicamente instituida).

Creemos que es justamente en el espacio de la didáctica donde estos sentidos cobran su mayor impacto y suponen, o bien su reproducción acrítica, o bien su (des)articulación revolucionaria.

## 6.1. Volviendo audible lo inaudible

¿Cuál es entonces nuestra propuesta? ¿Cómo podría diseñarse una unidad de antropología filosófica o de epistemología para que sus contenidos puedan develar no solo el sesgo de género, sino también su carácter de incompleto por su enfoque androcéntrico?

En primer lugar, la propuesta apunta al ejercicio de la repregunta sobre el interrogante originario; por ejemplo, ¿qué es el hombre, según el varón?, ¿qué es la mujer, según el varón? (desde las respuestas que solo varones blancos y occidentales han intentado darle a la pregunta) y ¿qué es el Hombre, según la mujer?, ¿qué clase de universo de "cosas/objetos" suponen una y otra pregunta?, ¿cuáles son sus bordes, y cómo pueden justificarse esos límites tanto en su recorte como en su inamovilidad o flexibilidad y potencial extensivo (en tanto definición extensional)?

Siguiendo con el ejemplo, si el *dictum* de la antropología filosófica es "conócete a ti mismo", ¿puede la mujer conocerse a sí misma? En caso de que dicha respuesta fuese positiva, ¿desde qué lugar teórico pueden las mujeres, o cualquier individux que rebase la "norma", aplicar la máxima de la *autognosis*, es decir, autoconocerse?

¿Puede la filosofía occidental de corte racionalista y *neomoderna* —preferimos no usar "posmoderno" por sus incontables matices semánticos— brindar categorías que permitan poner en tensión esas mismas categorías? ¿Pueden los aportes, por ejemplo del psicoanálisis, brindar esos márgenes desde los cuales infiltrarse en el núcleo fuerte de la racionalidad masculina?

Un rápido repaso por las tesis centrales de la filosofía clásica nos orienta a pensar que la respuesta es negativa; así pues, por ejemplo, Aristóteles nos dirá que "hay quienes han nacido para gobernar (varones ciudadanos) y quienes han nacido para obedecer (mujeres, niños, y esclavos)", *Política*

*I.* Que "El hombre —es decir, el varón— (*andros*, no *ánthropos*) tiende por naturaleza a conocer", *Metafísica I.*

El *cogito* cartesiano es estrictamente de "él" (Descartes), porque incluso quedan afuera el resto de los (supuestos) sujetos, ya que no pueden tener la misma certeza ni la misma claridad en relación con el "Yo soy" del "ego" que de los *alter egos* (solipsismo).

El ideal ilustrado en clave kantiana, por su parte, deja afuera al "bello sexo", que, por naturaleza, jamás podrá superar la minoría de edad, es decir, hacer un uso autónomo de su entendimiento; elemento clave en el progreso moral y político del "género humano". En el caso del psicoanálisis, la manera en cómo Freud explica la resolución del complejo de Edipo y define a la "castración" dejan entrever claramente que el único significante es el falo; no en vano Lacan lo define como *Premisa Universal del Falo* (PUF), y su presencia o ausencia es lo que delimita el campo entre lo "masculino/femenino". Retomando las palabras de Irigaray, sensible al prejuicio que se la inculcado de no tener "una cosita" igual, la "envidia" por el pene se apodera de ella y dejará huellas imborrables en su evolución (1974).

En los apartados que siguen presentamos tanto la formulación de algunos temas de los programas de psicología y filosofía y su reformulación desde una perspectiva de género, como sugerencias de actividades de diverso tipo: de inicio, desarrollo y cierre, individuales y/o grupales.

## 7. Análisis del currículum de Filosofía y Psicología desde dentro

A partir del marco teórico desarrollado, hemos tomado dos programas clásicos de educación media, uno de Filosofía y uno de Psicología, con el objetivo de analizar y detectar fisuras, ausencias y huidas curriculares en relación directa con la cuestión del género en algunos de los temas que se dictan habitualmente. Para ello, hemos desarrollado una serie de propuestas didácticas a través de las cuales puede ponerse en *valor de visibilidad* ese silencio y hacerse evidente la operación de ocultamiento y negación del Otro (en este caso, lo femenino) con el fin de, luego, intentar desarticularla. Hemos hecho hincapié en el programa de Filosofía, del que analizamos dos unidades, pero hay que tener en cuenta que el tema de "Antropologías filosóficas del siglo XX" contiene temas que se aplican también al programa de Psicología.

Esperamos que estas propuestas resulten no solo reveladoras, sino inspiradoras de una nueva forma de pensar la didáctica como espacio de resistencia y de reinscripciones simbólicas, tendientes a la ampliación de los espacios de reconocimiento de lo excluido, forcluido, reprimido y negado.

## 7.1. Análisis de programas clásicos de Filosofía

A partir de un programa vigente de Filosofía de escuela secundaria, tomaremos algunxs temas de las unidades de Antropología y Gnoseología/Epistemología. En este último caso, en los programas habitualmente se las encuentra por separado, pero aquí las presentaremos como "Teoría General del Conocimiento". Reformularemos sus contenidos y propondremos actividades que incluyan, acorde con nuestra propuesta, la perspectiva de género tanto para los aspectos teóricos como para las actividades o trabajos prácticos.

En cuanto a las expectativas de logro/propósitos/objetivos, aclaramos que, en su redacción, sustituiremos respectivamente las letras "o" y "a" por la letra "x" a fin de evitar el sesgo androcéntrico del lenguaje y la imposición masculina del neutro. Presentaremos sin distinción a los objetivos programáticos, actitudinales y procedimentales, ya que esta división no es diáfana ni está exenta de problematicidad. Sin embargo, recordemos, a grandes rasgos, que los objetivos programáticos (OC) son los relativos a los contenidos mínimos que lxs alumnxs deben adquirir al término de un curso o al concluir una unidad didáctica y son los que orientan y fundamentan la posterior diagramación del instrumento de evaluación (parcial, final o integradora). Los objetivos actitudinales (OA) responden a qué cambios de conducta o a qué tipo de conductas se espera de lxs alumnxs. Y, por último, los procedimentales (OM) indican y fundamentan qué tipo de "conductas" (aspectos psicomotrices) deben hacer efectivas lxs alumnxs durante el desarrollo de los contenidos.

Otra forma de presentación es distinguir entre "objetivos generales y específicos". Así, los primeros son relativos al programa, en general, mientras que los segundos son relativos a una unidad temática, en particular.

Temas clásicos de Filosofía
Que lxs alumnxs:
- Desarrollen una actitud crítica frente a situaciones problemáticas de naturaleza filosófica.
- Valoren el conocimiento como producción y construcción social e individual.
- Realicen procesos de comprensión y reflexión a partir de referencias bibliográficas situaciones varias de la vida cotidiana y los medios de comunicación de masas.
- Desplieguen habilidades para la producción de mensajes orales y escritos.
- Se responsabilicen frente a la tarea y proceso escolar.

En cuanto a los contenidos:

Antropología Filosófica: diferentes concepciones del hombre. Platón: dualidad y trascendencia. Aristóteles: El hombre como animal racional. El hombre como creación de Dios. Descartes: el nacimiento del Sujeto. El hombre y el proyecto de la ilustración: Rousseau, Kant. La concepción marxista del hombre. Cassirer: El hombre como animal simbólico. El sujeto Posmoderno.

El problema del conocimiento: ¿Por qué conocer? ¿Para qué conocer? La respuesta Platónica. Conocimiento y creencia. El conocimiento: descripción fenomenológica. Posibilidad, origen y esencia: Escepticismo, Dogmatismo, en la antigüedad y en la modernidad, Racionalismo, Empirismo. La verdad como problema. Debates contemporáneos acerca de la verdad.

Epistemología, ¿qué es la Ciencia?: Ciencia y Pseudociencia. El problema de la demarcación. Clasificación de las ciencias. Método Científico. Contextos: descubrimiento y justificación. Las hipótesis y las leyes científicas. Explicación y predicción. Filosofía Clásica de la Ciencia y Nueva filosofía de la ciencia. Kuhn, Lakatos, Feyerabend.

¿Cómo reformular el programa?
I. Expectativas de logro, propósitos y objetivos
Que lxs alumnxs:

- Pasen revista a distintas posiciones filosóficas que han intentado dar respuesta a las preguntas: ¿Qué es el hombre?, ¿qué es la ciencia?, ¿qué significa conocer? Considerando los supuestos acerca de "quién es el sujetx" que satisface esas preguntas.
- Perciban la existencia ineludible de supuestos en toda elaboración teórica acerca de la "naturaleza" del hombre, del conocimiento y de la ciencia.
- Reconozcan las derivaciones históricas, sociales y políticas de toda posición filosófica.
- Analicen críticamente diferentes posiciones filosóficas (desmontando e intentando desarticular valoraciones, supuestos, prejuicios y sesgos de género, etnia, cultura y clase social).
- Detecten el impacto y "actualidad" de dichas derivaciones en los ámbitos político, social y educativo.
- Participen de la implementación de una metodología desarticuladora y disruptiva respecto de las presentaciones programáticas tradicionales de la filosofía.
- Reflexionen acerca de sus propios supuestos y prejuicios.
- Reconozcan el carácter potencialmente emancipador que ofrece la producción filosófica, como así también su carácter legitimador de desigualdades.
- Asuman una posición de crítica y autocrítica permanentes, tanto frente a la adquisición como a la producción, de diferentes discursos teóricos, culturales y sociales.

- Desarrollen conductas y afiancen actitudes cooperativas en trabajos conjuntos con sus compañeros/as; y en la participación activa en clase.

II. Contenidos seleccionados (por unidad)
- *Unidad Antropología Filosófica*: Diferentes concepciones del hombre. Aristóteles: El hombre como animal racional. El sujeto Posmoderno.
- *Unidad Teoría General del Conocimiento*: ¿Por qué conocer? ¿Para qué conocer? La respuesta Platónica. Conocimiento y creencia. El conocimiento: descripción fenomenológica. Racionalismo, Empirismo. La verdad como problema. ¿Qué es la Ciencia?: Ciencia y Pseudociencia. Explicación y predicción.

Antropología Filosófica: "conócete a ti mismo (¿y a ti misma, no?)"
- Sócrates: El inicio de la problemática antropológica o "el mandato oracular de la autognosis".
- Platón: dualidad y trascendencia. La naturaleza del alma. El alma tripartita y su vinculación con la estructura del Estado Ideal. La alegoría de la caverna: "Callar al insurrecto, matar al (que piensa) diferente".
- Aristóteles: la des-duplicación necesaria del mundo. "Anulando" lo que está de más: El hombre como animal racional. La mujer como "hombre imperfecto".
- La concepción del Hombre en la modernidad: "El soliloquio de la Subjetividad".
- Descartes y el descubrimiento del *ego cogito*. Dualismo cartesiano: *res cogitans* y *res extensa*. La mayoría de edad y el proyecto ilustrado: *las trampas del universalismo*. Rousseau: el "mito del hombre natural" y el "contrato social". Kant: el "hombre" como paradoja metafísica y fin en sí mismo.
- La Antropología Filosófica en el siglo XX. Revoluciones, convulsiones y otras fracturas "expuestas": las heridas narcisistas. Los aportes del psicoanálisis. Freud y el descubrimiento del inconsciente. Sujetx(s) posmodernx(s).

Teoría General del Conocimiento: "Conocer es Poder (y poder)"
- Descripción fenomenológica: Sujeto y Objeto, "o de cuando se duerme en cama marinera".
- ¿Qué podemos conocer?, ¿quién conoce (a quien conoce)?, ¿cómo conocemos? Origen del conocimiento: ¿Quién tiene la culpa? Razón versus experiencia.

- La "verdad" como problema. El problema del conocimiento científico. La epistemología como disciplina metateórica.
- Explicación y predicción: El concepto de Ley científica y el carácter hipotético de los enunciados de ciencia. La falibilidad del conocimiento científico: "O de la Razón contra sí misma".

III. Bibliografía para lxs alumnxs

Se recomienda hacer una selección que incluya pasajes que funcionen como estructuradores de la tesis que defiende la unidad presentada.

Dicha bibliografía debe tener como objetivo la complementación y la apertura a la confrontación de los textos entre sí, a efectos de promover la lectura crítica y constructiva.

No se desestima el uso de manuales, siempre y cuando dicho recurso sea funcional y propedéutico y no se presente como bibliografía principal.

Asimismo el/la docente puede optar por la elaboración de fichas didácticas. Estrategia que recomendamos por considerar que estimula la producción intelectual de los/as docentes.

IV. Actividades generales sugeridas
- Lectura de material bibliográfico seleccionado por el/la docente. Se recomienda enfáticamente la selección de bibliografía discrepante respecto de una misma cuestión para ilustrar el estatus problemático del tema que deba trabajarse. Será función y responsabilidad del/la docente fomentar la discusión y acordar criterios de consenso respecto de la aceptación y rechazo de las posiciones trabajadas.
- Análisis de artículos periodísticos, imágenes, publicidades, en general, y tiras cómicas a partir de un marco teórico delimitado *a priori* por el/la docente.
- Trabajos grupales: discusiones dirigidas que tomen como punto de partida situaciones "verosímiles".
- Elaboración de informes y producción de ensayos críticos.
- Relevamiento y búsqueda de información por parte de los/as alumnos/as (artículos periodísticos, obras literarias, videos musicales, videos caseros, películas, etc.).
- Resolución de guías de lectura y trabajos prácticos.
- El/la docente puede optar, también, por diseñar algún tipo de actividad que se resuelva por equipos, cada uno de los cuales estará conformado en su totalidad por varones o por mujeres. No habrá equipos mixtos. La propuesta debe estar pensada de modo tal que contemple el supuesto de una resolución diferente en función del género, a efectos, justamente, de

desarticularlo. Una vez obtenida la producción será función del docente proponer una segunda instancia de la actividad en donde los/as alumnos/as revisen críticamente sus propias producciones y puedan desarticular el sesgo de género (así como cualquier otro sesgo: clase/etnia, etc.).

## 7.2. Análisis de programas clásicos de Psicología

A partir de un programa vigente de Psicología de escuela secundaria, decidimos tomar una unidad didáctica en particular, "La adaptación al medio". Reformularemos sus contenidos y propondremos actividades e incluiremos la perspectiva de género tanto para los aspectos teóricos como para los prácticos.

En cuanto a los contenidos:
- Adaptación al medio: El comportamiento inteligente. Conductas adaptativas: reflejos, instintos y hábitos. Maduración y aprendizaje. Períodos de la inteligencia: J. Piaget. Homeostasis de la conducta.

¿Cómo reformular un programa de psicología?
I. Expectativas de logro, propósitos y objetivos
Que lxs alumnxs:
- Pasen revista a las conceptualizaciones tradicionales de "inteligencia".
- Detecten los supuestos filosóficos e ideológicos presentes en la construcción de distintas teorías de la psicología.
- Analicen críticamente (desmontando e intentando desarticular valoraciones, supuestos, prejuicios y sesgos de género, etnia, cultura y clase social) las diferentes teorías acerca de la inteligencia como "facultad del hombre".
- Participen de la implementación de una metodología desarticuladora y disruptiva respecto de las presentaciones programáticas tradicionales de la psicología.
- Reflexionen acerca de sus propios supuestos y prejuicios.
- Asuman una posición de crítica y autocrítica permanente tanto frente a la adquisición como a la producción de diferentes discursos teóricos, culturales y sociales.

II Actividades generales sugeridas:
- Análisis de artículos periodísticos, imágenes, publicidades en general y tiras cómicas a partir de un marco teórico delimitado *a priori* por el/la docente.

- El/la docente puede optar también por diseñar algún tipo de actividad que se resuelva por equipos, cada uno de los cuales estará conformado en su totalidad por varones o por mujeres. No habrá equipos mixtos. La propuesta debe estar pensada de modo tal que contemple el supuesto de una resolución diferente en función del género. Esta actividad debe apuntar a que los/as alumnos/as realicen una producción tal que sus propios prejuicios queden explicitados. Una vez obtenida la producción será función del docente proponer una segunda instancia de la actividad en donde los/as alumnos/as revisen críticamente sus propias producciones y puedan desarticular el sesgo de género.
- Como cierre de la unidad se puede proponer la elaboración de un corto cinematográfico por parte de los alumnos/as a partir de los siguientes disparadores:
  La inteligencia como prejuicio y perjuicio: discriminación por género/etnia/ clase social.
  La inteligencia desmembrada: "cuando la inteligencia es múltiple".
  Animalidad y Humanidad: "Simbólica-mente" diferentes.
  Inteligencia Artificial: "El Hombre (¿y las mujeres?) versus la Máquina".

# 8. Actividades propuestas

## Actividad 1. Para la unidad de Antropología Filosófica

1. *Actividad de apertura*: A "googlear", ¿quién fue la primera filósofa? Si encontró "filosofía primera" como respuesta a su búsqueda de "primera filósofa" seguramente se trate de un "defecto del sistema", pero… ¿de qué "sistema"? Busque en un diccionario la palabra *sistema* y tome nota de todas sus acepciones y sentidos posibles. Reflexione sobre esta cuestión, discuta con sus compañeras/os y elabore una conclusión en la cual se incluya la acepción del término *sistema* que mejor se adecue a sus argumentos. Una vez resuelta esta actividad, lo/la invitamos a continuar "asombrándose"…

2. *Contenidos*: Concepciones del hombre en la filosofía antigua. La alegoría de la caverna: *"callar al insurrecto, matar al (que piensa) diferente"*. Lea atentamente el siguiente pasaje y luego responda las preguntas que se detallan debajo:

> Si descendiera y ocupara de nuevo su asiento tendría ofuscados los ojos por las tinieblas, sería incapaz de discriminar las sombras, los demás lo harían mejor que él, se reirían de él y dirían que por haber subido hasta lo alto se le han estropeado los ojos y que no vale la pena marchar hacia arriba (…). Si intentase desatarlos

y conducirlos hacia la luz se burlarían de él, lo perseguirían y lo matarían (Platón, *La República*, libro VI).

a) ¿Quiénes son los "prisioneros"? ¿Hay alguna mujer entre ellos?

b) En relación con los *seres humanos*, ¿qué representan las sombras?

c) Según la lógica del relato, ¿quién es el prisionero que se libera?

d) Metafóricamente, el prisionero se "escapa de la caverna". Literalmente, ¿de dónde estaría escapando?

e) La imagen del "ascenso", ¿a qué parte del alma se está refiriendo?

f) ¿Por qué cree que los otros prisioneros "serían capaces de matar" a aquel que ha vuelto para liberarlos?

g) Busque al menos cinco ejemplos de personajes históricos que hayan sido "asesinados" por revertir o denunciar situaciones de injusticia.

h) ¿Se dio cuenta de que en la consigna anterior puede incluir "personajes históricos femeninos"? Hágalo. Incluya entre sus ejemplos al menos dos personajes que hayan sido "mujeres".

i) Investigue sobre la figura de Juana de Arco e intente establecer un paralelismo entre su figura y la figura de Sócrates. Ambos mueren por una razón, sin embargo, los cargos en contra de cada uno de ellos son diferentes. Enúncielos y explicite los supuestos sexistas que encuentre en ambas acusaciones.

j) Ahora relacione estas figuras con la figura de Cristo y elabore el mismo análisis que en el ítem anterior.

k) Reflexione qué sentidos posibles tiene la expresión "pensar diferente". Fundamente.

3. *Contenidos*: Aristóteles, la des-duplicación necesaria del mundo; "anulando" lo que está de más. El hombre como *zoónpolitikón* ('animal político'), y "la mujer como hombre imperfecto".

a) Lea atentamente la siguiente afirmación: "Todos los hombres tienden naturalmente a conocer" (Aristóteles, *Metafísica*, libro I). Responda: ¿A quién se refiere Aristóteles cuando usa el término *hombres*? ¿Es correcto entenderlo en su sentido genérico? ¿Por qué?

b) Ahora le pedimos que lea este otro pasaje:

> La naturaleza (…) ha creado a unos seres para mandar y a otros para obedecer. Ha querido que el ser dotado de razón y de previsión mande como dueño, así como también que el ser capaz por sus facultades corporales de ejecutar las órdenes, obedezca como esclavo. La naturaleza ha fijado, por consiguiente, la condición especial de la mujer y la del esclavo. Entre los bárbaros, la mujer y el esclavo están en una misma línea, y la razón es muy clara; la

naturaleza no ha creado entre ellos un ser destinado a mandar... (Aristóteles, *Política*, libro I).

c) Vuelva sobre el ítem a) y no modifique su respuesta, déjela tal cual la pensó en un primer momento. Lo que sí le pedimos es que *elabore* una conclusión y la adjunte a la respuesta de la consigna dos, de modo tal que quede claramente expresado en quién estaba pensando Aristóteles cuando usaba el término *hombres*.

4. *Contenidos*: La antropología filosófica en el siglo XX. Revoluciones, convulsiones y otras fracturas "expuestas": las heridas narcisistas. Los "aportes" del psicoanálisis, el descubrimiento del inconsciente.

a) lea atentamente el siguiente pasaje:

> ... por las heridas de su identidad (la del sujeto) quebrantada se cuelan hoy poderosos otros que enturbian el mítico espejo de narciso... más que expresarnos, somos expresados por el inconsciente, las ideologías, los lenguajes convencionales... y que somos movidos por las fuerzas del poder anónimo del sistema, que se infiltra hasta en los pliegues más recónditos de nuestra privacidad (Schnaith, N. *Las heridas de Narciso*. Buenos Aires, Catálogos, 1990, p. 63).

b) Según Irigaray (1974), la invisibilización del *sujeto* femenino responde a la forma dada al discurso que emerge como resultado de los intereses de la subjetividad masculina. Estos "lenguajes convencionales" están guiados, en su construcción, por conceptos de identidad de género, extraños a los deseos e intereses de las mujeres, subsumiendo, asimilando y disolviendo lo *diferente* (las mujeres) en lo *Mismo* (El hombre). ¿Cómo relacionaría esto con el pasaje anterior? ¿Existe conexión entre ambos? ¿Por qué?

c) Elabore un ensayo breve a partir del siguiente disparador: "el Sujeto fragmentado y la fisura de los universales".

d) Observe la figura 1 y proponga una interpretación en la que defina los términos que se emplean con la mayor claridad posible.

Figura 1. Fuente: Elaboración propia.

5. *Contenido*: Los aportes del psicoanálisis. Freud y el descubrimiento del inconsciente. Sujetx(s) posmodernx(s).

a) Lea atentamente el siguiente extracto de "Tres ensayos para una teoría sexual" Freud, *Obras Completas*, y explique el "papel organizador del Edipo" y la función de la prohibición del incesto. Relacione los textos citados con la crítica de Irigaray.

> El trato del niño con la persona que lo cuida es para él una fuente continua de excitación y de satisfacción sexuales a partir de las zonas erógenas, y tanto más por el hecho de que esa persona —en general la madre— dirige sobre el niño sentimientos que brotan de su vida sexual (lo acaricia, lo besa y lo mece) y claramente lo toma como sustituto de un objeto sexual de pleno derecho. La madre se horrorizaría, probablemente, si se le aclarara que con todas sus muestras de cariño despierta la pulsión sexual de su hijo y prepara su posterior intensidad.
>
> Juzga su proceder como un amor "puro", asexual, y aun evita con cuidado aportar a los genitales del niño más excitaciones que las indispensables para el cuidado del cuerpo. Pero ya sabemos que la pulsión sexual no es despertada solo por excitación de la zona genital; lo que llamamos ternura, infaliblemente ejercerá su efecto un día también sobre las zonas genitales. Ahora bien, si la madre conociera bien la gran importancia que tienen las pulsiones para toda su vida anímica, para todos los logros éticos y psíquicos, se ahorraría los autorreproches incluso después de ese esclareci-

miento. Cuando enseña al niño a amar, no hace sino que cumplir su cometido, esto es, convertirlo en un hombre íntegro, dotado de una enérgica necesidad sexual, y consumar en su vida todo aquello hacia lo cual la pulsión empuja a los seres humanos."

La barrera del incesto:

Cuando la ternura que los padres vuelcan sobre el niño ha evitado despertarle la pulsión sexual prematuramente, vale decir antes de que estén dadas las condiciones corporales propias de la pubertad, y despertársela con fuerza tal que la excitación anímica se abra paso de manera inequívoca hasta el sistema genital, aquella pulsión puede cumplir su cometido: conducir al niño, llegado a la madurez, hasta la elección del objeto sexual. Por cierto, lo más inmediato para el niño sería escoger como objetos justamente a las personas a quienes desde su más tierna infancia ama, digamos con una libido amortiguada. Pero, en virtud del diferimiento de la maduración sexual se ha ganado tiempo para erigir, junto con otras inhibiciones sexuales, la barrera del incesto, y para implantar en él los preceptos morales que excluyen expresamente de la elección del objeto a los parientes consanguíneos, a las personas amadas de la niñez. El respeto de esta barrera es sobre todo una exigencia cultural: tiene que impedir que la familia absorba unos intereses que le hacen falta para establecer unidades sociales superiores, y por eso en todos los individuos, pero especialmente en los varones adolescentes, echa mano a todos los recursos para aflojar los lazos que mantienen con su familia, los únicos decisivos en la infancia.

## Actividad 2. Para grupos (no más de dos integrantxs por grupo)

a) Diseñe una imagen que exprese el contenido de la siguiente idea: *Durante siglos "la humanidad" ha tenido solo una "mitad"*.

b) Observen la figura 2 y propongan una interpretación para el siguiente título: *Ser, sentir, parecer*. Tomen como referencia la exposición sobre Butler que figura en el capítulo.

c) Relean atentamente los pasajes citados arriba y analícenlos tomando, para ello, las categorías

Figura 2. Fuente: Elaboración propia.

que aparecen: *género, sexo, reificación, mujer, varón, naturaleza, lenguaje, deseo, etc.* Luego desarrollen, al menos, dos argumentos a partir de los cuales ustedes puedan mostrar que los "prejuicios" de género no tienen "género".

Como la actividad se desarrolla por grupos, se puede proponer un debate en el que se tomen y se sometan a discusión los argumentos esgrimidos por cada grupo. Una vez que cada grupo haya presentado sus argumentos, el resto de los grupos deberán proponer, al menos, un contraargumento posible, de esta manera, se lxs obliga a repensar la propia posición, respecto del tema, y la autoevaluación sobre el manejo de los conceptos centrales.

### Actividad 3. Para pequeñxs grupos (dos o más integrantxs)

En grupos de no más de cuatro personas, leer atentamente cada uno de los siguientes extractos:[10]

Primer texto[11]

(A) "La versión 2011 de los reality shows en el aire de la televisión abierta incluye entre sus participantes a personas trans: Alejandro, en Gran Hermano, y Julieta, en Soñando por bailar...

José María Listorti: Vos dijiste que sos transexual, y que yo sepa transexuales son las que están operadas. ¿Vos estás operada?

Julieta Biesa: (breve silencio) Yo soy transexual...

J. M. L.: ¿Pero estás operada o no? Porque si estás operada es una cosa, si no estás operada es otra...".

(B) Alejandro: Yo nunca jamás me sentí gay...

Emiliano: Pero vos sos gay.

Luz: Él no es gay.

Emiliano: Es homosexual.

Luz: No es homosexual.

Emiliano: ¿Qué es homosexual? Que le gustan las personas del mismo sexo. Y el sexo lo tenés definido.

Alejandro: No, el sexo no es solamente físico.

Emiliano: Bueno, pero es homosexual. Después hay diferentes ramas de homosexualidad...

Alejandro: Yo considero que soy trans hasta que me opere, después soy un hombre...

---

10  Ambos tomados del Suplemento "Soy", de *Página/12*.

11  Se puede consultar la versión completa en [http://www.pagina12.com.ar/diario/suplementos/soy/1-1800-2011-01-14.html].

Emiliano: Vos SOS homosexual cuando te gustan de tu mismo género. Y él, actualmente, es género femenino. O sea, vos decís que te sentís hombre, pero no podés decir que no sos diferente del resto.
Alejandro: Yo no me siento diferente a cualquier otro pibe en la forma de pensar...
Emiliano: Pero la realidad es que no, la realidad es que no. Yo, la verdad, no te creo, ¡Si hasta nuez tenés!
Gran Hermano 2011, Telefe, mientras el videograph decía: "Emiliano y Alejandro no concuerdan".

Segundo texto[12]

Susana Álvarez tuvo que disculparse frente a Milagros Andrada. No volvería a usar el nombre que todavía figura en su documento, no pondría trabas para que la joven pudiera terminar las prácticas iniciadas en la escuela 105 de La Pampa, que Álvarez dirige. Es más, la invitó a hacerlo. En enero, claro, cuando solo hay silencio tanto en el patio como en las aulas. Milagros desistió de tan vacuo ofrecimiento. Como estudiante del Instituto de Formación Docente de Santa Rosa sabe que para que las prácticas tengan sentido, maestras y maestros, alumnas y alumnos tienen que estar en acción. Como también sabe que es su derecho ser tratada según su identidad de género, más allá de lo que diga un documento al que ahora mismo difícilmente pueda llamar de identidad. Por eso, tal vez, no le dolió tanto cuando Álvarez la llamó "gorda barbuda" como cuando le impidió seguir adelante con sus prácticas junto a otras compañeras que fueron testigos de cómo la directora se jactó de haber averiguado su "nombre de varón". El silencio que ahora reina en la escuela no amparó entonces a la directora. Milagros la denunció por discriminación y la denuncia fue escuchada. Aunque el pedido de disculpas se haya hecho a puertas cerradas y se haya expresado en el mismo acto el mandato de no repetir lo que se dijo durante la conciliación. Aunque haya trascendido que la directora fue acompañada por un abogado penalista que insistió en negar la identidad femenina de Milagros y por un grupo numeroso y compungido de maestras que pusieron el cuerpo para apoyarla. El episodio es paradigmático. Porque es evidente que no todo está permitido. Porque es evidente que aunque no todo esté permitido la violencia se enmascara en castigos administrados en dosis pequeñas que se pretenden invisibles pero no lo son tanto: como el trato en masculino para quien se llama Milagros, como el

12 Se puede consultar la versión electrónica en [http://www.pagina12.com.ar/diario/suplementos/soy/1-1812-2011-01-21.html].

mandato de silencio, como la oferta de terminar prácticas docentes en una escuela vacía.

Una vez leídos detenidamente cada uno de los pasajes, cada grupo anotará en una hoja:

a) Una valoración para cada uno de los pasajes entre las siguientes categorías: discrimina, no discrimina y neutro.

b) Al lado de cada "valoración", anoten una idea breve que opere como clave de fuerte impacto interpretativo (por ejemplo, Artículo I (evaluado como) discrimina (porque) "usa la palabra enfermo").

c) Una vez realizados los puntos anteriores, propongan un título para cada uno de ellos.

d) Luego de haber propuesto los títulos que consideren más adecuados para cada uno de los pasajes, respondan muy brevemente las siguientes preguntas: ¿Con qué conceptos de los trabajados en clase se asocia especialmente cada uno de los pasajes presentados? ¿Consideran que las valoraciones que han hecho de cada uno de los pasajes hubieran sido diferentes si hubieran tenido que hacerlas antes de la lectura de los textos trabajados en el curso? ¿Detectan algún supuesto fuerte en relación con la *verdad, subjetividad, poder-educación*? ¿Cuáles? ¿Por qué?

## Actividad 4. Para la unidad de Teoría general del conocimiento

a) Busque el significado de "falibilidad" y dé dos ejemplos diferentes que den cuenta de lo que significa ese carácter epistemológico.

b) La ciencia muchas veces se impuso como un discurso que "naturalizaba" y "legitimaba" cierta visión, o interpretación de la realidad. Lx invitamos a pensar ejemplos de este tipo de legitimaciones (al menos tres) que tengan relación directa con el eje "discriminación".

c) Una vez que tenga pensados sus ejemplos, le proponemos realizar una investigación en la cual releve información relativa a las teorías científicas sobre las cuales se apoyaron o fundamentaron esos "factores de discriminación". Responda: ¿siguen vigentes esas teorías?, ¿cuáles?, ¿por qué considera que han desaparecido o permanecido?

d) Por último, proponga una explicación del siguiente fenómeno: "Esta mujer carece de razón" (Se da por sentado que no está loca).

e) ¿Pudo encontrar una ley para construir la explicación? ¿Cuál? ¿Supone la apelación a ese enunciando incurrir en un prejuicio de Género? ¿Por qué?

## Actividad de cierre

A partir de la imagen y del texto alusivo de la figura 3, observe atentamente la imagen y redacte un ensayo en el cual se expongan los argumentos necesarios para justificar el sentido manifiesto de la imagen como del texto que la acompaña.

Figura 3. Fuente: Elaboración propia.

## Actividad 5. Para la unidad de Inteligencia

1. *Contenido*: comportamientos inteligentes. Caracterización canónica general
   a) ¿Cómo le explicarías a un niño de cinco años qué es la inteligencia?
   b) ¿Cómo le explicarías a una niña de cinco años qué es la inteligencia?
   c. ¿Las preguntas anteriores tienen algún defecto?, ¿cuál?, ¿por qué?, ¿qué te parece que supone formular esas preguntas de esa manera? Ahora bien, sintetiza con tus palabras: ¿qué comunica? Si tuvieras que definir qué es la inteligencia, ¿cómo la definirías? ¿con qué imagen acompañarías esa definición?, ¿por qué?

2. *Contenido*: Inteligencia. Supuestos, problemas y consecuencias de su definición. La conceptualización de la "Inteligencia": un producto sociocultural
   a) *Observe* atentamente la figura 4, correspondiente a una publicidad gráfica de cacerolas, aparecida en la revista *Viva* (1997), y responda:
   ¿Por qué cree usted que se utilizó una figura femenina en lugar de una figura masculina?
   ¿Cree que esta publicidad reproduce algún tipo de prejuicio con respecto a la "inteligencia femenina"? Justifique su respuesta.

Figura 4. Publicidad de cacerolas,
*Viva*, 1997.

b) Observe ahora esta otra secuencia de imágenes (figura 5):

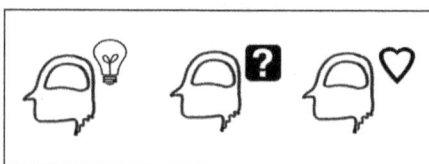

Figura 5. Fuente: Elaboración propia.

Una de ellas representa a un cerebro femenino, ¿cuál es y cómo la reconoció?
Una de ellas representa a un cerebro masculino, ¿cuál es y cómo la reconoció?

## Referencias bibliográficas

Amorós, Celia (1985). *Hacia una crítica de la razón patriarcal*. Barcelona, Ánthropos.

Butler, Judith (1990). *El género en disputa*. Barcelona, Paidós Ibérica.

Da Silva, Tadeu Tomaz (1999). *Espacios de identidad. Nuevas visiones del currículum*. Barcelona, Octaedro.

De Beauvoir, Simone (1999) [1949]. *El segundo Sexo*. Buenos Aires, Sudamericana.

De Lauretis, Teresa (1993). "Sujetos excéntricos: la teoría feminista y la conciencia histórica", en Cangiano y DuBois (comps.): *De mujer a género, teoría, interpretación y práctica feministas en las ciencias sociales*. Buenos Aires, CEAL, pp. 73-113.

Descombes, Vincent (1979). *Lo mismo y Lo otro*. Madrid, Cátedra teorema.

Dussel, Enrique (2005). "Europa. Modernidad y eurocentrismo", en Lander, Edgardo (comp.): *La colonialidad del* saber: eurocentrismo y ciencias sociales. Perspectivas latinoamericanas. Buenos Aires, CLACSO.

Foucault, Michel (1990a). *Historia de la Sexualidad. La Voluntad de Saber.* México, Siglo XXI.

—— (1990b). *Tecnologías del Yo.* Barcelona, Paidós Ibérica.

—— (1992). *Microfísica del Poder.* Madrid, La Piqueta.

Irigaray, Luce (1974). *Speculum de la otra mujer.* Barcelona, Saltes.

Marí, Enrique (1974). *Neopositivismo e Ideología.* Buenos Aires, EUDEBA.

Moore, George Edward (1903). *Principia Ethica.* Cambridge, Cambridge University Press.

Scott, Joan (1999). "El género: una categoría útil para el análisis histórico", en Simpson, Catherine y Navarro, Marisa (eds.): *Sexualidad, género y roles sexuales.* Buenos Aires, Fondo de Cultura Económica.

Silva Águila, Manuel (1984). "Conceptos y orientaciones del currículum", *Revista presencia. Instituto de Servicio Educacional de Chile*, abril-mayo, Santiago de Chile.

Spivak, Gayatri Chakravorty (1990). *¿Puede Hablar el subalterno?* Buenos Aires, Ediciones el cuenco de Plata.

Suplemento Soy (2011). "Violencia en tiempo real", *Pagina/12*, 14 de enero. Versión electrónica disponible en [http://www.pagina12.com.ar/diario/suplementos/soy/1-1800-2011-01-14.html].

—— (2011). "Ni una palabra más", *Pagina/12*, 21 de enero. Versión electrónica disponible en [http://www.pagina12.com.ar/diario/suplementos/soy/1-1812-2011-01-21.html].

Žižek, Slavoj (2000). *Ideología. Un mapa de la cuestión.* México, Fondo de Cultura Económica.

—— (2006). *Seis ensayos marginales sobre la violencia.* Buenos Aires, Paidós.

# Capítulo 5

## Agenda pendiente. Geografías de género: problemas y didáctica

*Brisa Varela[1]*

Si entendemos que el espacio geográfico es una construcción social desplegada en el tiempo, que ha sido y es un ámbito donde se desarrollan relaciones de poder, el accionar de las mujeres ha sido invisibilizado en la mayor parte de los estudios geográficos. Por ello, consideramos un desafío político su visibilización, tanto en el plano académico como en los distintos niveles de enseñanza. Nos situamos en la perspectiva feminista crítica que pretende generar una mirada resistente a las asignaciones tradicionales de roles de género, simbólicamente patriarcales, y a la revalorización de la acción de los diversos colectivos de mujeres en la producción de espacio geográfico.

En este capítulo, se analiza la incorporación de la perspectiva de género en los estudios geográficos. El texto se organiza en distintos ítems y transita un recorrido que se inicia con la constitución de la Geografía como disciplina científica; luego se analizan las transformaciones conceptuales en la disciplina que se desarrollan tras la segunda guerra y se consolidan a fines del siglo XX, tanto en la formulación del objeto y métodos de estudio como en la formulación de la geografía en cuanto ciencia social. En el siguiente punto, se indaga en la recuperación de la experiencia femenina en diversas líneas interpretativas y analíticas geográficas, así como su actual estado en América Latina. Finalmente, se trata la importancia de introducir la perspectiva de género en la enseñanza de la Geografía, tanto en el espacio de la

---

[1]  Magíster en Políticas Medioambientales y Territoriales por la Facultad de Filosofía y Letras de la Universidad de Buenos Aires y doctora en Ciencias Sociales por la Facultad Latinoamericana de Ciencias Sociales-Argentina, cursó estudios posdoctorales en ciencias sociales, en la Universidad Nacional de Córdoba (Argentina). Actualmente investiga los aspectos culturales y epistemológicos de la geografía, especialmente, lo relativo a la geografía de género y su enseñanza en las disciplinas sociales.

formación docente como en los distintos niveles del sistema educativo. A modo de cierre, se proponen algunas acciones didácticas concretas que aporten un marco de referencia para la transposición didáctica de una geografía con perspectiva de género con apertura epistemológica a contenidos y ejes problematizadores renovados.

## 1. Pensar lo geográfico

Cuando navegamos en el mar de los saberes geográficos, pensar en función de plurales o singulares no es una cuestión puramente retórica; por el contrario, implica posicionarse en el lugar del saber hegemónico o en el del pluralismo ideológico y metodológico, como manera de ver y actuar en el mundo.

Para quienes han tenido contacto con la Geografía del ámbito escolar, posiblemente solo les evoque un sinfín de memorizaciones relativas a accidentes geográficos y topografías desplegadas en mapeos infinitos y abusos de inventarios nacionales, supuestamente ilustrativos del carácter excepcional de la tierra patria.

Listados de existencias, enumerados hasta el hartazgo, han construido el universo del sentido común, con la consigna, mediáticamente sostenida, referida a la riqueza y excepcionalidad de los bienes "nacionales" y a la falta de dedicación y empeño de sus habitantes, como conciencia unitaria, que no han sabido aprovechar y poner en marcha "el país de las promesas" ofrecido por la naturaleza en calidad de bendición eterna.[2]

La teoría climática, referida a la clasificación de los países en fríos, que promovían habitantes diligentes y productivos, y los países tropicales con habitantes perezosos y poco afectos al trabajo, acompañaba con lógica —¿ingenua o perversa?— el discurso geográfico, transmitido por maestrxs y profesorxs[3] en las escuelas.

La geografía escolar se incorpora en los planes de estudio durante los últimos decenios del siglo XIX, cuando el liberalismo había impuesto su programa político en Europa Occidental. Los varones de la burguesía, que ocuparon los puestos claves de la dirección política, se consideraron a sí mismos como los legítimos representantes de los intereses de la nación. Fue

---

2   Este aspecto ha sido destacado entre otros autores por Carlos Reboratti al analizar los diseños curriculares de la educación secundaria en la Argentina. El patrón no es diferente de otros estados.

3   Como en otros capítulos, adopto la x como modo de mostrar que hay más géneros que el masculino universalizador.

la misma época en la que se multiplicaron las expediciones geográficas que acompañaron la expansión militar europea sobre África y Asia.

Por aquel entonces, las sociedades geográficas y las academias e institutos de estudios históricos se constituían en todos los países europeos y reforzaban el papel de estas disciplinas en el apoyo al modelo económico, social y político decimonónico. Fue esa la época en la que esloganes, como "orden y progreso", "paz y administración" o "por la razón o la fuerza", sintetizaron los ideales de la burguesía patriarcal y se aplicaron tanto en la acción política como en la reflexión teórica. Así, la expansión tuvo su legitimación ideológica produciendo un imaginario social en virtud del cual no se trataba simplemente de una expansión territorial con fines económicos, sino de llevar la cultura europea y "la civilización blanca" a los "pueblos atrasados" de los otros continentes.

La Geografía adquirió especial fuerza a partir de su inserción en la corriente positivista. Como otras ciencias, intentó reducir el comportamiento de los fenómenos naturales y sociales a explicaciones racionales, descubriendo las leyes universales que los regían.[4] Resultó funcional a los planes de expansión de las potencias europeas que, al compás del desarrollo de la Revolución Industrial y de la división internacional del trabajo, se expandieron militar y económicamente ampliando su dominación territorial sobre África, Asia y América Latina.

La resonancia de los trabajos de Charles Darwin, con una metodología rigurosa apoyada en la observación, la experimentación, el análisis racional y la sistematización de los conocimientos repercutió no solo sobre las ciencias naturales, sino también sobre los enfoques sociales. Numerosos trabajos comenzaron a colocar el eje en los procesos de adaptación y selección natural como conceptos estructuradores, a partir de los que se consolida el paradigma positivista. Parecía ser la demostración científica de la idea de progreso lineal e infinito. En relación con la perspectiva del evolucionismo biológico, se producirá en el campo de la Geografía una errónea transposición de sus conceptos, en especial, a partir de los trabajos de Friederich Ratzel y de los partidarios de sus teorías, quienes consideraban el reconocimiento de la evolución de las especies como una ley natural, aplicable no solo al funcionamiento de la naturaleza, sino también a la dinámica social. Criterios como los de lucha por el espacio vital, adaptación de las especies al medio y sobrevivencia del más fuerte en la competencia biológica se aplicaron a la "física social" para justificar el dominio de unos pueblos sobre otros. En el

---

4   El filósofo Immanuel Kant dictará durante años su curso de Geografía Física en Koenigsberg. Los planteos de Kant, al emplear una lógica implacable, pondrán en discusión las ideas de designios divinos detrás de los fenómenos naturales o sociales.

marco histórico de la expansión imperial, esto implicó la legitimación de la dominación del capitalismo patriarcal europeo sobre los territorios coloniales.

La perspectiva de la geografía determinista, que invocó la imposición de las condiciones del medio natural sobre las sociedades, gozó de gran difusión y popularidad en su época y, pese a demostrarse su acientificidad y su esquematismo, sus criterios aún tienen adeptos en instituciones escolares y medios de comunicación. La penetración del evolucionismo en el horizonte epistemológico de las corrientes geográficas suministró un instrumental analítico e interpretativo fundamental para explicar las conexiones entre unos hechos y otros, y en relación con ello, la dinámica de las actuaciones humanas y sociales en el espacio geográfico (Gómez Mendoza y Muñoz Jiménez, 1988).

Desde la perspectiva de esos tiempos, se construyó el imaginario nacional fuertemente articulado con la defensa de las fronteras en función de la representación de los países limítrofes como potenciales enemigos; se manifestaron, entonces, no solo la fuerte valorización de los recursos naturales de los territorios pertenecientes al Estado nacional, sino la necesidad de homogeneizar a las poblaciones en torno a una única y sacralizada identidad, cuya simbología era transmitida desde la institución escolar.

Cuando la Primera Guerra Mundial, la posguerra, la Revolución rusa y la depresión mundial marcaron la crisis del orden político y económico liberal, la realidad contrastó con la promesa optimista del "progreso indefinido", y el "orden civilizatorio de occidente" terminó por desplomarse a la sombra de Auschwitz. Desde el campo intelectual, los nuevos enfoques y las corrientes del pensamiento se sucedieron en busca de abordajes más complejos.

Las ciencias sociales no permanecieron ajenas a este proceso, y múltiples paradigmas coexistieron confrontando o complementándose en el análisis de la realidad social. En lo que hace al conocimiento geográfico y las formas de acceder a este, se enriqueció la mirada notablemente a lo largo del siglo XX. Dos aspectos merecen destacarse especialmente: la salida de la Geografía del campo de las ciencias naturales y su inserción indiscutida en las ciencias sociales, y la proliferación de escuelas geográficas que se plantearon nuevos problemas o abordaron los ya existentes desde distintas perspectivas, por lo que se alejaron de los paradigmas hegemónicos con los que coexistieron en continuo debate.

Entre las corrientes geográficas cuya mirada permitirá pensar en una apertura posterior a la perspectiva de género, pueden citarse la geografía fenomenológica o humanística y la geografía marxista o crítica. La primera, al centrar su preocupación en entender y explicar las conductas y subjetividades de los distintos grupos sociales en situaciones específicas, tuvo una fuerte influencia procedente de otras disciplinas, como la psicología, la sociología y la antropología. La idea central sobre la que se construye este enfoque es la de valorizar la subjetividad en la interacción y construcción del espacio geográfico. Las subjetividades se relacionan con las experiencias de vida y con la memoria histórica que lxs diversos integrantes del grupo posean.

La interpretación que un grupo o subgrupo haga sobre determinados fenómenos se reflejará en las conductas y reacciones que desarrolle frente a él (Lynch, 1986). Es muy interesante que los diversos estudios reflejen la heterogeneidad de las imágenes que se producen sobre los mismos fenómenos geográficos no solo según la experiencia histórica de un grupo, sino a su interior. En ello influyen las diferentes características de sus integrantes: la clase, la generación, el factor religioso, étnico y, por supuesto, el género. Posteriormente, se ha podido articular la corriente geográfica de la percepción con la teoría de las representaciones sociales, de origen sociológico (Jodelet, 1999).

En sintonía con los planteos ideológicos y los movimientos contestatarios de la década de los sesenta, la reflexión geográfica abrirá nuevos senderos interpretativos de la realidad. Identificados con planteos teóricos procedentes del marxismo, otros geógrafos propusieron nuevos centros de interés para el análisis geográfico y concretaron revisiones epistémicas y metodológicas. En sus enunciados, se observa una nueva visión del papel de la geografía y de lxs geografxs, así como su deseo de desarrollar paradigmas alternativos para estudiar el presente e investigar formas de cambio radical en las sociedades futuras, para hacerlas más justas. Se ponían en el tapete, por primera vez, temas y problemas vinculados con la geografía de la pobreza, de la marginación y del subdesarrollo. En paralelo se iniciaba un riguroso análisis epistémico de los basamentos en los que la geografía se había estructurado como disciplina académica y como materia en el ámbito escolar.

Relacionadas con la línea crítica, las revistas *Antipode* (EE. UU.) y *Hérodote* (Francia) fueron herramientas para la difusión de esta renovación profunda de los estudios geográficos. Desde la postura crítica, el espacio geográfico es concebido como socialmente construido por agentes sociales insertos en relaciones de clase. Las geógrafas críticas feministas reclamarán la inclusión de las relaciones de género.

En América Latina se destaca la figura de Milton Santos, quien entiende ese espacio como condición para la producción y reproducción del capitalismo a partir de su valorización tanto del valor contenido como del creado. Políticamente, el espacio geográfico era, simultáneamente, ámbito de ejercicio del poder y de acumulación del capital (Hiernaux, 2008). La perspectiva feminista entiende los espacios geográficos como escenarios dados por construcción histórica política de las sociedades. Articuladas con sistemas económicos, así como con el sistema patriarcal, tienen por soporte el mundo de la naturaleza. El espacio geográfico se constituye, entonces, como categoría básica de reflexión, de operacionalización y de acción.

## 2. Feminismo y pensamiento geográfico

Desde la década de los sesenta se despliegan líneas epistémicas relativas a la inclusión de las diversas experiencias de las mujeres en el mundo presente, y la noción de género aparece como un elemento explicativo de la producción de los espacios geográficos a lo largo de la historia. La geografía de género se produce deconstruyendo la geografía tradicional desde el clivaje de la teoría crítica y del posmodernismo. De acuerdo con esta perspectiva, el espacio geográfico no es neutro, sino el resultado de relaciones de poder de clase, étnicas, religiosas, generacionales y de género. El análisis geográfico requerirá, por lo tanto, incorporar la diversidad de la experiencia humana en circunstancias de asimetría de poder, y el acceso a la producción de espacio se entiende como medio de control social y político.

El espacio geográfico visto por la geografía de género es explicado, también, como un dispositivo de discriminación, de dominación y control que sustenta el dominio masculino en la sociedad. La desigualdad entre hombres y mujeres se espacializa, y la espacialización impuesta sobre las mujeres constituye un medio de dominación. Las formas y características en que se produce ese espacio geográfico por parte de las mujeres se realiza dentro del patriarcado (Delgado Mahecha, 2003). ¿Cómo se interpreta y comenta dentro de una semiótica androcéntrica? ¿Cuáles son los intersticios en los que se filtra la mirada de las mujeres sobre su historia y su presente? Los feminismos lo han considerado un tema de interés y de discusión, entendiendo que la cultura se crea, recrea y almacena; se guarda a partir de mandatos sociales y familiares aprendidos, e insistentemente enseñados, con distintos grados de violencia física y/o moral (Di Liscia, 2007). El tiempo y la memoria de las mujeres, muchas veces, aparecen articulados con sentidos preexistentes dados por el orden patriarcal, y se elaboran, precisamente, a partir de esas asociaciones. En ese orden, se yuxtaponen memorias femeninas sobre las acciones en el espacio geográfico. Algunas de ellas emergen, subterráneas y subalternas, confrontando con las memorias oficiales, los olvidos y los recuerdos prescriptos.

Situarse en una perspectiva de género implica asumir un posicionamiento epistémico relativo a las relaciones de poder entre los géneros y, en este sentido, es necesario reconocer que la cuestión de los géneros no es un tema más; no es un tema que deba agregarse (Colombara, 2013). Por el contrario, las relaciones de desigualdad entre los géneros tienen como efecto la producción y reproducción de la dominación patriarcal y se evidencian en expresiones concretas en todos los ámbitos de la cotidianeidad y de la cultura: el trabajo, la familia, la educación, la política, las organizaciones, la salud, etc. (Gamba, 2009).

La mirada de género iniciada en el siglo XVIII, cuando Maria de Wollstonecraft escribe en 1782 su *Vindicación de los derechos de las mujeres* y Olympe de Gouges es guillotinada durante la Revolución francesa por luchar por los derechos de la mujer en el marco de la República, será desarrollada en el siglo XIX con la rebelión de las feministas liberales sufragistas, las socialistas y anarquistas. Posteriormente, seguirá la denominada segunda ola del feminismo, que comienza a fines de la década de los sesenta, en los países desarrollados, inscribiéndose dentro de los movimientos sociales surgidos en esos años. Temáticamente, proponen redefinir el concepto de patriarcado, el análisis de los orígenes de la opresión de la mujer, el rol subordinante de la familia, la división sexual del trabajo, el trabajo doméstico, la sexualidad, la reformulación de la separación de espacios público y privado y el estudio de la vida cotidiana, entre otros. También plantea la necesidad de búsqueda de una nueva identidad de las mujeres que redefina lo personal como imprescindible para el cambio político.

Surgen, así, diversas expresiones del feminismo que, en cuanto movimiento, incluyen diversidades teóricas. El feminismo liberal, el feminismo radical, el feminismo socialista, los feminismos posmodernos, imbuidos por las corrientes de los feminismos de la igualdad y/o por los feminismos de la diferencia darán multiplicidad y heterogeneidad al movimiento.[5]

Si bien en algunos casos se afirma que esta última etapa continúa hasta el presente, otros planteos sostienen que las transformaciones en el mundo actual y la modificación radical de los derechos de las mujeres en diferentes esferas, como las discusiones de orden filosófico y sociológico de la posmodernidad, hacen que nos encontremos en el tercer momento del feminismo cuyas características se encuentran en pleno debate.

En Latinoamérica el desarrollo de ONG motivadas por diversas luchas en los derechos de las mujeres se han expresado en encuentros nacionales de mujeres y encuentros feministas que se han multiplicado. En nuestro continente, la incorporación de la perspectiva de género en la geografía se realizó lentamente y con retraso en relación con otras ciencias sociales. En el XIV Encuentro de Geógrafos de América Latina (EGAL), realizado en Lima en el año 2013, Mónica Colombara sistematizó los estudios de geógrafas feministas latinoamericanas que presentaron sus aportes en los EGAL realizados,

---

5  Para un mayor desarrollo del tema, ver el capítulo 1.

cada dos años, entre 1987 y 2011. Su trabajo resulta de gran interés para considerar el grado de avance logrado. A partir del análisis de los trabajos presentados en los distintos EGAL, la autora se pregunta si hubo aportes desde el enfoque de género, cuándo y en qué marco surgieron, si fueron empíricos o teóricos y cuáles fueron las principales temáticas o problemáticas que se han abordado. Colombara plantea algunas conclusiones de su análisis: encontró una mínima representación de trabajos con perspectiva de género y/o con uso de la categoría de género en relación con la totalidad de las ponencias presentadas, 51 artículos sobre un total de 5700 (entre 1987 y 2009). Una de las causas podría radicar en que la geografía en América Latina tiene aún un fuerte sesgo de la geografía tradicional y hay reticencia a incorporar nuevas categorías y enfoques que apunten a los análisis socioculturales. Otra causa hipotética, según la autora, sería el peso que el patriarcado tiene en las estructuras de poder, así como la organización burocrática de las universidades y centros de investigación con un cierto divorcio entre la realidad social y los temas de investigación.

Durante mucho tiempo, los geógrafos habían ignorado la presencia específica y particular de las mujeres en la producción de territorio, por lo que se presentaba la experiencia de los hombres como si fuera la totalidad de la experiencia humana (Monk-Hanson, 1989). Las mujeres que formaban parte de una masa anónima e ignorada, fundamentalmente, eran presentadas como sujetos pasivos en diversas situaciones, tales como los flujos migratorios o en la construcción de paisajes rurales o urbanos.

A partir de la década de los ochenta, geógrafas feministas del mundo anglosajón postularon modelos de investigaciones en los que las mujeres fueron puestas en el centro de la mirada. A poco tiempo de andar, se evidenció que era necesario: a) concebir a las mujeres como agentes activos, b) Identificar claramente que es necesario hablar de "mujeres" y no, generalizadoramente, de "la mujer", puesto que la diversidad de las realidades culturales, regionales, de clase, etc., deberían ser claramente apreciadas por el geógrafo y justifican plenamente las cuidadosas diferenciaciones.

Pioneras en la renovación geográfica en el mundo anglosajón y en la conformación de nuevos paradigmas de investigación, Janice Monk y Susan Hanson han estudiado los desplazamientos y las migraciones en función de los entornos, los niveles de participación en el plano socioeconómico y la injerencia de los estudios respecto de la calidad de vida. En España, por su parte, podemos referirnos a las figuras de García Ballesteros, Dolores García Ramón y María Prats no solo en lo que respecta a cuestiones teóricas, sino también en relación con la participación de las mujeres en las estructuras agrarias. García Ramón recuerda los comienzos de la geografía de género española, cuando conoce a Janice Monk, quien le propone tener una sesión sobre género y geografía en el Congreso Regional de la Unión Geográfica Internacional en Barcelona, en 1986. La sesión fue un éxito: era la primera vez que se organizaba oficialmente algo sobre el tema de género en la UGI (Da Silva, 2011).

A los estudios en el área de la metodología y de la teoría, se agregan aquellos ejemplos concretos del trabajo de campo con sus valiosos aportes. Cuando nos preguntamos el porqué y el para qué de la geografía de género, es útil comenzar por redefinir los para qué de la geografía como ciencia humana. Arraigada durante decenios, la convicción de que la ciencia geográfica debía limitarse a describir con la mayor exactitud posible características de los aspectos naturales y físicos, donde la intervención social, si bien era reconocida, se incorporaba desarticuladamente en el capítulo de la "geografía humana" como si la disociación se justificara por sí misma, sin necesidad de argumentaciones. No podía esperarse que, dentro de esta concepción, se planteara una geografía del género. Sin embargo, ¿hasta dónde es lícito seguir adhiriendo a esta concepción de lo geográfico que no puede aproximar respuestas a las más angustiantes cuestiones que hoy se debaten en lo que se ha dado en llamar "la aldea global"?

Ya en la Conferencia de las Naciones Unidas sobre Medio Ambiente y Desarrollo (CNUMAD, 1992) y en la Asamblea Mundial de la Mujer y el Medio Ambiente y del Congreso Mundial para un Planeta más sano (1991) se han planteado aquellos aspectos estructurales que hacen a la problemática entre mujer-medio y ambiente-salud, al mismo tiempo que se denunciaba la aplicación de políticas de ajuste en los países pobres, para pagar la carga de la deuda contraída por créditos que no han beneficiado más que a minorías improductivas en detrimento de un número creciente de personas que se ven hoy día sometidas a desnutrición, analfabetismo y enfermedades endémicas, con sus secuelas de enfermedades físicas y mentales etc.

Concebir nuestro espacio como una construcción social realizada en el tiempo histórico por distintxs actorxs sociales implica el reconocimiento de las mujeres como tales. Es, entonces, cuando la presencia femenina se impone con todo su peso. La geografía de América tiene mucho para decir en lo que hace a la estructuración de un espacio americano colonial y poscolonial dependiente que, proyectándose sobre el presente, reconoce a las mujeres como sujetos activos en la construcción del porvenir. Cómo viven las mujeres cotidianamente, en el marco de la globalización, su desigual y doble papel como trabajadoras en el mercado y como trabajadoras invisibles en sus unidades domésticas, puesto que representan la mitad de la población del globo y reciben tan solo el uno por ciento de los ingresos mundiales y menos del uno por ciento de la propiedad mundial. La geografía de género opina y debate en lo que hace al estudio de desigualdades socioespaciales y ambientales y extiende su análisis a fenómenos que abarcan desde lo local a lo regional, por lo que llega a espacios de complejización global.

Actualmente, las mujeres son incluidas, desde el poder, en la totalidad de los procesos sociales, de manera que no solo asumen nuevas responsabilidades, sino que mantienen las anteriores. ¿Qué ocurrirá en un futuro? ¿Cuáles serán las respuestas sociales y del género frente a esta realidad? ¿Qué sabemos de la percepción femenina de su entorno, sea este rural o urbano? Nos preguntamos sobre sus similitudes o diferencias con la percepción que tiene el mundo masculino sobre este, pero también entre ellas mismas según sus clases sociales, religión o edad. Si existen diferencias, ¿qué tienen estas que ver con el uso que del espacio se hace desde cada género? Miles de mujeres niñas son lanzadas diariamente a la prostitución: violaciones, abortos y muerte. Crecen las denuncias de feminicidio. ¿Es lícito hoy hablar de una feminización de la pobreza en el Tercer Mundo?

Otro aspecto de importancia que debe ser considerado es el peso de los organismos internacionales en lo que hace a la disociación entre agentes multiplicadores y tomadores de decisiones. Es común la valorización de la acción de las mujeres en diversos programas de ayuda o experiencias piloto desde los organismos internacionales, como agente multiplicador, para superar situaciones sociales de grave riesgo. Por ejemplo, como alfabetizadoras o como administradoras de recursos escasos e indispensables, el agua, o como agentes primarios de salud frente a las, cada vez más cotidianas, epidemias de la pobreza. Pero, por otro lado, son subvaloradas en la toma de decisiones políticas a escala municipal, provincial o nacional. La inclusión del género en los estudios sobre la globalización no implica, en forma alguna, transcribir tediosas informaciones estadísticas que solo ponen el número, ahora desagregado por sexos, sin analizar la densidad de su significado.

Planteamos las problemáticas de género en el marco de la globalización con fuerte fragmentación social. La necesidad de transformar las prácticas sociales relativas a la dominación de género emerge, en forma explícita, a partir de creación de la Comisión sobre el Estatus de la Mujer (CEM/CEW) en junio de 1946. Y toma impulso con la 1ª Conferencia Mundial de Población de 1974, organizada por la ONU y realizada en Bucarest. Ahí se expresa la situación de subordinación —en diferente grado— de las mujeres en todo el mundo. Esta situación motivó, por parte de diversos estados y de la misma ONU, la generación de diferentes mecanismos internacionales destinados a fomentar la intervención de los estados y realizar un llamado a los gobiernos para que desarrollasen estrategias que puedan lograr la igualdad de género, eliminar la discriminación de género e integrar la mujer al desarrollo y a la consolidación de la paz. Partiendo de los términos con los que Milton Santos define la existencia de espacios geográficos hegemonizados por las minorías, puede decirse que los estudios de género se convierten en esenciales para la comprensión compleja de la constitución del espacio geográfico.

En la Conferencia sobre la Población y el Desarrollo, realizada en El Cairo, en 1994, se incorpora el concepto de *empoderamiento*, es decir, la necesidad de que las mujeres adquieran poder, fuerza y autoestima, como requisitos para un desarrollo equitativo entre los géneros. Será recién a partir de la 4ª Conferencia Mundial sobre la Mujer, realizada en Pekín, en 1995, cuando ese concepto adquiera impulso ya que los estados miembros de la ONU adoptaron de forma unánime la Plataforma de Acción.

## 3. La geografía de género en las aulas

En los puntos revisados, hemos visto que tanto los estudios universitarios en la geografía de género, como los organismos internacionales han realizado avances desde las últimas décadas del siglo pasado en lo que hace a la inclusión de la perspectiva de género y, propositivamente, a las acciones destinadas a la promoción de autonomía económica, política e intelectual, como parte de la agenda de los estados. Uno de los aspectos más interesantes que se han desarrollado en los primeros años del siglo XXI es el de la legislación, por parte de muchos estados, destinada a sostener a las mujeres desde el punto de vista jurídico y legal, frente a la hegemonía del dominio patriarcal, tanto en los aspectos de la vida cotidiana como en la esfera laboral y política.

No obstante, si consideramos que la dimensión educativa es central para la promoción de la autonomía y la emancipación de género, puede observarse un ritmo lento y desigual que muchas veces queda plasmado solo en la letra de documentos curriculares que invitan a incorporar la perspectiva de género en las aulas, pero resulta insuficiente o nula, en el momento concreto de la intervención docente.

Cuando se aborda la mirada de género en las escuelas, aparece vinculada con el área de Formación Ética o Derechos Humanos, dentro de un eje pedagógico considerado transversal. No obstante, las disciplinas o áreas no lo toman como propio y el abordaje temático queda a un lado. Si nos detenemos en el campo específico de la geografía es muy poco lo que se ha insertado respecto de las cuestiones de problemáticas de género en nuestras aulas. A un siglo de la institucionalización de la Geografía y aún con diferencias, en lo que hace a los enfoques teóricos y metodológicos, hay consenso en que la enseñanza de contenidos de ciencias sociales es necesaria para entender, explicar y transformar el mundo actual. Este consenso se da también entre lxs teóricos y lxs docentes, quienes comparten la visión de que la enseñanza de las ciencias sociales tiende a introducir una mirada crítica para ayudar a construir un sistema de significados que permita decodificar aspectos de la realidad y sus representaciones; a valorar y generar actitudes respetuosas de las diferencias y cuestionadoras de las desigualdades, a asumir valores democráticos y participativos que acepten la alteridad y el pluralismo ideológico.

En Geografía el trabajo docente podría incursionar en muchas problemáticas retomando los aspectos de género. Por ejemplo, podría indagar en el papel de las mujeres en las economías y sociedades centrales y periféricas, o abordar los costos sociales del nuevo orden mundial, la crisis del Estado de bienestar y la lógica de la mundialización. También, podría considerar, en el marco del comercio internacional, las condiciones de precarización laboral que se imponen a lxs trabajadorxs y su expulsión hacia el mercado informal en condiciones de vulnerabilidad. Los procesos de precarización, violación de los derechos sociales, humanos, políticos y civiles son síntomas relevantes de las economías de mercado actuales, estas cuestiones deberían ser objeto de especial tratamiento en la Geografía escolar, al igual que las redes socioespaciales de interacción urbana y rural que construyen las mujeres como promotoras y activas participantes y las redes de trata ilegal de las que nos habla Saskia Sassen (2003) en su *Contrageografías de la globalización*. No hay geografía sin actorxs sociales; a las macroexplicaciones cuanticualitativas a escala internacional/local se las comprende cuando se encarnan en la casuística cotidiana. En este andamiaje, puede subirse sin inconvenientes una geografía de género que sostenga un enfoque problematizador y no solo descriptivo de la realidad.

Enseñar a partir de problemas y desde lo experiencial puede constituirse en un puente didáctico valioso tanto para la formación de formadores, como para lxs estudiantes en las aulas de los distintos niveles de enseñanza obligatoria. Más allá de la estrategia didáctica que el docente estime pertinente utilizar, lo importante es que estas expresen problemáticas. Lo descriptivo será, así, solo un material de base para construir luego explicaciones y argumentaciones, pero, de ningún modo, para quedarse puramente en el primer aspecto.

En cuanto a la intervención docente, siempre es importante trabajar a partir de la indagación constante de los saberes previos, que están asidos a representaciones sociales cargadas de prejuicios, por lo que deberá trabajarse en su deconstrucción desde una perspectiva constructivista. Justamente, enseñar a partir de problemas es una acción que les permite a lxs estudiantes replantearse esas ideas iniciales y reconstruir sus esquemas mentales. En este proceso, es importante fomentar como estrategias de enseñanza los debates, situaciones de simulación, juegos de roles, etc. Según plantean diversxs autorxs, como Camilloni (1995), Aisenberg (1994) y Castorina y Lenzi (2000), el proceso de cambio conceptual, que lleva a reformular saberes e incorporar nuevos conocimientos, requiere crear, previamente, un conflicto cognitivo a través de estrategias de enseñanza que permitan poner en tela de juicio los saberes previos. Trabajar a partir de problemas es, además de una estrategia didáctica, una postura epistémica frente a la ciencia y al proceso de construcción del conocimiento escolar.

En lo que hace al aspecto didáctico, oponer esta estrategia a los métodos descriptivo-memorísticos resulta de mayor significatividad para el sujeto que aprende, pero además de relevancia para el conjunto social si se quiere formar ciudadanxs participativxs, creativxs y críticxs. Trabajar desde problemas permite encontrar un sentido a la organización de los contenidos (Varela, 1999, 2000, 2003) y, en esta línea de pensamiento, es parte de un proceso formativo que contribuye a fomentar una mirada aguda u analítica respecto de los procesos sociales.

Respecto de la selección de los problemas, hay que considerar, por un lado, la significatividad en función del perfil de nuestrxs alumnxs, incluso pueden surgir de inquietudes de ellxs, a las que demos forma de objeto de estudio. Pero también es importante que quien enseña introduzca situaciones desconocidas para lxs alumnxs, pero de gran relevancia académica y/o social como la mirada de género y remitirse a ellos para organizar secuencias didácticas.

Frecuentemente, lxs alumnxs "registran" como problemas aquellas situaciones que aparecen en la pantalla del televisor. Sin embargo, hay situaciones sociales —históricas o del presente— que, habitualmente, no se exponen en los medios masivos o si se exponen se lo hace de modo sexista. En este aspecto, hay que revisar que la formulación del problema tenga la suficiente relevancia y peso conceptual como para que los contenidos y las estrategias de abordaje involucren también procedimientos complejos. Un problema bien planteado deberá poner en juego conceptos, procedimientos y actitudes capaces de articular los saberes previos con nuevos aprendizaje en geografía de género.

## 4. El género como construcción social: aportes para la formación de docentes

Reflexionar sobre la noción de género como construcción sociohistórica y desencializada de roles y sexos es una preocupación que lentamente va tomando forma en los diferentes documentos curriculares de las jurisdicciones provinciales y municipales, así como en los pronunciamientos de los diversos colectivos docentes sindicalizados.

Existe, cada vez, mayor conciencia de que la escuela ha sido reproductora de las desigualdades de género, en forma transparente o velada, y que es indispensable una intervención clara y transformadora en este aspecto. En este sentido, la formación y la actualización docente deberían permitir reflexionar sobre el rol del docente y de la escuela en un contexto histórico en el que los espacios y las personas no constituyen entre sí relaciones pasivas, sino que se afectan unas a otras con especificidad y se enmarcan en relaciones de poder asimétricas y patriarcales.

La problemática del tratamiento de contenidos referidos al género en la educación es una preocupación actual y su discusión podría ser de gran relevancia teórica y práctica, ya que serviría para cambiar la acción educativa. La institución formadora y capacitadora de profesionales de la educación debería prometer ser un ámbito adecuado para generar reflexiones críticas y aportar argumentos sólidos que permitan generar rupturas con posiciones y actitudes reproductivistas de la desigualdad de género en el contexto escolar.

A modo de invitación podría pensarse en la reflexión de lxs docentes sobre los siguientes focos:

• Indagación en los condicionamientos y prejuicios que cada uno lleva consigo autobiográficamente y coloca en la práctica docente. En este sentido es interesante incorporar la noción de la autovigilancia de la propia práctica.
• Apropiación de actitudes flexibles para relacionarse sin prejuicios de género en distintos ámbitos comunitarios donde se encuentre la institución.
• Disponibilidad para valorar las diferencias que construyen la desigualdad de género o la reproducen dentro de la escuela y comunidad.
• Capacitación para la formulación de alternativas de enseñanza desprovistas de opiniones estereotipadas sobre roles de varones y mujeres en el ámbito social.
• Pensar cuestiones que generalmente, suelen permanecer invisibles, tales como: ¿de qué manera se orientan los contenidos al seleccionar materiales?, ¿cuál es el contenido de los casos que se seleccionan para leer y debatir en clase?, ¿qué repuestas se dan frente a determinados conflictos sobre desigualdad, discriminación y violencia de género a escala internacional, nacional, local y también dentro de las escuelas?

Partimos del planteo de que la construcción de desigualdades a partir de la identidad de género es un problema social que se edifica por las familias y en la escuela desde los primeros niveles de educación. Luego, si no es objeto de deconstrucción, se proyecta y continúa reproduciéndose tanto en la vida pública como privada de las personas. Si bien se ha incorporado cada vez más en la educación la temática de la identidad de género, aún parece carecerse de algunos elementos conceptuales, ya que no se la trata como una construcción social que implica desigualdad, sino más bien como una diferenciación de roles. En la enseñanza el conocimiento de la realidad social, entendida como una unidad de análisis, deberá ser atravesado significativamente, por las diferentes disciplinas.

La didáctica de la Geografía constituye uno de los más complejos desafíos tanto para lxs especialistas teóricxs como para lxs docentes, en la medida en que deben colaborar en la construcción social del conocimiento, y favorecer el análisis crítico, la comprensión y la explicación de la complejidad de la realidad presente y pasada, en un contexto regional y nacional, enmarcado en la realidad mundial, a través del desarrollo de categorías de pensamiento y procedimientos pertinentes en situaciones respetuosas de consenso-disenso y de la diversidad cultural existente en la escuela pública.

La desigualdad de género es de carácter social y político, por lo tanto, puede ser modificada. Si bien la educación por sí sola no puede garantizar el cambio, puede sí promoverlo a través de las prácticas cotidianas en el ámbito escolar.

Muchas veces, el conflicto que representa la desigualdad de género es solapado, relegado u omitido, y muchos aspectos que lo explican permanecen ocultos a los ojos de lxs mismxs docentes que han naturalizado el sexismo. Modificar este posicionamiento implica un recorrido individual y colectivo, guiado por especialistas a través de talleres de actualización para la inclusión de género como categoría analítica.

# 5. Propuesta de Taller de actualización docente

## 5.1. Propósitos de la actualización referida a género y Geografía para docentes

- Reconocer con sentido crítico los paradigmas tradicionales de las ciencias sociales, en general, y de la geografía, en particular, y de las prácticas didácticas habituales en el nivel en que se desempeñan.
- Identificar los procesos históricos de la división social del trabajo que fundamentaron los roles de género y su funcionalidad con el modo de producción capitalista.
- Comprender la construcción desigual del género fundamentada en el sexismo como componente de la violencia y la discriminación y sus

implicancias para la revisión de las estrategias de enseñanza a diseñar e instrumentar en la escuela pública.

• Analizar críticamente la producción de material editorial destinado al nivel en el cual se desempeña.

• Producir planificaciones y material de trabajo que retomen los conceptos trabajados para ser utilizados en la práctica docente.

## 5.2. Contenidos específicos que se proponen para un taller de actualización docente en la perspectiva de la geografía de género

En un primer momento, proponemos reflexionar sobre el contexto histórico y las matrices que emplea la geografía en sus modelos didácticos. Los ejes serían los siguientes:

• La realidad social como objeto de estudio.
• Lxs actorxs sociales constructorxs de la realidad social.
• El capitalismo y la división sexual del trabajo.
• La diferencias de género.
• La construcción del modelo en Occidente: exposición sobre la historia de las ciencias sociales y su didáctica; análisis de las definiciones de género; los estudios de género en geografía: posicionamientos teóricos; reflexión sobre la relación entre capitalismo, modelo patriarcal y didáctica; y lectura y discusión sobre textos académicos.

Un segundo momento giraría en torno a actividades que fomenten la búsqueda de información en lo que respecta al reconocimiento de distintas diversidades y prejuicios procedentes del "sentido común", como:

• la diversidad cultural, los saberes previos y su interacción en el proceso de cambio conceptual y aprendizaje de la geografía;
• distintos tipos de discriminación: el racismo, el etnocentrismo y el sexismo;
• nociones de diversidad y diferenciación como conceptos que no son similares;
• ideas desde el sentido común que hacen del género una diferenciación, los prejuicios;
• la revisión de diferentes libros de textos escolares de Geografía elaborados por editoriales comerciales.

Luego, un tercer momento estaría asociado con la identificación del reproduccionismo de género en la propia práctica docente en el campo de la enseñanza de la Geografía:

- Los mecanismos de reproducción social y cultural.
- La escuela como reproductora de las relaciones sociales de producción.
- La escuela como reproductora de las diferencias de género: análisis de las teorías de la reproducción; charla-debate sobre Paulo Freire, la educación popular y sus revisiones sobre la mirada de género; análisis sobre las diferencia de género en la escuela a partir de registros de clases; y los periódicos, documentales y películas como herramientas para la discusión en el aula de aspectos referidos a la geografía de género.

En un cuarto momento, deberían adoptarse actividades destinadas a la selección de contenidos conceptuales, procedimentales y actitudinales para incorporar contenidos de género en la Geografía:

- análisis de los contenidos curriculares desde una perspectiva de género;
- revisión y la selección de contenidos y propósitos de enseñanza que incorporen la perspectiva de la geografía de género;
- selección de contenidos conceptuales, procedimentales y actitudinales.

Posteriormente, en un quinto momento, se abordarían actividades destinadas a la elaboración de secuencias didácticas para temas de geografía que incluyan problematizaciones desde la perspectiva de género:

- elaboración de secuencias didácticas para temas de geografía que incluyan problematizaciones desde la perspectiva de género;
- exposición de la propuesta;
- reflexión final.

A continuación, en un sexto momento, aparecerían las actividades de cierre, ¿qué se evalúa y para qué? En esta instancia, deberían contemplarse los siguientes ítems:

- formulación de interrogantes frente a la valuación en la enseñanza tradicional;
- reflexión y discusión en pequeños grupos;
- exposición organizada de las comunicaciones grupales;
- utilización de documentos curriculares en prácticas contra hegemónicas, descolonizadoras y antipatriarcales.

Cuando se consideran propuestas didácticas de geografía con contenidos y perspectiva de género aparecen múltiples temas que pueden llevarse a las aulas. En primer lugar, deberemos diferenciar "contenidos" de "perspectiva", ya que si en el primer caso se pueden incluir datos desagregados por mujeres y varones, no necesariamente implica incluir la perspectiva, en la medida que esto supone introducir la problematización que conlleva el formularse preguntas en torno al accionar de las mujeres como colectivo en la estructuración del espacio geográfico. Un contenido que se propone en los diseños curriculares, de los diferentes niveles, es el que aborda las actividades económicas de la población. En esta temática se puede trabajar en diferentes escalas geográficas y así considerar aspectos tanto del orden global como regional, nacional y local. Actualmente, hay consenso en el campo de la didáctica de la Geografía en que no es posible llegar a niveles de comprensión de mayor complejidad si los fenómenos sociogeográficos no se abordan interescalarmente. Por ejemplo, así puede entenderse la estructuración del sistema de transportes de mercaderías y diversificaciones productivas y financieras relacionadas con los procesos de producción. La inclusión de estas cuestiones permite trabajar sobre los sectores primario, secundario y terciario del proceso productivo, articulados en los circuitos productivos regionales e internacionales y la participación de la mano de obra femenina en ellos; los trabajos y los actores sociales asociados al trabajo tanto en áreas urbanas como rurales y las problemáticas y transformaciones que han debido afrontar las mujeres en el ámbito agrario en relación con la globalización y las reestructuraciones productivas; las características del mundo del trabajo de trabajadores y trabajadoras que se desempeñan en el ámbito estatal o en el ámbito privado, la feminización de determinados puestos y el techo de cristal; la problemática de la inserción de las mujeres en el mercado de trabajo formal e informal en circuitos productivos que incluyen grandes marcas internacionales; la explotación de miles de mujeres en condiciones de pobreza en los países no desarrollados y las condiciones de desocupación laboral o exclusión social que remiten al desplazamiento de mujeres en flujos migratorios con diversas características.

## 6. Actividades propuestas

Los diferentes documentos curriculares y de apoyo pedagógico elaborados en Argentina remiten a una concepción de la enseñanza de la Geografía en la que claramente pueden y deben inscribirse los estudios de género.

La decisión con relación a qué geografía enseñar, así como también las definiciones acerca del enfoque, la selección y la organización de contenidos (cómo y para qué enseñar), entre otros elementos a tener en cuenta, se encuentra precedida por el contexto de la política curricular que parte de concebir a los niños, adolescentes y jóvenes como sujetos de derecho. Desde este punto de vista se piensa e interpela al joven como un actor completo, un sujeto pleno, con derechos y con capacidad de ejercer y construir ciudadanía. Corresponde a la enseñanza de la Geografía conjugar las mencionadas consideraciones políticas con las perspectivas teóricas y metodológicas de la disciplina que mejor se adecuen a los propósitos curriculares (Provincia de Buenos Aires Diseño Curricular 5, 2011:9).

Una propuesta de trabajo debe incluir diferentes ideas básicas. Si, por ejemplo, tomamos como eje el último aspecto del punto anterior, "desplazamiento de personas en flujos migratorios con diversas características", podrán analizarse, a partir de la realidad del territorio argentino, las características de la inserción de las mujeres en los flujos migratorios presentes, procedentes de países limítrofes. Cualquier secuencia didáctica debe incluir una selección de contenidos conceptuales y de procedimientos que deben enseñarse enlazados en torno a un eje problematizador que les de dirección y sentido. En toda secuencia didáctica, se incluyen momentos no lineales, sino espiralados, en los que se presentan problemas, se exploran las ideas previas de las que lxs estudiantes son portadorxs y se las pone a prueba generando conflictos cognitivos que remitan a tener repensar con mayores niveles de complejidad y abstracción el tema, y menos desde el sentido común.

Eje temático
Mujeres migrantes: biografías en contextos.

Propósitos
- Distinguir las características específicas de la experiencia femenina en procesos migratorios
- Contrastar la diversidad de experiencias femeninas en relación con la dimensión material, los valores culturales y el universo simbólico en distintas épocas históricas de la Argentina
- Hipotetizar y corroborar o refutar aspectos vinculados con los procesos migratorios actuales relacionados con el mercado laboral a escala internacional
- Asociar hechos y conceptos relativos a la perspectiva de género y las migraciones
- Refutar prejuicios procedentes del "sentido común" en el análisis del accionar de mujeres migrantes
- Contraponer casos estudiados con situaciones procedentes de experiencias directas

## Actividades

### Actividad 1. Presentación del problema y análisis histórico y geográfico

Para el problema que en este caso se presenta podrá resultar útil un en el que se trabaje sobre la relación entre inmigrantes y mundo del trabajo partiendo de información legal considerando diferentes leyes de migración en el contexto sociopolítico en que fueron aprobadas: Ley N° 871 (1876), Ley N° 22.439 (1981) y Ley N° 25.871 (2004), e información de carácter censal. Esta podrá obtenerse, por ejemplo, en los anuarios estadísticos del Instituto Nacional de Estadística y Censos (INDEC) o de la Dirección Nacional de Migraciones que permitan entrelazar los aspectos espaciales con los temporales. Se concretará una selección de información estadística que incluya la consideración de la presencia femenina en los distintos momentos migratorios que reflejan los censos. Otro aspecto a considerar es el de la diferenciación en la recepción de migrantes por provincias que permite problematizar sobre los motivos que llevan a migrantes varones o mujeres a trasladarse a determinados sitios y no a otros. A partir del último Censo Nacional de Población, podrá estudiarse el porcentaje de mujeres de países extranjeros limítrofes según jurisdicciones y formular hipótesis sobre las características de su inserción, que a lo largo del desarrollo de la secuencia didáctica será corroborada o refutada.

A partir de la Encuesta Permanente de Hogares, se podrá trabajar sobre la incidencia de la población migrante sobre la población económicamente activa; tasas de actividad y desempleo de los inmigrantes; composición por sexo y edades y ocupación por rama de la economía. Identificación del peso que tienen los flujos migratorios en los principales centros urbanos en las economías regionales o en otras áreas urbanas y rurales, según su relación con las economías regionales.

Para esta etapa, se recomienda también bibliografía específica por ejemplo la serie de Cuadernos Migratorios de la OIM (Organización Internacional para las Migraciones) en cuyo segundo número se trabaja sobre el caso argentino.[6]

### Actividad 2. Búsqueda de ampliación de la información y trabajo con estudios de caso

Es una instancia en la que se profundiza, amplía y enriquece lo tratado hasta el momento. Podría encaminarse a trabajar con estudios de caso, entendiéndolos como una estrategia de enseñanza dirigida a comprender

---

6   Se puede consultar una versión electrónica en [http://www.migraciones.gov.ar/pdf_varios/campana_grafica/OIM-Cuadernos-Migratorios-Nro2-El-impacto-de-las-Migraciones-en-Argentina.pdf].

las dinámicas en contextos específicos. Puede trabajarse sobre un único caso o varios, que permitan formular una mirada comparativa. Esta posibilidad de comparar distintas situaciones puede hacerse colocando la atención sobre diferencias y similitudes en los problemas que debe afrontar un migrante varón o mujer o bien sobre mujeres de diferentes sectores sociales, de distintas épocas, o comparar su inserción en el caso de trabajo en el ámbito formal o informal, o cualquier otra posibilidad que puede plantear su docente. Para la construcción de un estudio de caso se deben tener en cuenta: 1) los antecedentes del caso que se va a estudiar y, por ello, debe recopilarse información previa y relevante; 2) la transcripción del caso, que debe ser clara y no debe presentar modificaciones (en caso de que se necesite hacer una adaptación acorde a la edad de lxs estudiantes deberá especificarse; habitualmente, se emplean casos de los periódicos); 3) las preguntas, que deben formularse entre todxs; 4) el análisis y la interpretación de la información deben reconocer hechos y conceptos que pudieren surgir. 5) las conclusiones han de verificar o refutar la hipótesis previa.

Por ello, proponemos un texto que trabaja sobre la migración de mujeres procedentes de Bolivia a la Argentina y sus diversas problemáticas, contiene gran potencialidad para formular un estudio de caso: Cerrutti, M. (2010) *Salud y migración internacional: mujeres bolivianas en la Argentina*. Buenos Aires, Centro de Estudios de Población, Consejo Nacional de Investigaciones Científicas y Técnicas.[7]

Bibliografía de interés que proporciona material para construir estudios de caso en cuestiones de género:

Revistas

- *La Aljaba*, edición conjunta de las Universidades Nacionales de Luján, La Pampa y Comahue.
- *Revista Argentina de Sociología*, Consejo de Profesionales en Sociología, Buenos Aires.
- *Mora*, publicación de AIEM, Facultad de Filosofía y Letras, Universidad de Buenos Aires.
- *Zona Franca*, CEIM, Facultad de Humanidades, Universidad Nacional de Rosario.

## Actividad 3. Asociar hechos y conceptos

Es indispensable *conectar teóricamente* el caso en estudio con las estructuras del capitalismo y las pautas patriarcales vigentes, de manera de repensar la experiencia significativamente desde la perspectiva de género, de manera

---

7  Se puede consultar su versión electrónica que está disponible en [http://www.unfpaargentina.com.ar/sitio/archivos/mujeresbolivianasenargentina.pdf].

que no quede como una curiosidad desanudada de los sistemas económicos y de la construcción cultural y simbólica que sostiene el patriarcado.

### Actividad 4. Corroborar o refutar hipótesis previas

Podría desarrollarse una *experiencia directa* con lxs alumnxs asistiendo a alguna ONG, como por ejemplo *La Alameda*, que trabaja con mujeres migrantes, talleres ilegales, trata de personas, etc. A fines de corroborar, ampliar, información, entrevistar a dirigentes, etc. y reformular hipótesis e ideas.

### Actividad 5. Reconocer la diversidad de la experiencia femenina migratoria en contextos históricos diferenciados

Cierre con debate de conclusiones y apertura al nuevo tema de estudio que continuará recuperando la experiencia femenina en la producción de espacio geográfico.

## Referencias bibliográficas

Aisenberg, B. (1994). "Para qué y cómo trabajar en el aula con los conocimientos previos de los alumnos: un aporte de la psicología genética a las didáctica de estudios sociales para la escuela primaria", en: *Didáctica de las ciencias sociales. Aportes y Reflexiones*. Buenos Aires, Paidós, pp. 137-162.

Albet, A.; García, R. y Dolores, M. (1999). "Reinterpretando el discurso colonial y la historia de la geografía en una perspectiva de género", en Nogué, Joan y Villanueva, José Luis (eds.): *España en Marruecos: Discursos geográficos e intervención territorial*. Lleida, Milenio, pp. 35-54.

Camilloni, A. (1995). "De lo 'cercano o inmediato' a lo 'lejano' en el tiempo y el espacio ¿qué es 'cercano'? ¿qué es 'lejano'?", *Revista del IICE*, Facultad de Filosofía y Letras. Universidad de Buenos Aires, año IV, N° 6, agosto, pp. 12-17.

Castorina, J. y Lenzi, A. (comps.) (2000). *La formación de los conocimientos sociales en los niños. Investigaciones psicológicas y perspectivas educativas*. Barcelona, Gedisa.

Colombara, M. *et al.* (2013). "La Geografía del Género en los Encuentros de Geógrafos de América Latina", en *Actas del XIV Encuentro de Geógrafos de América Latina*, Lima.

Da Silva, S. (2011). "Trayectorias de género en la geografía española: Entrevista con María Dolores García Ramón", *Revista Latino-americana de Geografia e Genero*, Ponta Grossa, Vol. 2, N° 2, pp. 121-126.

Delgado Mahecha, O. (2003). *Debates sobre el espacio en la geografía contemporánea*. Bogotá, Unibiblos.

Di Liscia, H. (2007). "Género y memoria", *La Aljaba*, Vol. IX, UNLPam, pp. 141-166.

Dirección General de Cultura y Educación de la provincia de Buenos Aires (2011). *Diseño Curricular para la Educación Secundaria Ciclo Superior ES5: Geografía*. La Plata.

Gamba, S. (coord.) (2009). *Diccionario de estudios de Género y Feminismos*, 2.ª ed. Buenos Aires, Biblos.

García Ballesteros, A. (1982). "El papel de la mujer en el desarrollo de la geografía", en Durán, M. A. (ed.): *Liberación y utopía*. Madrid, Akal, pp. 119-141.

García Ramón, M. D. (1989). "Para no excluir del estudio a la mitad del género humano: un desafío pendiente en geografía humana", *Boletín de la Asociación de Geógrafos Españoles* N° 9.

Gómez Mendoza, J. y Muñoz Jiménez, J. (1988). *El pensamiento geográfico: estudio interpretativo y antología de textos*. Madrid, Alianza.

Hanson, S. (1992). "Geography and feminism. Two worlds in collission?", *Annals of the Association of American Geographers*, Vol. 82, N° 4, pp. 569-586.

Hiernaux, D. (2008). "El trabajo del geógrafo en el Tercer Mundo *revisited*", en Mendoza, C. (dir.): *Tras las huellas de Milton Santos*. México, Anthropos.

Jodelet, D. (1999). "La representación social: fenómenos. Concepto y teoría", en Moscovici, S. (comp.): *Psicología social II. Pensamiento y vida social. Psicología social y problemas sociales*. Barcelona, Paidós.

Lynch, K. (1986). *La imagen de la ciudad*. Buenos Aires, Infinito.

Monk, J. y Hanson, S. (1989). "Temas de geografía feminista", *Documents d'Anàlisi Geogràfica* N° 14, pp. 31-50.

Prats, M. (1998). "Geografia feminista i metodologia: reflexió sobre un procés d'aprenentatge paral.lel", *Cuadernos de Geografía* N° 64, pp. 313-323.

Reboratti, C. (1993). "La geografía en la escuela secundaria: de inventario intrascendente a herramienta de comprensión", *Geographikós*, año 3, N° 4, Buenos Aires, FFyL, pp. 7-32.

Saskia, S. (2003). *Contrageografías de la globalización. Género y ciudadanía en los circuitos transfronterizos*. Madrid, Editorial Traficantes de Sueños. Versión electrónica disponible en [http://www.antroposmoderno.com/antro-articulo.php?id_articulo=931].

Varela, B. (1999). *Las Ciencias Sociales en la escuela. De la producción del conocimiento a la transposición didáctica*. Buenos Aires, ME-Conicet.

Varela B. y Ferro, L. (2000). *Las ciencias sociales en el nivel inicial. Andamios para futuros/as ciudadanos/as*. Buenos Aires, Colihue.

# Capítulo 6

# De la monodia patriarcal a la polifónica de género. Nuevas perspectivas para la planificación didáctica en la enseñanza de la música

*Pablo Martín Vicari[1]*

> *Arroz con leche*
> *me quiero casar*
> *con una señorita*
> *de San Nicolás.*
> *Que sepa coser*
> *que sepa bordar*
> *que sepa abrir la puerta*
> *para ir a jugar.*
> (Canción de ronda infantil española).

## 1. Obertura

En la vida cotidiana, los niños y las niñas van a la escuela, forman fila según su sexo, entran a clase y se sientan en bancos durante largas horas, levantan la mano para pedir permiso, ensucian sus guardapolvos, salen al recreo cuando suena el timbre, juegan al futbol, a la mancha, al elástico o con algún dispositivo tecnológico según la ocasión, luego vuelven a clase donde el trabajo intelectual se prioriza por sobre otros: matemática, lengua, ciencias sociales y naturales. Al ejercicio del cuerpo se le reservan las horas de educación física, que extraterritorialmente se ubican a contraturno, y divididos en grupos de niñas y de niños; allí se trabajan ciertas habilidades biomecánicas de los cuerpos (velocidad, resistencia, fuerza, flexibilidad, etc.) dándoles sistemático entrenamiento.

---

[1] Profesor en Pedagogía por el Instituto de Enseñanza Superior N° 1 y licenciado en Artes Musicales por el Instituto Universitario Nacional de Arte (IUNA) y en Filosofía por la Universidad Nacional de Mar del Plata (UNMdP). Diplomado Universitario en Edición y maestrando en Epistemología por la Universidad Nacional de Tres de Febrero (UNTREF). Docente en el Conservatorio Superior de Música "Manuel de Falla" y en el Departamento de Artes Musicales y Sonoras "Carlos López Buchardo" (IUNA). Investigador en el Instituto de Investigación en Etnomusicología (GCBA) y en la Universidad de Buenos Aires.

Sin embargo, en aquella vida cotidiana escolar, suele ocultarse, esconderse o ignorarse un aspecto de la formación que subyace en las profundidades de la acción pedagógica y que penetra por debajo del estudio intelectual o las prácticas musculares: se trata de la construcción social del cuerpo y sus formas de sentir (Morgade, 2011). La materialidad biológica de nuestra carne solo se vuelve cuerpo humano en la trama de sentidos que conlleva la cultura. Qué deseos están permitidos y cuáles prohibidos, cuáles son las formas esperables o punibles de ser varón y de ser mujer, cuáles son los sentimientos nobles a diferencia de los despreciables, qué debemos reprimir y qué preservar a través de la enseñanza son tan solo algunas de las pautas que se juegan en la construcción social de los cuerpos subjetivados.

Tomar conciencia de aquellas pautas culturales y reconocer su vínculo con las luchas curriculares (por incluir o excluir determinadas temáticas) es advertir el carácter político de toda acción pedagógica. Afirmar que la didáctica tan solo implica la transmisión neutral de conocimientos sería caer en un reduccionismo que hoy ya no es aceptable. Los saberes escolares, ocultos o explícitos, son políticamente construidos en su carácter de objeto de enseñanza; la educación en torno al cuerpo y sus formas de sentir y desear no escapan a esta dimensión política de la acción pedagógica.

Desde este marco conceptual, pensar que la educación artística es "solo cuestión de sonidos y colores" sería nuevamente caer en reduccionismos que buscamos evitar. Educar en las formas de expresarse, de sentir o de gozar, ya sea con los sonidos, con las formas o movimientos, implica asumir tanto valoraciones estéticas como así también éticas y políticas en relación con qué tipo de hombre, de mujer y de sociedad queremos.

Tomar conciencia de tal relación inescindible (estética, ética y política) en el campo de la educación artística, en general, y de la educación musical, en particular, constituye el objetivo central de este capítulo; buscaremos trasladar tal concientización a nuestros propios planes de enseñanza al intentar desarrollar dialógicamente una fundamentación pedagógica de la educación musical con perspectiva de género.

## 2. *Impromptu* pedagógico, la educación artística en clave feminista

La creación y apreciación artística constituyen experiencias intensas que potencian la libertad expresiva y las formas de gozar en la vida de los hombres y las mujeres. Acceder a las obras de teatro, música, literatura, artes visuales, danza y cine excede el mero plano estético, ya que conlleva aspectos éticos al entender al *ethos* como modo de vida. Las artes desarrollan una forma sutil de libertad subjetiva y política, aquella en donde la creación de las posibilidades supera la mera elección entre opciones preestablecidas.

Sin embargo, la presencia y sentido de las artes en el currículum escolar es cuestión problemática (Terigi, 1998 y 2007). Ocupan un lugar relevante en el campo de la cultura pero, a pesar de ello, en la escuela se les asigna el minusválido rol de saberes de segunda categoría negándoles el particular potencial pedagógico que conllevan. El "gran público" que envía a sus hijos a la escuela manifiesta, en relación con las artes, según Terigi (1998), dos prejuicios fundamentales:

- Las artes son el lugar para la pura creatividad y la libre expresión.
- Las artes constituyen un "saber inútil" aunque agradable. Es un lujo o una distracción, un esparcimiento.

En el primer caso, si bien las artes son un campo privilegiado para el desarrollo de la libertad creativa, esta concepción presupone un "libre creacionismo" ingenuo (Spravkin, 1998) que invisibiliza dos presupuestos cuestionables: que la producción artística se da espontáneamente como fruto de la mera inspiración de los sujetos y que, de esta forma, la educación artística (en donde se enseñan estilos, técnicas y prácticas de producción y apreciación) se vuelve peligrosa en la medida en que coarta, condiciona y "baja línea" al orientar las posibilidades expresivas de los estudiantes. Este liberalismo didáctico subyacente asume la adánica presunción de poder crear, *ex nihilo*, la existencia de genialidades naturales o inspiraciones divinas y la renuncia a la intervención docente como mediación enseñante entre los campos culturales.

En el segundo caso, se hace manifiesta una jerarquización de los saberes que componen el currículum escolar en donde ciertos espacios serían más o menos importantes en función de su supuesta "utilidad" y allí las artes padecerían un lugar infortunado. En el contexto de la reforma educativa de los años noventa se llevaron a cabo encuestas a los padres (como por ejemplo el programa *La familia opina*, de 1994) en donde esta perspectiva se volvía manifiesta; los padres consultados expresaban la importancia de incluir computación e inglés y explicitaban el carácter prescindente de la educación artística. Al valorar la "utilidad" de ciertos saberes, pero sin evaluar suficientemente el fin de tal utilidad, la racionalidad mesológica instrumentalista se apodera del fenómeno pedagógico. Se omite el debate en torno a "¿útil para qué?, ¿en función de qué meta tal valor se vuelve útil?". A su vez, al concebir al arte como un lujo, podemos encontrar, siguiendo a Bourdieu (1988), el rol de diferenciación social que conllevan los consumos culturales. Ciertamente, escuchar cumbia o música electrónica, pop romántico o heavy metal da idea de grupos sociales estereotipados que funcionan como polos de identificación. Del arte concebido como lujo, se desprenden, por lo menos, dos implicancias indeseables; por un lado, el carácter superfluo y prescindible de tales contenidos al caracterizarse como accesorios y, por otro lado, la negación de las artes para las clases populares, ya que sería necesario que atendiesen a otros saberes más "útiles y básicos" para su mejor inserción laboral y no "pierdan" el tiempo con la música, el teatro o la literatura, lo cual, para esos grupos, no tendría mayor sentido.

La pedagogía de las artes ha revisado profundamente estos supuestos y considera necesario llevar al nivel de la explicitación y el debate las siguientes cuestiones: ¿hay que enseñar arte en las escuelas?, ¿en todas?, ¿en todos los niveles de la educación obligatoria?, ¿de qué manera proponer tal enseñanza para que no devenga una experiencia empobrecida?, ¿qué importancia otorgarle a las artes en el conjunto de las experiencias escolares?, ¿cómo lograr que las prescripciones curriculares se plasmen en prácticas concretas y satisfactorias de enseñanza y aprendizaje? Tales inquietudes son presentadas por Terigi (1998) y reevaluadas una década después en sus *Nuevas reflexiones sobre el lugar de las artes en el* curriculum *escolar* (2007). Ahora bien, en el presente capítulo y en articulación con aquellas preguntas insoslayables, buscamos agregar otra serie de cuestiones que sumen nuevas inquietudes y perspectivas. ¿Cuál es la articulación entre valores estéticos y valores ético-políticos en la enseñanza de las artes? Y ¿cómo operan las valoraciones en torno al género y al sexo en el campo de la educación artística, en general, y en la educación musical, en particular?

Tal vez, la principal expectativa de la educación artística sea lograr la ampliación del horizonte de experiencia de los estudiantes al acercarlos a los lenguajes estéticos y hacer posible su uso/comprensión. La escuela debe promover las capacidades de los alumnos con miras a que puedan construir significados a partir de tales experiencias y asuman el derecho a producirlas y disfrutarlas (Eisner, 1987). Desde esta perspectiva el encuentro pedagógico (estudiantes, saberes, maestros) no implica una mera transmisión de contenidos, sino una vivencia formativa en la que se juegan la construcción de identidades (Da Silva, 2001) y los procesos de subjetivación.

Asumir la relación existente entre procesos de subjetivación y prácticas pedagógicas hace necesario incorporar la mirada de género en la didáctica y en los objetos de enseñanza en el campo de las artes. ¿Es posible incluir todas las perspectivas de análisis a la hora de abordar una práctica de enseñanza? Claro que no. Sin embargo, en un contexto social en donde persisten rasgos patriarcales inaceptables acompañados de sexismo, homofobia y violencia contra las mujeres como escenas cotidianas la inclusión de una perspectiva de género en la didáctica de las artes constituye, en nuestra opinión, una mirada insoslayable.

## 2.1. Scherzo *crítico. Tras las máscaras de la neutralidad estética*

Reconocer el carácter político y sexual de toda acción educativa, ya sea en música, ya sea en otras asignaturas, es ubicarnos en el marco de las pedagogías críticas que se han desarrollado en la segunda mitad del siglo XX. Aunque tales teorías no constituyen un campo teórico unificado, hay rasgos distintivos que las nuclean y que nos permiten reconocerlas:

- Critica la concepción del docente como mero técnico ejecutor de programas ajenos y a la racionalidad instrumental que allí subyace.
- Propone que los docentes asuman un rol creativo y desde allí puedan diseñar recorridos pedagógicos según las inquietudes y necesidades de su comunidad, que se conciban como agentes comprometidos de intervención social.
- Reconoce el carácter ideológico político de todo contenido y metodología de enseñanza. Manifiesta la necesidad de desnaturalizar las prácticas escolares que nos resultan obvias pero que esconden la reproducción de las desigualdades de clase, género, religión, etnia, etc.
- Promueve y auspicia la asunción activa, creativa y crítica de los estudiantes, quienes lejos de ser los receptáculos del conocimiento experto constituyen sujetos políticamente situados que encuentran en el conocimiento compartido una fuente para llevar adelante una praxis liberadora.

Henry Giroux (1990), Peter McLaren (1997) y Michael Apple (1986) generaron importantes desarrollos en esta línea. En Latinoamérica, la influencia de Paulo Freire ha marcado un antes y un después en la forma de pensar la educación; sus trabajos reflexivos parten de experiencias concretas de educación popular y proponen transformar todo encuentro pedagógico en prácticas reflexivas y emancipadoras. Así, toda educación deviene ante todo educación para la liberad. En esta línea, el pedagogo brasilero Tomáz Tadeu da Silva (2001) considera que la lucha por la determinación del currículum conforma mucho más que una grilla de asignaturas y horarios, representa las pugnas de poder dentro de una sociedad que busca asignar sentidos y valores a las próximas generaciones.

Freire considera que al entender la educación de esta forma toda pedagogía debería estar fundada en la ética, el respeto a la dignidad humana y a la autonomía del estudiante. Considera que tales aspectos "deben ser contenidos obligatorios de la organización programática docente" (Freire, 2006:

24). En el contexto de la educación musical, la pedagoga argentina Violeta de Gainza ha desarrollado una intensa tarea para promover una enseñanza ejercida desde este enfoque crítico y creativo. Con la fundación del FLADEM[2] se ha logrado promover crecientes lazos de reflexión, colaboración y capacitación entre educadores musicales de toda Latinoamérica.

¿Cómo sería, entonces, asumir una educación musical que se constituya en praxis para la emancipación y cuestione desde el arte los fundamentos mismos del patriarcado? ¿Qué repertorio elegir? ¿Cuál sería el rol de niños y niñas a la hora de cantar y ejecutar instrumentos? ¿Qué instrumentos? ¿Cuál sería la naturaleza de los arreglos musicales y las composiciones? ¿Quiénes sería nuestros oyentes y con qué fin? ¿Cuáles serían las categorías teóricas para el análisis del discurso musical? ¿Cómo apreciar y evaluar las producciones de la historia de la música? ¿Cuál será el lugar asignado a las músicas que niños y niñas consumen en su vida diaria? ¿Qué preconceptos de género subyacen en las canciones escuchadas y cantadas fuera y dentro de la escuela? Darle lugar a la reflexión y detenernos a pensar en estas cuestiones constituye el primer paso con miras a planificar acciones emancipadoras de enseñanza en nuestra área.

## 2.2. Pedagogía modal: dórico, frigio, lidio, mixolidio y otros modos... (del ser y el vivir)

No es tarea fácil reconocer el carácter político y erótico de los sonidos. A primera vista, podemos aceptar que el carácter sexista o libertario se encuentre en la letra de una canción o en el argumento de una ópera pero, sin embargo, la posibilidad de hallarlo en los propios sonidos y su organización es menos evidente. De todas formas, podríamos afirmar, usando una metáfora acústica, que cada vibración sonora está siempre acompañada por un conjunto de valoraciones que "suenan por simpatía" y que le son inescindibles. Ya en la antigua Grecia la unidad entre estética musical y moral había sido explicitada en la propia conceptualización de los "modos musicales" que constituían las escalas a partir de las cuales se organizaban las composiciones. Según Aristóxeno de Tarento (s. IV a. C.), algunos de aquellos modos fueron el dórico ("mi´- mi"), el locrio ("la´- la") y el frigio ("re´-re") entre otros; pero lo que aquí nos interesa es que a cada uno de ellos se le atribuía un

2  FLADEM (Foro Latinoamericano de Educación Musical) es una institución latinoamericana autónoma, constituida por maestros y profesores de música de todos los niveles de la enseñanza, agrupados con el objetivo básico de elevar el nivel y consolidar la identidad continental de la profesión y de los educadores musicales de los diferentes países latinoamericanos. Su sitio web es www.fladem.org.ar.

cierto carácter moral particular, se lo asociaba a un determinado *ethos* (ya sea la virilidad, la sutileza, control de sí, sensualidad, etc.).

En su artículo "La educación musical en la responsabilidad cívica de las artes", Violeta de Gainza (2002) muestra que a lo largo de los siglos se le reconoció a la música su poder de infundir modos de ser y de sentir. Por eso, sería necesario ubicar a la formación musical dentro del campo de la educación para el ejercicio pleno de la ciudadanía y desmontar la idea de saberes complementarios que podrían soslayarse. Desde esa perspectiva, la educación artística es, a la vez, estética, ética y política; según Robert Murray Schafer (1994), el mundo contemporáneo de la globalización y el consumismo nos deja advertir nuevamente la unidad entre ética y estética, frente a la necesidad de ejercer un cuidado comunitario de aquello que escuchamos y vemos. La contaminación sonora y visual agitada por el frenesí del *marketing* atenta contra la calidad y profundidad de las artes. Aparece, según Schafer, el derecho soberano para intervenir en nuestro paisaje sonoro, y, simultáneamente, regular y limitar la invasión mercantil que allí opera.

Al reconocer que un análisis exclusivamente estético ocultaría el compromiso que tales prácticas artísticas presentan con valoraciones de otra naturaleza, vale la pena preguntarnos cuáles son los posicionamientos éticos y políticos, en relación con el género, que están presentes en las músicas escuchadas por nuestros estudiantes.

La música forma parte de la vida cotidiana de niños, jóvenes y adultos. Los estudiantes suelen admirar e incluso profesar cierto fanatismo (*fans*) por cantantes solistas y grupos musicales. Rock, pop, metal, reggaetón, música electrónica, cuarteto, cumbia e incluso folklore y música académica, dependiendo del lugar, las comunidades y las historias familiares y personales de cada sujeto. En ese naturalizado contacto cotidiano, pocas veces advertimos las alusiones al género y al sexo que en aquellas manifestaciones se expresan. En muchas ocasiones, la música y sus letras transmiten estereotipos o roles sexuales que debemos advertir, con el objetivo de construir una educación musical que valore tanto la igualdad de derechos como así también el derecho a la diferencia.

Numerosas expresiones musicales actuales están supeditadas a las pautas de un mercado que busca y necesita productos impactantes y efímeros a la vez para lograr un consumo ágil que, tras haber pasado un breve período de moda, exija el advenimiento de un nuevo *hit* que cumpla el rol de ser consumido bajo la lógica del *fast food*. Este fenómeno subordina por completo el arte musical a valores extraños a la estética y reproduce, en la búsqueda de tal impacto, ciertas características propias del mundo del espectáculo. Una de estas es un sexismo, muchas veces explícito, que ubica a la mujer en un rol de objeto de deseo y consumo sexual.

A título de ejemplo, podríamos mencionar los casos siguientes:

- El reggaetón *Te hice mujer,* de Wisin y Yandel, en el cual se caracteriza el "desvirgar a la mujer" como acto de apropiación y pertenencia definitiva sin importar la voluntad de la muchacha.
- Del mismo estilo, es *El látigo,* de Toby Toon, en el que puede escucharse: "por delante, por detrás, pa' que te duela. Y si ella se porta mal, dale con el látigo".
- El cantante puertorriqueño de reggaetón y pop latino Tito "el Bambino" canta su tema *Sol, playa y en la arena,* donde el deseo del varón se ejerce como tiranía y la mujer tan solo es objeto de consumo sexual. "Solo estamos esperando que te quites el pantalón. Hace calor. ¡Ataca!". Los estereotipos presentes también encasillan a los varones, quienes solo pueden ser duros, sexualmente agresivos y bien "machos" (heterosexuales).

Sin bien las músicas comerciales son las que de forma más agresiva incluyen estereotipos sexistas, las canciones tradicionales e incluso infantiles también pueden hacerlo aunque en forma más disimulada, como lo hace *Arroz con leche* al mostrar que la esposa ideal sería aquella que "sepa coser y sepa bordar". Pero, a diferencia de la música ofrecida por el mercado o por las familias, la escuela tiene la oportunidad de poner a discusión curricular cuáles son los contenidos y estilos que busca enseñar con miras al objetivo que quiere lograr. Para llevar a cabo una educación crítica, debemos tomar conciencia del rol que puede ocupar la música como valioso instrumento de control y encontrar la posibilidad de incluir contenidos y prácticas que promuevan la igualdad y denuncien la violencia.

De una forma u otra, conscientes o no de ello, en cuanto docentes, intervenimos en la construcción de las identidades sexuales y en las apreciaciones valorativas que de ellas se hacen. Los procesos de subjetivación se llevan a cabo desde modelos sociales y culturales que se instauran como hegemónicos; estos incluyen, dentro de otras tantísimas variables, a las expresiones musicales aceptadas.

## 2.3. Disonancias de género. Políticas curriculares en el campo de la música

La cuestión de la educación sexual estuvo históricamente asociada al modelo biomédico (Morgade, 2011) y restringida al área de ciencias naturales. La educación sentimental, ética y afectiva estuvo históricamente recluida al campo del currículum oculto o subordinada a espacios de instrucción cívica o doctrina religiosa (para el caso de los colegios confesionales). Sin embargo, tras la sanción de la Ley de Educación Sexual Integral (26.150/06) y la aprobación de los Lineamientos Curriculares de Educación Sexual Integral (ESI), se propone un cambio sustancial de paradigma pedagógico. El objetivo central es poder acompañar a niñas y niños para que logren tomar decisiones conscientes en torno al cuidado de sí, de su propio cuerpo, de las relaciones interpersonales, al ejercicio de la sexualidad y de la afectividad en articulación con el conjunto de derechos de los niños, las niñas y los jóvenes.

En el marco de este nuevo paradigma pedagógico, aparece la necesidad de superar una vieja antinomia: espacio específico contra eje transversal. Si bien hay especialistas en educación sexual que pueden tomar a su cargo materias específicas, afirmamos que todas las materias deben poder mirarse y reconocer los compromisos de género que cada área conlleva. Las prácticas musicales, dramáticas, plásticas, sociales, deportivas, intelectuales, etc., soportan posiciones en torno al sexo y al género que deben ser abordadas por cada uno de los profesores y profesoras del espacio específico para evitar reproducir desigualdades y para ir en busca de las potencialidades emancipadoras que cada área pueda aportar.

Tanto la didáctica general como las didácticas específicas asumen compromisos axiológicos que es necesario explicitar. En la búsqueda de un modelo para el análisis de dimensiones valorativas en el campo pedagógico (Vicari, 2013) podemos afirmar que toda propuesta de enseñanza conlleva implícita o explícitamente:

- Valores epistémicos: la cuestión de la "verdad" de los conocimientos que deben enseñarse y la selección de estos.
- Valores ético-políticos: la cuestión de la promoción del bien común, la libertad y la justicia.
- Valores técnico-metodológicos: la cuestión de la eficiencia y eficacia de las estrategias para llegar a la meta.

A los cuales podríamos agregar para nuestro caso de educación artística:

- Valores estéticos: los estilos, formas del lenguaje, concepciones de belleza o calidad artística aceptados por la comunidad cultural.

Al cubrir estos compromisos valorativos, la propuesta de enseñanza contesta, a su modo, a las cuestiones centrales de todo currículum: ¿Qué enseñar? ¿Por qué? ¿Cómo? ¿Para qué? ¿A quién?

# 3. Los sonidos enmudecidos. La diferencia sexual en la historia de la música

## 3.1. La omisión presente

Restablecer las dignidades demanda encontrar antepasados que hagan de la lucha por la igualdad de las mujeres un reclamo anclado en alguna tradición y en cierto "linaje heroico". Se trata de trazar genealogías en las cuales ubicarse y reconocerse. Parte de esta acción reparadora sería querer mostrar que a lo largo de la historia hubo grandes mujeres dedicadas al arte, grandes músicas. En esta línea se desarrollaron varios estudios que sacaron a la luz los catálogos de desconocidas compositoras que no habían sido incluidas ni valoradas en su talento, que habían sido olvidadas, enmudecidas. A partir de tales estudios, la música de las compositoras reivindicadas fue objeto de revisión, publicación, análisis, interpretación y grabación, aunque no por ello lograron consolidarse en el canon de los Conservatorios y salas de conciertos.

En esta línea fueron escritas importantes monografías que mostraban la presencia de las compositoras y, al mismo tiempo, denunciaban el carácter sexista del canon de la historia de la música, tal como lo hace el estudio paradigmático de Marcia Citron (1993).

> La canonicidad ejerce un poder cultural tremendo en cuanto que codifica y perpetúa las ideologías de algún grupo o grupos dominantes. Estos valores ejemplares establecen las normas para el futuro. Las obras que no están a la altura son excluidas u omitidas y, en consecuencia, potencialmente ignoradas. Los cánones no son intelectualmente puros, sino que representan distintos intereses, el menor de los cuales no es el comercial (Citron, 1993: 9 en Ramos López, 2003: 67).

Un ejemplo de tales descubrimientos, en el caso de la musicología feminista, lo constituye el rescate de la figura de Mariana Martínez (o Marianne von Martinez, Viena, 1744-1812) del oscuro olvido del clasicismo musical del siglo XVIII. Mariana era hija de Nicolás Martínez, quien se estableció en Viena tras una estancia en Nápoles y que solía tener un estrecho vínculo con el gran poeta Metastasio (artista que influirá en del desarrollo creativo de la joven). Metastasio supervisó la formación de Mariana y la envió a tomar clases con Porpora y con Joseph Haydn (con quien mantendría una estrecha amistad a lo largo de la vida). Se destacó como pedagoga, cantante, notable tecladista y compositora. Escribió misas, cantatas, música instrumental para conjunto y para teclado (clave y pianoforte). Fue una artista del clasicismo vienés y compartió la vida musical de la ciudad con Mozart y Beethoven. Fue miembro de la Academia Filarmónica de Bolonia y doctora *honoris causa* en Pavia. Pero, sin embargo, el reconocimiento histórico fue escaso.

Su estilo es equilibrado y libre de sobresaltados exabruptos, su música se ejerce desde los parámetros estéticos y las formas musicales características de la segunda mitad del siglo XVIII, pero con una impronta indiscutiblemente personal y apreciada por sus contemporáneos más exigentes.

En la Argentina, la obra *Mujeres de la música* (2011), de Ana Lucía Frega, constituye un esfuerzo en esta misma línea, mostrar, evidenciar la presencia, intereses y producción de las compositoras, interpretes y maestras en campo de las artes sonoras. Prologado por María Sáenz Quesada, este libro dividido en dos grandes partes describe el lugar de la mujer en música desde la época de la colonia. Las mujeres de la música en los siglos XVII y XVIII, después de 1810, las mujeres músicas en el siglo XIX (los salones y academias), pianistas y cantantes; las mujeres en el ambiente musical argentino del siglo XX, las compositoras, las cantantes, instrumentistas, el Teatro Colón, las promotoras y las educadoras.

Más allá de los justos esfuerzos por reivindicar sus creaciones, las obras de las compositoras siguen fuera de los repertorios u ocupan un lugar aún insignificante. Tampoco se han incorporado significativamente las obras de las mujeres a la enseñanza superior ni a las grabaciones de los importantes sellos aunque, en relación con el rol de intérprete, podamos afirmar una presencia ya afianzada.

Tal vez, Martha Argerich sea la música argentina de mayor proyección y fama internacional del siglo XX y comienzo del XXI. Inició sus estudios de piano a temprana edad y fue niña prodigio; dio su primer recital público con tan solo cuatro años. A los ocho años tocó, en público, el *Concierto para piano y orquesta n.º 20 en re menor*, K. 466, de Mozart, y su maestro ya era el legendario Vicente Scaramuzza. En 1954, becada por el gobierno argentino, se dirigió a Viena en donde estudió con Friedrich Gulda y luego, en Ginebra, con Madeleine Lipatti y Nikita Magaloff. En 1957, a los pocos años de llegar a Europa, ganó importantes concursos de piano. Se consolidó, por completo, en 1965, al obtener el primer premio en el Concurso Internacional *Chopin* de Varsovia. Es mundialmente reconocida por sus interpretaciones, tanto de los grandes autores románticos para piano del siglo XIX —Chopin, Lizst, Schumann— como por sus magistrales abordajes de clásicos del siglo XX, como Rachmaninov, Messiaen y Prokofiev.

En los últimos años, los video-documentales relevantes sobre la vida y obra de Marta Argerich fueron dos, el que dirigió Georges Gachot (2003), llamado *Conversaciones nocturnas*, un exquisito recorrido estético-existencial, y el novedoso *Bloody Daughter* (2012), de Stéphanie Argerich, la hija menor de Marta. En este último, desde otro lenguaje artístico, Stéphanie pone en escena cuestiones tales como la relación madre-hija; cuando la madre es considerada un genio mundial, ¿puede la hija crecer normalnente?, ¿puede una artista ser madre al mismo tiempo? Con tono de broma, afirma la certera sentencia "Soy la hija de una diosa", quienes la escuchan saben que, tras el chiste, hay una realidad implacable, la articulación de las dimensiones de mujer-madre-deidad. Es, para los críticos, una mirada íntima y difusa de la vida de un ícono de la música clásica desde el punto de vista de una "niña".

## 3.2. Disonancias historiográficas: compositor-canon-obra

A diferencia de aquellas investigaciones que buscan reivindicar las "mujeres olvidadas" en las historia de la música, la *nueva musicología* feminista norteamericana (McLary, 2002) critica la idea de salir en busca de las grandes compositoras. Considera que la propia idea de compositor/a es básicamente un producto de la lógica patriarcal, como así también la idea de canon y de obra maestra. Por eso, incluso la búsqueda de las grandes matriarcas del arte sonoro seguiría reproduciendo los supuestos éticos y políticos de la sociedad patriarcal.

Sin embargo, hay quienes afirman (Zavala Gironés, 2009) que tal desprendimiento de nociones vertebradoras como las de compositor/a-canon-obra presupone un posicionamiento posmoderno[3] relativista que legitima el neoliberalismo y consolida el *statu quo* (aunque con una pátina de progresismo débil).

La importancia de revisar la historia no puede abandonarse tan livianamente; en la historia, se juega el futuro y, según Mercedes Zavala Gironés (2009), deberíamos poder desarrollar una doble operación. Por un lado, rescatar del olvido a las mujeres que efectivamente ejercieron el arte y, por el otro, tal como lo desarrollará Linda Nochlin, desenmascarar los mecanismos socioculturales que operaron para que, efectivamente, fuera muy difícil convertirse en artista para aquellas que nacieron mujer.

---

3   La posmodernidad constituye un concepto muy amplio, que asume diferentes matices en los distintos campos culturales (artes, filosofía, historia, ética, etc.). Constituye una ruptura con los principios del proyecto moderno (sujeto autoconsciente, progreso de la historia, valor de la razón, etc.) que se produce en las últimas décadas del siglo pasado.

### 3.3. Linda Nochlin y el problema de la pregunta: ¿Por qué no ha habido grandes mujeres artistas?

Un clásico artículo de Linda Nochlin muestra el peligro de responder a la pregunta *¿Por qué no ha habido grandes mujeres artistas?* (1971) en esos mismos términos. Por ejemplo, esforzarnos por encontrar a lo largo de la historia de las artes a quienes fueron silenciadas y tras intensas búsquedas encontrar trayectorias más bien modestas no reconforta ni explica el fenómeno de la ausencia de las mujeres en el canon estético. Ciertamente, los estudios que dieron a conocer las figuras de Angelica Kauffmann (s. XVIII) o Artemisa Gentileschi (s. XVII), en las artes visuales, o a Mariana Martínez (s. XVIII), Fanny Mendelssohn o Clara Schumann (s. XIX), en el campo de la música, constituyen, sin duda, valiosos aportes que pueden enmascarar, según Nochlin, la problemática de fondo.

Paradójicamente, al intentar responder la pregunta, no se atiende a la problemática central y se refuerzan estereotipos. Afirmar que la sensibilidad femenina conduce a una forma particular de expresarse, de hacer arte y que tal manera ha sido excluida del canon refuerza la idea de cierto esencialismo femenino que, a su vez, no encuentra sustento empírico. ¿Con qué propiedades se podría caracterizar a la supuesta "expresión femenina"? ¿La delicadeza, la sutileza, la introspección, los matices? En tal caso, estas notas no se encuentran en menor medida en los hombres pero, más allá de ello, Nochlin ve en tal operación una desprolijidad filosófica: reificar el "estilo de las mujeres". No es conducente afirmar que la sensibilidad femenina, al ser "cualitativamente distinta" haya sido discriminada, no apreciada en la historia de las artes. No hay tal unidad en el arte producido por las mujeres y rechaza aquello que podría llamarse una estética femenina.

Para resignificar la pregunta en torno a la ausencia de las mujeres en la historia de las artes, Nochlin propone salir del análisis subjetivo, que concibe la experiencia estética como la emergencia del sentimiento individual, y ubicar la producción artística en el marco de las creaciones socioculturales. La práctica artística conlleva el uso de un lenguaje específico, de un conjunto de técnicas y estéticas en el contexto de convenciones que son aprendidas socialmente. Para incorporarse a tales prácticas es necesario un profundo aprendizaje y un largo período de experimentación individual.

Aunque le hubiese gustado decir otra cosa, reconoce que no ha habido grandes artistas mujeres; más allá de su posible invisibilización, son efectiva minoría cuantitativa y cualitativamente. Lo mismo sucede con otras "minorías", como los negros, los lituanos o los esquimales. Según Nochlin, intentar hacer una historia de "las grandes artistas" (tal como hemos reseñado en secciones anteriores) sería, en parte, distorsionar las evidencias históricas y políticamente esconder los motivos que efectivamente causaron tal ausencia. No se trataría solo de una invisibilización de las mujeres (lo cual en parte existió), sino una sugestiva ausencia; no habría (en el pasado) equivalentes femeninos a Miguel Ángel, Bach o Picasso; como así tampoco habría un equivalente a estos grandes artistas provenientes de otros grupos socialmente discriminados.

El problema central de las mujeres es que no han nacido hombres en una sociedad patriarcal, análogo problema tienen aquellos que han nacido pobres o negros en una sociedad en donde las oportunidades son para blancos y propietarios. Llevando esta situación al extremo, Nochlin busca mostrar que el orden social patriarcal impidió el aprendizaje y el desarrollo artístico de las mujeres y, más allá de las excepciones, restringió a las mujeres a otras tareas. La causa de la exclusión de las mujeres no está en los astros ni en los ciclos menstruales, ni en las hormonas, sino en las instituciones de formación, acreditación y consagración artística pensadas por y para varones. Hay que buscar la causa en nuestras escuelas, academias y demás instituciones sociales, culturales y educativas. Es necesario evitar la formulación de la cuestión en términos del "problema de la mujer".

Linda Nochlin propone concebir a las mujeres como iguales en potencia y capacidad, al mismo tiempo que señala la necesidad de desmontar los dispositivos que las arrojan a la inferioridad a través del cercenamiento de oportunidades de desarrollo. La acción feminista en este plano consistiría en enfrentar los hechos y promover instituciones que no solo no discriminen o inhiban el desarrollo de las mujeres, sino que las promuevan e incentiven. No se trataría de esperar a que los hombres lúcidos otorguen un lugar, sino de asumirlo y fomentar la igualdad.

Según la autora, debe atenderse a las estrategias formativas, a sus condiciones y posibilidades laborales y de desarrollo. Las clásicas historias de las artes refuerzan el mito del artista que es raptado por la inspiración (según relata, por ejemplo, Vasari, Cimabue —de paso por la campiña— advirtió el talento de un pastorcito inspirado, a quien apadrinó y quién sería el mismísimo Giotto) y así esconde los factores formativos que intervinieron en la "genialidad del genio". Si cualquier pastor, más allá de sus condiciones socioculturales, puede mostrar su talento para las artes, entonces que las mujeres no lo manifiesten sería una deficiencia "propia" de ellas.

Así también muestra que no hay grandes artistas que provengan de la alta aristocracia, porque allí también la asignación del rol social excluía la posibilidad de una dedicación plena a las artes. Clara excepción sería el talentoso Toulouse-Lautrec, quien ocuparía un lugar central en la bohemia francesa de fines del siglo XIX y a quien una discapacidad física dejó por fuera de la "normal aspiración" de su grupo social y le dio, de esa forma, una cierta marginalidad que, en términos de Nochlín, facilitó su dedicación completa a las artes. De esta forma, la autora propone acentuar el análisis de los factores educativos, la posibilidad del aprendizaje y desenmascarar la falacia de las explicaciones centradas en la inspiración individual.

## 4. Contrapunto de sentidos: forma y contenido en el discurso musical

La música es un arte particularmente abstracto que conjuga sonidos que solo en algunos momentos entabla vínculos explícitos con referentes extra-sonoros. En esta línea, se ubica la discusión en torno a la "autonomía de la música"; cuando escuchamos una frase musical perteneciente a una sonata, un cuarteto, una sinfonía u otros (con sus habituales elementos melódicos, rítmicos y armónicos), podríamos pensar si tiene sentido preguntarnos: ¿a qué se refiere ese tema?, ¿qué quiere decir?, ¿qué es lo que el/la compositor/a quiere comunicarme con tal combinación de sonidos, sucesiones, simulta-neidades y ritmos?

### 4.1. Posibilidades y excesos interpretativos

Para tomar posiciones en torno a la cuestión del significado musical, seguiremos a Lucy Green (2001), quien diferencia entre "discurso sobre la música" y "significado musical" (intrínseco y evocado).

La serie de sonidos que pulso tras pulso entablan una relación entre sí para formar una frase musical construyen un sentido interno al propio uni-verso musical. Las articulaciones musicales (*legato, staccato, portato, tenuto,* etc.), los matices (*pianissimo, piano, forte,* etc.), los arcos melódicos, las células rítmicas y la organización de las funciones armónicas construyen un sentido que es intrínseco y que no hace referencia específica a nada pro-pio "del mundo" extramusical. Como en todo proceso de comprensión de los sentidos, la educación y la experiencia en relación con un determinado lenguaje hace posible la percepción de sutilezas y, en nuestro caso, el reco-nocimiento de las interrelaciones musicales.

Pero, tal como señala Green, toda creación musical aunque tenga pre-tensiones de suma autonomía se encuentra en un contexto de producción, distribución y recepción en los cuales también se construyen sentidos. Se trata de "sentidos evocados", aquellos elementos que, por la experiencia, permiten asociar ciertas melodías escuchadas con determinados sentimientos, climas, ideas o imágenes. Arpegios que nos remiten a la brisa del atardecer o la melodía de la *Marsellesa*, sentimiento de libertad defendida, o alguna canción que conlleve recuerdos afectivos, todos estos serían ejemplos de tales sentidos evocados.

El significado intrínseco y el significado evocado se relacionan dialécticamente y se vuelven inescindibles en el plano práctico aunque analizables en el plano teórico. Ambas formas de significar operan en manera distinta aunque articulada, por ejemplo, en una pieza de música académica compuesta en el contexto de la tradición occidental y bajo el ideal de la música absoluta, como bien podría ser el *Trío con piano n.º 1 en re menor, Op. 49*, de Felix Mendelsshon (1839), donde los complejos sentidos se encuentran a primera vista en el plano intramusical; sin embargo, la melodía de una marcha política o de un himno nacional privilegia las asociaciones evocadas de elementos extramusicales y los sentimientos e imágenes asociados a aquella.

Green llamará "perfiles" al conjunto de relaciones socioculturales que inciden sobre los sujetos en los momentos en que evocan ideas e imágenes a partir de las audiciones musicales. Desde ya, existen perfiles vinculados con la feminidad, el sexo, los roles de género, la maternidad, la dulzura y/o erotismo de las mujeres, etc., que operan a la hora de escuchar y hacer música. Desde ya, la música que tiene letra, como la mayor parte de las canciones clásicas y populares, así como también el género de la ópera o la música sacra, remiten de forma explícita a elementos extramusicales de carácter dramático, religioso o literario.

Tradicionalmente, podríamos afirmar que en la música clásica priman los elementos intrínsecos, mientras que, en la música popular, donde los elementos extramusicales tienen preponderancia y constituyen perfiles muy determinados. Esta acentuación en una u otra forma de significación desde la música se visualiza claramente en la prensa de arte y espectáculos que aborda de forma distinta sus apreciaciones; si prioriza cierta autonomía de la obra, el crítico de arte escribirá sobre la naturaleza del repertorio elegido, el desarrollo técnico del intérprete, su forma de frasear, su precisión y expresividad en relación con un determinado estilo inserto en el canon de arte musical; en cambio, si su acento está puesto en los elementos contextuales, hablará —ante todo— de la personalidad del artista, su vida privada, su indumentaria y actitud.

Pese a que ambos sentidos (intrínseco y evocado) son inescindibles en la práctica, Green menciona los peligros del posmodernismo musicológico que, según su parecer, comete excesos interpretativos a lo cual denomina "fetichismo musical". Imponerle forzadamente sentidos evocados a la estructura del discurso musical constituye un error común en la nueva musicología feminista norteamericana que lleva a afirmar, por ejemplo, que el sistema tonal y sus funciones de tensión y reposo son las manifestaciones, en el arte sonoro, de la hegemonía del deseo orgásmico masculino con su correspondiente acumulación y liberación de tensión sexual. Tal fetichismo operaría cuando el análisis se agota y reduce a los perfiles evocados que un determinado discurso sonoro puede generar y desconoce el funcionamiento de los sentidos intrínsecamente musicales; fuerza la interpretación apoyándose en un posible perfil a expensas de su composición material.

De esta forma, Green critica tanto la supuesta autonomía musical de las obras académicas como los excesos externalistas producidos por los fetichismos interpretativos que proponen analogías y comparaciones interesantes en el plano metafórico, pero sin sostén epistemológico. Ambos extremos esconden parte de la complejidad del fenómeno y, por lo tanto, caen en reduccionismos que deben evitarse.

Los perfiles y discursos sobre la música (la relación de tal o cual música con un estatus social, valores de género, éticos, políticos, sentimientos o posiciones subjetivas) influyen en la percepción de los significados intrínsecos (los preconceptos en torno a un determinado tipo de música inciden sobre la atención, interpretación y goce). Dentro de la constitución de todo perfil, se encuentran las valoraciones de género en torno a cómo es, cómo debe ser una mujer y su correspondiente forma de expresarse, lo cual guiará la experiencia estética en estos aspectos. Los límites son difusos y en la propia audición del *Messiah* (HWV56), de Haendel, puede primar una audición que priorice elementos internos, otra en la cual las evocaciones promovidas por los perfiles —tal vez, relacionados con su conocidísimo "Aleluya"— ocupen un primer lugar o, tal vez, una compleja audición en donde los diferentes elementos se pongan en mutua incidencia.

> En suma, los significados intrínsecos surgen a través de los procesos sintácticos aprendidos de los materiales musicales; los significados evocados consisten en connotaciones o asociaciones que se derivan de la postura y el uso de la música en un contexto social. Los dos tipos de significados están dialécticamente interrelacionados aunque sean inseparables en el plano de la experiencia. Cada uno opera de modo muy diferente (Green, 2001: 17).

Incluso la propia teoría musical occidental tiene ejemplos en donde aspectos técnicos internos se ven influenciados por los perfiles que evocan sentidos socioculturales de carácter extrasonoro. La teoría musical denomina "finales masculinos" y "finales femeninos" a las conclusiones que puede tener una frase musical, lo que depende de si termina en tiempo fuerte (masculino, concluyente) o si termina en tiempo débil (femenino, suspensivo).

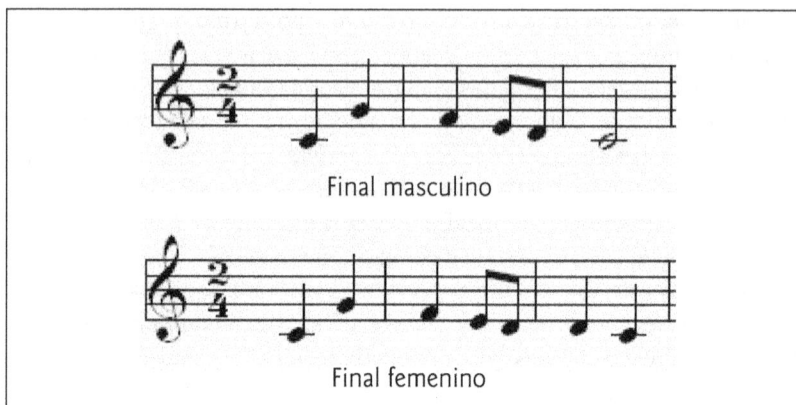

Figura 1. Contraposición entre finales masculinos y femeninos.

Tal como lo señala Melanie Plesh en su ensayo *De mozas donosas y gauchos matreros. Música, genero y nación en la obra temprana de Alberto Ginastera*:

> ... cabe destacar la carga de sentido genérico investida sobre las formas musicales, particularmente verbalizada por los teóricos al referirse a la forma sonata. En el contexto de la teoría musical clásico-romántica, los temas musicales se clasifican en dos tipos, femeninos y masculinos, a partir de una codificación (esencialista, ocioso es decirlo) de rasgos estilística-musicales que se consideran propios del hombre y de la mujer respectivamente. El teórico A. B. Marx parece haber sido el primero en utilizar las metáforas de lo femenino y lo masculino en relación con la forma sonata: "El tema principal es el primero y por lo tanto y sobre todo el decisivo en frescura y energía, por lo tanto es el que es construido de forma más energética, más vigorosa, más completa, el dominante y el decisivo. El tema subsidiario, por otro lado, sirve como contraste. Construido y determinado por el anterior, es por lo tanto por naturaleza el más gentil, es cultivado con más flexibilidad que vigor, como si fuera el femenino al anterior masculino". Marx [1845: 273], citado en Citron [1993: 135] (Plesh, 2002: 26).

## 4.2. La tensión "natura-cultura" en el campo de la creación musical: una disonancia patriarcal

El patriarcado como sistema material y discursivo en donde le hegemonía del varón somete a las mujeres deja ver sus marcas en el campo del arte musical; asigna la capacidad de razón y dominio al varón, mientras que le reconoce la de emotividad y sumisión a la mujer. El hombre, su trabajo y pensamiento adviene en cultura, mientras que la mujer permanece como muestra de la naturaleza que debe ser cultivada. El varón racional y estoico debe mantenerse firme frente a la seducción natural y salvaje de la emotividad y el cuerpo femenino. Desde este horizonte, se asignan al varón roles públicos y, a la mujer, privados; e incluso cuando la mujer, a través de los años, se incorpora a la vida pública lo hace imitando en su trabajo "natural", el cuidado, la enseñanza y la asistencia.

El patriarcado conlleva una división del trabajo musical, en el campo público y en posiciones de mando (directores y compositores) ubica a los varones, mientras que, en el campo privado (o su emulación pública), ubica a las mujeres, cantantes hogareñas, maestras escolares.

En el análisis de Lucy Green, los sentidos evocados que se ponen en juego cuando es una mujer la que ejerce la música es fundamentalmente de carácter sexual. Cantar, enseñar y, sobre todo, exhibirse serían las prácticas musicales permitidas tradicionalmente a las mujeres. La exhibición conlleva el lugar de poder de quien mira, pero también deja una particular potencia en quien es vista porque puede modelar el mensaje que debe transmitirse. Cuanta mayor sea la aspiración de pureza musical que tenga la obra, mayor será el enmascaramiento del exhibicionismo femenino, por ejemplo, cuando la bella Anne Sophie Mutter interpreta el *Concierto en la menor*, de Antonin Dvorak, incluso cuando lo hace con un vestido intenso en el que los hombros le quedan al descubierto, el carácter de exhibición quedaría invisibilizado por la dignidad de su arte. En el polo opuesto, se encontrarían aquellos ámbitos en donde la exhibición es la razón de ser y el baile o la música tan solo elementos que amenizan el *show* sexual, tal como podría ser en bailarinas *strippers* o similares presentaciones televisivas.

Dentro del marco patriarcal, la razón y la técnica se encuentran, en el polo masculino, y la naturaleza salvaje y emotiva, en el polo femenino, ejerciendo una clara influencia en los roles musicales esperados para varones y mujeres. Según Green, que la mujer ejerza el rol de cantante sería lo más aceptable dado que está más directamente vinculado con la naturaleza, en cambio, cuanto más mediación técnica o mayor intelectualización se implica en tarea sería menos esperable que ese rol sea ocupado por una mujer. Seguramente, la tarea del compositor, del director orquestal o incluso del sonorizador o creador de música electroacústica no sería bien vista en manos de una mujer.

El canto como actividad femenina puede asumir tanto la exposición de la cantante frente a un público y, con ello, la disponibilidad erótica de su mostración como así también la valoración de la madre, fantasmáticamente inmaculada, que le canta en privado a su bebé. Ambos perfiles opuestos conviven en la aprobación al rol de mujer-cantante-naturaleza que el patriarcado sí permite y promueve.

Por otro lado, la voz cantada permite ejercer una inmediata taxonomía cara al patriarcado, ya que es fácil reconocer claramente si quien canta es un hombre o una mujer. Poder clasificar al cantante en cuerdas masculinas (tenor-barítono-bajo) o en cuerdas femeninas (soprano-mezzo-contralto) permitiría una distinción inequívoca de roles y la tranquilidad de tener "cada cosa en su lugar". Sin embargo, sabemos que la historia de la música ha sofisticado tal simplicidad y que tanto en el barroco (con la estética de los *castrati*) como en las prácticas contemporáneas (con la técnica de los contratenores) se ha desafiado cierta primacía del determinismo natural proveniente del sexo biológico.

Más allá de su aceptación general, el rol de las mujeres cantantes también recibió condicionamientos y limitaciones. El propio Concilio de Trento (s. XVI) prohibió que las comunidades religiosas femeninas practicaran el canto polifónico y toda práctica que pudiese incentivar cierta lascivia diabólica. Así, el patriarcado teme que las mujeres cantantes pongan en peligro la cordura de los varones a través de sus cantos incitantes tal como las sirenas pretendían hacerlo con Odiseo y su tripulación.

El rol de mujeres instrumentistas fue más tardíamente aceptado e incluso pueden distinguirse instrumentos que serían considerados más propiamente femeninos y otros más propiamente masculinos. Los percusivos timbales, al igual que las potentes tubas, estarían bien interpretadas por un varón, así como el arpa con su tenue delicadeza se considera un instrumento preferentemente femenino. De esta forma, la educación musical y la conformación orquestal refuerzan estereotipos de género aunque en cada instrumentista mujer que doma un instrumento se encuentra cierta degeneración que la aleja de la naturaleza y la ubica en un lugar de poder que les fue largamente privado.

Las instrumentistas conformaron grupos orquestales exclusivamente femeninos en los conventos y las famosas orquestas de las huérfanas de los *Ospedali* Venecianos (como aquel *Ospedale della Pietá* en donde trabajó arduamente Antonio Vivaldi como director musical). Recién en el siglo XIX comenzó a pensarse la posibilidad de orquestas mixtas. Era menos aceptable que una mujer tocase rodeada de varones en una orquesta que el asumir el rol de solista. Por un lado, tal prohibición defendía las plazas orquestales de los varones y su consiguiente puesto laboral y, por otro, pueden observarse interesantes argumentos sexistas para sostener tal normativa. Sir Thomas Beecham, director de orquesta y empresario británico, afirmaba con ácido humor que, si la mujer era fea, los instrumentistas varones se rehusaban a tocar a su lado y, si era linda, simplemente no podían.

## 4.3. La mujer y los roles musicales no solicitados

El rol de instrumentistas en el jazz y la música popular no fue tradicionalmente para las mujeres, aunque sí podían participar como cantantes. En caso de incorporarse como guitarristas, bajistas o bateristas podían recibir dos clásicos comentarios. Si no eran buenas, simplemente se daba cuenta de tal deficiencia haciendo alusión a su género, un "bueno, pero una mujer..." y, en caso de reconocerle virtudes artísticas, se escucharía un "increíble como toca siendo una mujer". De una u otra forma, queda claro que tales quehaceres no constituyen terrenos esperables para el desempeño artístico femenino. A tal respecto, Green (2001) relata una anécdota paradigmática en la cual ella estaba buscando los cables para conectar un bajo eléctrico y un estudiante que estaba en el auditorio (pero que no pertenecía al grupo usual) intenta ayudarla diciéndole "los cables del bajo eléctrico son como los de un hervidor" ¿pretendiendo así que la Dra. Green pudiese desplegar sus "habilidades de ama de casa" y ubicar los cables más rápidamente? Seguramente, sin intención, la caballerosa colaboración conlleva algunos presupuestos ya mencionados: las mujeres y las tecnologías no suelen armonizar, salvo que sean electrodomésticos.

En los grupos juveniles, tampoco es raro escuchar que las chicas en una banda constituyen la discordia que atenta contra la unidad del grupo, o la asombrosa presunción de que, para ser buena guitarrista o bajista, la chica debe ser "poco femenina", descuidar su aspecto físico o incluso tener comportamientos lésbicos. O bien es sexy, o bien es buena instrumentista, prejuzgan con rapidez y reproducen otros estereotipos más abarcativos como "o linda o inteligente".

Otro terreno tradicionalmente no esperado para las mujeres es aquel en el cual se compone e improvisa, tales ejercicios constituirían una amenaza contra la feminidad. La composición implica un conjunto complejo de saberes técnicos y mentales que, a diferencia del canto, no implican la exhibición del cuerpo. La composición musical es un lugar esperado para el ejercicio de la mente masculina y el canto o la interpretación son quehaceres en donde se debe poner el cuerpo y, por lo tanto, más aceptables para el desempeño femenino.

El perfil sociohistórico que identifica a la actividad mental con la masculinidad y a la composición como mental, ha limitado la incorporación de las mujeres en el plano de la composición musical más que a otros roles.

Ejemplo es el pensamiento misógino y homófobo del talentoso Charles Ives, quien sinceramente teme por el "afeminamiento de la música" (Green, 2001).

Más allá de las prohibiciones y territorios vedados, algunas mujeres han transgredido lo esperable y se han dedicado al arte de la composición. Algunas formas musicales eran más propias para el inusual caso de creaciones por parte de una compositora, las obras vocales (acentuando su destino corporal de cantante) y los pequeños formatos preferentemente con intencionalidad pedagógica. Inusual es el caso de mujeres compositoras que no hayan entrado al mundo artístico sin haber pasado previamente por los roles más aceptables de pedagogas o instrumentistas (como por ejemplo Green menciona a Luise Adolpha Le Beau y a Ethel Smyth).

## 4.4. Patriarcalismo y sentidos en el campo de la crítica musical

Los críticos de arte y la prensa especializada han sido, desde antaño, un actor relevante e influyente. También en sus apreciaciones, solemos encontrar huellas patriarcales que debemos poder estar en condiciones de advertir y enseñar críticamente a nuestros estudiantes.

Sin escapar del fetichismo musical, la prensa cultural suele caracterizar de "música afeminada" a aquella que, por su baja calidad artística, suena repleta de clichés románticos, melodías esperables y armonías efectistas de sentimentalismo adolescente. Y, por el contrario, un claro elogio es afirmar que la obra era bien "masculina" aludiendo allí a un carácter firme, decidido, vigoroso y claro.

También resulta interesante ver cómo la presunta objetividad de la "autonomía musical" se ve siempre teñida por los perfiles de género que influyen incluso en la audición de los elementos pretendidamente internos del lenguaje musical. Green nos muestra que cuando los críticos de arte se dan cuenta de que la compositora es una mujer tienden a percibir los significados intrínsecos de su música en relación con la feminidad evocada y con lo que se espera de ello. De esta forma, el sentido evocado condiciona la percepción del sentido interno en perspectiva de género.

Si más allá de los condicionamientos de la audición, los elementos internos no eran "perceptibles como femeninos" entonces se hablaba de lo poco femenina de la compositora y, con ello, se descalifica su discurso musical por sus rasgos "contranatura". El crítico espera algo distinto del varón y de la mujer, se incomoda cuando tales diferencias no son evidentes.

Los efectos fetichistas de las evocaciones femeninas son especialmente fáciles de discernir en los casos en que los oyentes cambian sus opiniones sobre la música después de hacer el insospechado descubrimiento de que haya sido compuesta por una mujer (Green, 2001: 102).

Green incita a reflexionar en torno al sugerente cambio de actitud que manifestó la crítica musical cuando supo de la posible homosexualidad de P. I. Tchaikovsky. Cambiaron las apreciaciones de sus elementos musicales supuestamente internos, aparecieron caracterizaciones antes ausentes.

La acogida de su música cambió cuando se tuvo conocimiento de su homosexualidad, época en que los críticos introdujeron términos descriptivos como: "histérico", "afeminado" y "estructuralmente débil" (Green, 2001: 102) a partir de las lecturas de McLarry (1994: 210).

De esta forma, en los distintos aspectos de la música, vemos que los sesgos de género no solo se hacen presentes en los sentidos evocados o extramusicales (letras de canciones, libretos de ópera, etc.), sino también en los sentidos intramusicales. Frente a la pregunta *¿puede entenderse incluso la música absoluta como un discurso marcado por la perspectiva de género?*, Green mostrara controversias que van desde quienes afirman la neutralidad de los sentidos internos y, por lo tanto, contestan negativamente a aquella inquietud, como aquellos que —desde la musicología feminista posmoderna— ven sesgos de género en los propios sentidos internos intramusicales.

## 5. Debates filosóficos en torno a la musicología feminista contemporánea

> *Porque hay una historia que no está en la historia*
> *y que solo se puede rescatar aguzando el oído*
> *y escuchando el susurro de las mujeres*
> (Rosa Montero, 1995: 31).

La música y su educación es, quizás, tan antigua como la humanidad y sus expresiones artísticas; sin embargo, la especulación musicológica en sentido estrecho es una de las tantas ciencias humanas y sociales que emergen en el siglo XIX. En el proceso de su propia constitución como disciplina se enfrenta a problemáticas de carácter epistemológico, así como también éticas y estéticas.

Desde sus inicios, en el contexto del naturalismo positivista decimonónico, pueden evidenciarse ciertas tensiones a las cuales debemos prestar atención a la hora de abordar una reflexión sobre los fundamentos filosóficos para una musicología con perspectiva de género.

¿Puede la ciencia insistir en su promesa realista de llevar a cabo la descripción neutral de "las cosas tal cual son" o, más bien, está necesariamente condenada a devenir discurso ideológico? Ensayar respuestas tentativas a esta pregunta, criticar incluso su carácter dicotómico y visualizar qué consecuencias tendría para una musicología libertaria constituye punto de encuentro entre la filosofía y la musicología para poder pensar una educación artística (musical) de matriz crítica.

En el pensamiento filosófico, los "maestros de la sospecha"[4] trazaron un camino signado por la pérdida de la ingenuidad y ya no podrán ocultarse máscaras y discursos naturalizantes. En relación con las ciencias sociales, en general, y la musicología histórica, en particular, se hace imposible pensar que pueda construirse conocimiento por fuera de los posicionamientos éticos y políticos. Por más que algunas propuestas filosóficas a lo largo de la historia consideren que la dimensión política adviene como un posludio de la ciencia pura, veremos como la construcción misma de un objeto y un método conlleva, de por sí, posicionamientos ético-políticos, dentro de los cuales se incluye, por supuesto, una visión de género.

La negación de la dimensión ideológica del conocimiento nos llevaría a aferrarnos a naturalizaciones y manipulaciones de poder sin advertir la operación que tras ellas se esconden; en nuestro caso, la negación de un lugar para la mujer en la historia de la música.

Pero, por otro lado, afirmar que todo conocimiento es tan solo una construcción ideológica disuelve el carácter científico de tal discurso y sus valores epistémicos. Afirmar que el conocimiento científico no es más que una construcción discursiva sostenida en ejercicios de poder lo sitúa, siguiendo a Paul Feyerabend, como "un saber más entre saberes", al igual que los mitos, la magia o las religiones, ya que no recibiría su validación de las pruebas empíricas (documentos, fuentes) o argumentos propios de la disciplina, sino a través de mecanismos socioculturales explicables desde un abordaje político.

Para encontrar alternativas teóricas que no se ahoguen en propuestas dicotómicas —neutral/ideológico— proponemos recorrer genealógicamente el camino de la musicología feminista y focalizar nuestra atención allí en la tensión ciencia-ideología.

## 5.1. Genealogía de la musicología feminista y la fragmentación posmoderna

Las mismas nociones de feminismo, género y musicología esconden trampas del sentido que es necesario advertir. Tal como afirma Pilar Ramos López en *Feminismo y música* (2003) no hay carácter monolítico en aquello que llamamos feminismo, habría feminismos, judío, blanco, negro, italiano, francés,

---

4   Es la forma que tuvo Paul Ricoeur (en su texto *Freud, una interpretación de la cultura* en 1965) para referirse a F. Nietzsche, S. Freud y K. Marx por entender que estos pensadores constituyeron un punto de inflexión en el mundo contemporáneo a la hora de poner en tela de juicio ciertas verdades extensamente aceptadas.

lésbico, psicoanalítico, posestructuralista, poscolonial, de la igualdad, de la diferencia, etc. en donde cada uno de ellos significa de forma muy diferente sus posiciones y acciones. El feminismo ya no constituye una placa uniforme que, tras el *Segundo sexo*, de Simone de Beauvoir, tenga como meta única la liberación de la mujer y la igualdad de oportunidades entre los sexos tal como lo hizo el feminismo entre los años cincuenta y setenta. La pluralidad del feminismo contemporáneo ha incluido debates sutiles en torno al sexo, al género (Butler, 1990), a la diferencia sexual (teoría *queer*), en torno a la razón (Amorós, 1985), al lenguaje y en torno al vínculo problemático entre naturaleza y cultura. En el contexto de esta diversidad de feminismos posibles, nos centraremos, para desde allí poder mirar cuestiones ético-políticas que subyacen en la educación artística, particularmente, en la enseñanza de la apreciación y la producción musical.

En el contexto actual español, las corrientes feministas más destacadas son el feminismo de la *igualdad* y el feminismo de la *diferencia*. Simplificando, quizás en extremo, ambas tendencias podrían definirse por su posición respecto de la Ilustración y la Modernidad. Las feministas de la igualdad siguen defendiendo los valores de la Ilustración, considerándolos como promesas incumplidas para las mujeres. Dichos valores, como la igualdad, la universalidad o la razón, son, sin embargo, valores patriarcales para las feministas de la diferencia. Por ello, sus reivindicaciones e intereses son distintos (Ramos López, 2003: 19).

Desde los reclamos y reivindicaciones del primer feminismo moderno, a partir del movimiento sufragista y socialista, surge una contundente crítica a la sociedad patriarcal y su forma de hacer historia, de legislar, de distribuir deberes y obligaciones, así como también comienzan a advertirse tales sesgos en las formas de educar y hacer arte e, incluso, de educar en el arte. Esta denuncia y lucha es llevada hoy a cabo por el feminismo de la igualdad; en cambio, el feminismo de la diferencia, en su adscripción al posmodernismo, busca desvincularse de la idea misma de razón y, por ello, desatiende los condicionantes socioculturales, abandona los criterios epistémicos para distinguir verdades y falsedades y los criterios estéticos para poder evaluar la jerarquía artística de las obras por considerar que todos estos parámetros son constructos propiamente masculinos. El camino de la mujer, entonces, no sería apropiarse de ellos, sino huir de ellos. En esta línea, el pensamiento posmoderno y el feminismo de la diferencia llevan a cabo un conjunto de abandonos que conducen a posiciones escépticas y relativistas en relación con los "grandes relatos", incluso en lo que concierne a aquel que constituyó la médula espinal del primer feminismo, la emancipación y la liberación de la mujer.

En el campo de los estudios musicales, existieron aislados intentos feministas y, recién hacia fines de los ochenta y comienzos de los noventa, se inició la consolidación de un *corpus* académico considerable y afianzado de *musicología feminista*, especialmente, en Estados Unidos y, particularmente, inspirado por el pensamiento y la estética posmoderna. El libro de Marcia Citron sobre la exclusión de las mujeres del canon clásico, *Gender and the Musical Canon*, y la compilación de Ruth Solie, *Musicology and Difference, gender and sexuality in music scholarship*, fueron ambos editados en 1993. Pero fue, sin duda, el libro editado por Susan McClary en 1991 el que forjó un antes y un después en la musicología de género. *Feminine endings* constituye un conjunto de varios ensayos en torno a las temáticas de la construcción musical de la sexualidad, el sesgo de género en la teoría musical, estrategias discursivas de las músicas mujeres, entre otros. Mientras las musicólogas feministas se ocuparon de temáticas marginales, la comunidad académica no presentó objeción alguna, tan solo las ignoraba parcialmente. Sin embargo, cuando Susan McClary decidió abordar, desde la musicología feminista, campos incuestionables para las miradas ortodoxas se desató un escándalo al interior de la comunidad disciplinar.

Los musicólogos tradicionales no estuvieron al tanto de las publicaciones feministas. En cuanto consideraban irrelevante la música hecha o interpretada por mujeres, simplemente ignoraban, o no comentaban, los estudios feministas. Pero, cuando McClary (1991) escribió sobre Beethoven de manera tan irreverente, las reacciones furibundas no se hicieron esperar. Se había tocado al genio por excelencia, la musicología feminista había traspasado lo que se consideraba su ámbito, la periferia, y se colocaba en el centro de la musicología. Lo mismo volvería a pasar con la polémica sobre Franz Schubert (Ramos López, 2003: 23).

En el campo de la política, la historia, los estudios literarios y filosóficos, el feminismo asumió un reclamo paradigmáticamente moderno, la igualdad. En cambio, en el campo de los estudios musicales, los planteos feministas fueron de tardía aparición y esto hizo que su propio nacimiento estuviese signado por el pensamiento posmoderno y la llamada "nueva musicología". La propia noción de lo "posmoderno" siempre aparece difusa y esquiva, tal vez, por el propio carácter fragmentario y diverso que conlleva. La teoría del arte de cuño posmoderno cuestiona categorías propias del análisis tradicional en la historia de la música al poner bajo la lupa la idea misma de obra de arte, la figura del autor/compositor, el rol de originalidad, la demarcación entre las grandes obras, etc. Así vale la pena preguntarnos de qué es "post" la "posmodernidad". Podríamos acordar que implica una post-Ilustración, entendiendo así el abandono de la idea de Sujeto libre y autoconsciente. Es abandono de la razón lógica y la pretensión de apoyo empírico como prueba de validación, es el abandono de la pretensión de objetividad y autonomía, pero es también el alejamiento de los grandes relatos propios del campo de la racionalidad práctica que se han llevado adelante desde los ideales emancipatorios y revolucionarios de la modernidad y contemporaneidad (tanto en sus versiones liberales como marxistas).

Así, los estudios musicales de cuño posmoderno nos proponen aceptar que vivimos, y siempre hemos vivido, en formaciones sociales que no tienen ninguna base legitimadora ontológica, epistemológica, metodológica o ética para las creencias y las acciones más allá del *status* de una conversación finalmente autorreferencial (retórica) (Ramos López, 2003: 34).

## 5.2. Trampas y autocríticas: hacia una musicología feminista de la emancipación

> *La sangre realmente sucia no es la sangre de la menstruación,*
> *sino la sangre de las guerras.*
> Hildegarda von Bingen

Al decir de Felix Duke (2000), la aparición de las filosofías de la sospecha han cambiado sustancialmente el campo de las humanidades. Podríamos afirmar que hemos despertado del "sueño dogmático" en relación con el carácter de las ciencias, el rol del sujeto y los supuestos que pueden enmascarar. La transparencia, la universalidad y la autolegislación racional de un sujeto autoevidente a sí mismo fueron puestas en tela de juicio. Apareció, así, la posibilidad de concebir foucaltianamente sujetos sujetados, incluso por cintos, fajas, tacos y corpiños. Sin embargo, para Duke, el camino iniciado por Nietzsche, Freud y Marx no deja en blanco el aspecto ético propositivo; hay una ética en cada uno de los casos y ni siquiera el nihilismo de Nietzsche es un relativismo escéptico. El hombre intuitivo no ha llevado a cabo una eliminación, sino una transmutación de los valores.

Los pensadores de la Escuela de Frankfurt de cuño neomarxista, especialmente su última generación encarnada en la figura de Jürgen Habermas, consideran que la crítica a la razón moderna no implica su eliminación, sino, más bien, su autocrítica y revisión. En reacción contra el posmodernismo estetizante, en la Bienal de Venecia de 1980, pudo escucharse la conferencia de Habermas *La modernidad, un proyecto incompleto*, en la cual exhortaba a no resignarse a una parálisis posmoderna y mostraba la necesidad de profundizar la lucha racional por la igualdad y la libertad, promulgando valoraciones que nieguen la posibilidad de aceptar el *statu quo* de lo dado en el contexto del avance neoliberal. Ambos fenómenos, el económico y el simbólico, lejos de estar desvinculados, constituyen, según la apreciación de Fredric Jameson, un mismo fenómeno complejo. Este afirma que la posmodernidad constituye, justamente, la lógica cultural del capitalismo tardío, una ideología que, habiendo abandonado los ideales libertarios y habiendo excluido de identidad a los actores emancipatorios, esconde el desánimo y el fin de la historia tras la caída del régimen soviético. El capitalismo de las democracias liberales devino meta y ya nada nuevo quedaría por esperar, tan solo es cuestión de gozar y consumir.

## 6.  Música, educación e igualdad. Conclusiones programáticas

El feminismo e incluso la musicología feminista han reflexionado sobre el fundamento filosófico de su quehacer y han encontrado trampas en los planteos posmodernos que hegemonizan los *Cultural Studies* del campo musical y que, según Robert Walker (2012), empobrecen los fundamentos pedagógicos de los *curricula* escolares actuales en las materias de educación artística. El feminismo, la musicología feminista, la pedagogía crítica y el posmodernismo coinciden en alejarse, de una forma u otra, de la noción de conocimiento neutral, pero tras esa coincidencia el camino ya no encuentras muchos más puntos de contacto.

De este modo, el posmodernismo desemboca en un relativismo e incluso, en ocasiones, en el abandono o rechazo de la teoría, pues algunas feministas identifican cualquier teoría con la voz autoritaria del patriarcado señalando que la teoría aleja al feminismo de la causa política (Ramos López, 2003: 35).

Dentro del feminismo posmoderno, podemos encontrar a Hélen Cisoux o Luce Irigaray, quienes se proponen experiencias corporales, incluso preedípicas y prelingüísticas, en tanto que la instauración de la "ley" y la escritura operan desde estructuras que ellas consideran patriarcales. De esta forma, la teoría, la norma, y la actividad científica, en general, quedan excluidas del campo de lo femenino por propuesta del propio feminismo. Teresa de Lauretis nos advertía que, de esta forma, la mujer se encuentra en un callejón sin salida, o bien usa el lenguaje (de por sí masculino), o bien calla (no tanto en función de lo silenciado como en función de lo indecible lingüísticamente, lo inefable).

Como salida aguda a la encerrona dicotómica entre callar o enunciar el propio sometimiento, la filósofa española Celia Amorós nos propone llevar a cabo una crítica de la razón patriarcal y, con ello, escapar del estancamiento posmoderno al recuperar una lucha, ya no ingenua, por la emancipación y la igualdad. A tal fin, Amorós ironiza afirmando que "la posmodernidad se concreta en actas de defunción: muerte del sujeto, muerte de la razón, muerte de la historia, muerte de la metafísica, muerte de la totalidad. Muertes, en definitiva, muy problemáticas para el feminismo y para la musicología" (Ramos López, 2003: 34).

Amorós, en la filosofía, y Ramos López, en la musicología, ven la necesidad de prevenir al feminismo de la hegemonía de la muerte. ¿Qué camino le queda entonces a la musicología nacida en el seno de la posmodernidad? Pues, encontrar lugar en el campo de la lucha feminista por la igualdad. Constituirse en una musicología histórica feminista que no reniegue de los aportes de Carl Dahlhaus o Charles Rosen, sino más bien los considere parciales e incompletos pero no desechables en su propia lógica y pretensión.

> [Para] Celia Amorós, no es lógico hablar de posmodernismo, en tanto que las mujeres no han tenido una Ilustración. Las complejas relaciones entre feminismo y posmodernimo han sido denominadas por la mencionada filósofa Amorós (1997) como *liaison dangereuse*, es decir, una amistad peligrosa para las feministas. Es una situación parecida a la que plantean frente al posmodernismo algunos pensadores de izquierda, como el estudioso de la literatura Terry Eagleton o el filósofo Jürgen Habermas: ¿cómo podremos oponernos a un sistema establecido u ofrecer alternativas sin conceptos como sujeto, identidad o razón? (Ramos López, 2003: 36).

De esta forma, en *Feminismo y música* (2003), parecería sugerirnos sutilmente la necesidad de llevar a cabo, parafraseando a Amorós, una "crítica de la razón musicológica feminista"; entendiendo por esto no resignar la cientificidad del abordaje musicológico ni tampoco abandonar la función emancipadora de la razón que puede criticarse a sí misma hasta, incluso, advertir en su funcionamiento sesgos de género. Una educación musical implica siempre un marco categorial a partir del cual llevar a cabo la selección y secuenciación de los contenidos de enseñanza. Para nuestro caso, el objetivo es sostenerse en una musicología que se pregunte, específicamente, por el lugar de las compositoras e intérpretes en las prácticas musicales pasadas y presentes; que pueda revisar el androcentrismo subyacente en la pedagogía musical con miras a subvertir tales prácticas al defender la igualdad de oportunidades en el contexto de las diversidades expresivas.

De esta forma, la crítica feminista incorporada como aspecto clave de la crítica cultural se vuelve insumo fundamental para repensar el currículum de la enseñanza de la música en las escuelas y conservatorios. No se trata de sacrificar el canon de "las grandes obras" ni tampoco, de asumir la pretensión de crear *ex nihilo* o por fuera de las tradiciones culturales o las técnicas propias de cada lenguaje.

El pasado y el futuro, así como los aspectos masculinos y femeninos, en cuanto construcciones culturales, no constituyen polos excluyentes de oposición, sino, más bien, campo agónico en donde las luchas estéticas entre la tradición y la renovación buscan sentidos expresivos. La creación *ex nihilo* en el campo de las artes se vuelve tan ilusa como la neutralidad valorativa en el campo de las ciencias y el falaz *libre creacionismo* didáctico en el campo de la enseñanza (Spravkin, 1998). La musicología histórica y la pedagogía de las artes ya no pueden permanecer ingenuas, es su tarea ineludible el poder dar cuenta de qué pasado ha pasado, explicitar allí las desigualdades para evitar seguir reproduciéndolas en el ámbito escolar. Sin duda, no ha sido un pasado sin mujeres, ya que aceptar tal ocultamiento sería, a la vez, una condena a las creaciones venideras.

De esta forma, una nueva pedagogía de la apreciación y la producción musical solo podrá revitalizarse apoyándose en una musicología feminista de cuño crítico e ilustrado que busque hacer justicia mediante una operación de praxis teórica. Pilar Ramos López concluye nuestras reflexiones al afirmar que

> ... acierta Rosen al afirmar que no podemos hacerle justicia a mujeres como Clara Schumann. La vida en efecto fue demasiado cruel con ellas. La justicia de la memoria no puede consolar a los muertos. Pero no escribimos historia para los muertos, sino para nosotros mismos, para nosotras mismas (Ramos López, 2003: 146).

De esta forma, la pedagogía de las artes podría eludir el campo mortuorio al proponerse a sí misma el desafío de instalarse dentro del paradojal ámbito ético de la historia como proyecto. Estudiar y reconocer las desigualdades de género pasadas y presentes tiene como objetivo poder diseñar un currículum que busque denunciarlas y revertirlas. Elegir un repertorio musical, asignar roles de interpretación, analizar letras y libretos, componer, armar ensambles vocales e instrumentales, apreciar las obras clásicas y populares constituyen decisiones pedagógicas en las cuales ya no hay lugar para la ingenuidad. De aquí en más, una doble intencionalidad inescindible, estética y ética, radica en promover desde el arte musical el bienestar, la igualdad y la libertad expresiva sin que el sexo u la orientación erótica se conviertan en obstáculos ni en móviles de opresión y discriminación.

## 7. Actividades propuestas

### Actividad 1. Indagación de preconcepciones

En esta primera instancia te proponemos llevar a cabo una breve indagación sobre el rol que tu comunidad educativa le asigna a la enseñanza artística. Solicitarle a los estudiantes que completen la siguiente encuesta anónima en torno al sentido y contenidos de la educación musical (puedes adaptarla para consultar también preconcepciones de padres y directivos):

1. ¿Para qué crees que sirve estudiar música en la escuela? ¿Qué sentido tiene?
2. ¿Piensas que hay suficiente tiempo asignado para estudiar música o crees que son necesarias más horas? ¿Piensas que se le debería dar prioridad otra materia? ¿Por qué?
3. ¿Piensas que los chicos y las chicas aprovechan por igual la clase de música? ¿O encuentras diferencias? ¿Por qué?

## Actividad 2. Reflexión sobre la práctica docente

A partir de siguientes los fragmentos de Michael Apple, pensemos en qué medida tales señalamientos también están presentes en la educación musical,

> ... uno de los mejores mecanismos a través del cual se produce un orden social injusto es a través de la selección, organización, producción, acumulación y control de tipos concretos de capital cultural (Apple, 1994; 72).
>
> [en referencia a los profesores] (...) mientras ellos pierden el control de las aptitudes pedagógicas y curriculares a mano de las grandes editoriales, estas cualidades son reemplazadas por técnicas para un mejor control de los alumnos (Apple, 1994: 158).

Para el caso de la educación musical, ¿cuáles crees que son las "grandes editoriales" desde las que se "baja línea" sobre la forma esperada de enseñar (discográficas, televisión, currículum estatal, Conservatorio, padres, etc.)? ¿Cuán autónomo piensas que has podido actuar en relación con esas presiones? Intenta recordar alguna oportunidad en donde la clase de educación musical haya interpelado estereotipos o haya asumido posicionamientos ético-políticos. ¿Alguna de aquellas oportunidades estaban relacionadas con reivindicaciones de género?

## Actividad 3. Práctica de apreciación musical (con los estudiantes de nivel secundario)

A partir de las siguientes audiciones,[5] contesta las preguntas propuestas.

1. En la canción "Los días de la semana", un clásico infantil de los Payasos de la Tele, Gaby, Fofó y Miliki, del disco *Había una vez un circo* (1973):

---

5    Para todos los casos propuestos, existen varias versiones disponibles en Youtube. En cuanto al caso de Bizet, hay videos con subtítulos en castellano.

- ¿Cuáles son las tareas que allí hace la niña? ¿Quiere hacerlas? ¿Qué otras cosas deja de hacer? ¿Piensas que hay algún mensaje de género que subyace a la rítmica canción? ¿Cuál? ¿Por qué? Justifica tu respuesta.

- ¿Qué forma musical presenta la canción? ¿Cuáles serían las secciones? ¿Hay elementos musicales (*ritornello*, ritmo, melodía, etc.) que contribuyan a reafirmar las ideas transmitidas? Justifique.

2. En "Costurera y Carpintero", de Gabo Ferro, del disco *Todo lo sólido se desvanece en el aire* (2006):

   - ¿Cuáles son las fuentes sonoras que aparecen en la canción? ¿Percibes algún cambio en la impostación vocal del intérprete a lo largo de la obra?
   - ¿A qué piensas que se debe?
   - ¿Por qué podría decirse que música y letra logran ejercer una dura crítica a los roles sexuales estereotipados? Justifique su respuesta.

3. En el aria para mezzosoprano "L'amour est un oiseau rebelle (Habanera)", de la ópera *Carmen* (1875), del francés Georges Bizet:

   - Sin atender a la letra aún, ¿qué personalidad crees que podría tener Carmen dado el carácter de su canto y giros de su melodía?
   - ¿Qué característica musicales escuchas a lo largo del aria (fuentes sonoras, *ostinato* rítmicos, coro, orquesta, etc.)?
   - A partir del análisis del texto, ¿cómo es el amor según Carmen? ¿Cómo ha vivido ella la experiencia del amor? ¿Qué opinión crees que tendrán de ella? Justifique su respuesta. Investigue el argumento de la ópera y ubique el sentido del aria en el contexto de la obra completa. ¿Cómo termina la historia? ¿Podría afirmarse que la violencia que se ejerce es violencia de género? Justifique.

4. En el madrigal *Si dolce è il tormento* (1614), del 6° libro de Madrigales, de Claudio Monteverdi. Interpretación del contratenor Phillipe Jaroussky:[6]

   - ¿Qué instrumentos musicales son utilizados?, ¿hay algunos que no reconozcas como parte de la orquesta moderna?
   - ¿En qué registro ubicarías la voz del cantante que lleva la melodía principal? Describe lo que percibes.
   - Investiga sobre los *castrati* en la historia del barroco musical europeo. ¿Qué particularidades musicales se buscaba en ellos? Investiga sobre las técnicas contemporáneas de los contratenores modernos.

Otros recursos didácticos:

1. *Castrato* (2006), documental de la BBC.

---

6  Puede también usarse la interpretación, pero el objetivo de la actividad se encuentra en torno a objetar el carácter "natural" de las voces.

2. *Farinelli* (1994), película de Gérard Corbiau (film biográfico sobre la vida y la carrera del cantante de ópera italiano Carlo Broschi, conocido como Farinelli, considerado uno de los cantantes castrados más famoso de todos los tiempos).

## Actividad 4. Historia y diccionarios de la música (para estudiantes de nivel secundario)

1. Si en alguno de los cursos se está estudiando la estética musical del clasicismo y del romanticismo, se propone llevar a cabo un ejercicio de audición (con obras de Mariana Martínez, Clara Schumann y/o Fanny Mendelssohn, entre otras) en donde se oculte la identidad de las creadoras. Tras analizar forma musical, melodía, armonía, fuentes sonoras, dinámicas, etc., pediremos a los estudiantes que arriesguen nombres posibles en relación con el estilo: "¿De quién piensa que puede ser esta obra dado lo analizado?". Tendrán que argumentar al respecto, pero, sin embargo, el objetivo central de la actividad radica en advertir si tuvieron o no en cuenta que tales composiciones también pudieron haber sido escritas por mujeres.

2. Trabajo con un diccionario musical actual (ej. Diccionario Grove, Harvard en español, etc.). Conformar grupos de hasta cuatro estudiantes, a los cuales se les asignará una letra del alfabeto. Cada grupo deberá analizar toda la sección del diccionario correspondiente a la letra que le tocó y responder a las siguientes preguntas:
¿Cuántos sujetos aparecen? ¿Qué roles ocupan dentro del campo musical (compositores, intérpretes, cantantes, arregladores, maestros, directores de orquestas, de coros, gestores culturales, etc.)? ¿Cuántos de ellos son mujeres? ¿Encuentras alguna alusión a lenguaje de género (femenino, masculino, viril, afeminado, etc.) en otros términos relacionados con la teoría o el análisis musical? ¿Cuáles? ¿A qué se refiere tal término y cuál es la asociación entre la característica sonora que busca describir y el rol de género que usa metafóricamente?

## Actividad 5. Reflexión sobre la práctica docente: las planificaciones didácticas bajo la lupa

¿Cómo asumir perspectiva de género en nuestros planes de enseñanza musical? Revisa cómo se llevan a cabo los siguientes ítems en tus propios planes de enseñanza y evalúa la conciencia de género que en ellos se presenta:

a. ¿Qué posicionamiento historiográfico se afirma a la hora de presentar una historia de la música? ¿Aparece una crítica al androcentrismo, a la obstaculización e invisibilización de las mujeres? ¿Se pone en cuestión la heterosexualidad normativa?

b.  ¿Las categorías de análisis musical utilizadas conllevan un lenguaje que reproduce los estereotipos de género (final femenino, masculino, temas femeninos y masculinos de la forma sonata, etc.)? ¿En tal caso, piensas que podrían usarse otras categorizaciones que no reafirmen la caracterización mujer-débil-tenue / varón-fuerte-claro?

c.  ¿Qué tipo de instrumentos se le asignan a varones y a mujeres en la clase? ¿Se distribuyen indistintamente o habría afinidades por sexo? ¿Reproducimos o proponemos acciones pedagógicas disruptivas?

d.  En cuanto a la elección del repertorio o las prácticas de apreciación, aún se piensa que habría música para nenes y otras para nenas (como los colores en la educación visual). ¿Se desarrolla alguna estrategia didáctica para no seguir reproduciendo estos estereotipos sonoros?

e.  ¿Se atiende al contenido de las letras y los argumentos en perspectiva de género? (Letras de canciones y argumentos de óperas o comedias musicales). ¿Se puede acompañar a los estudiantes para que tomen conciencia de los prejuicios de género que se encuentran tanto en la música que escuchan cotidianamente como en producciones que la escuela críticamente aborda?

## Referencias bibliográficas

Amorós, C. (1990). "El feminismo: la senda no transitada de la Ilustración", *Isegoría* N° 1, pp. 139-150.

Apple, M. (1986). *Ideología y Currículo.* Madrid, Akal.

—— (1994). *Educación y poder.* Barcelona, Paidós.

Bourdieu, P. (1988). *La distinción: criterios y bases sociales del gusto.* Madrid, Taurus.

Carabetta, S. (2011). "Educación musical y diversidad", *Eufonía. Didáctica de la música* N° 53, pp. 15-24.

Da Silva, T. (2001). *Espacios de identidad: nuevas visiones sobre el currículum.* Barcelona, Octaedro.

Hemsy de Gainza, V. (2002). "Educación musical con responsabilidad cívica en las Artes", *Conservatorio. Revista del Conservatorio Nacional del Perú,* s/f, pp. 19-25.

Dalhaus, C. (1997). *Fundamentos de la historia de la música.* Barcelona, Gedisa.

Duque, F. (2000). "Oscura la historia y clara la pena: informe sobre la posmodernidad", en Muguerza, J. y Cerezo, P. (eds.): *La filosofía hoy.* Barcelona, Crítica.

Frega, A. L. (2011). *Mujeres de la música.* Buenos Aires, SB.

Freire, P. (2006). *Pedagogía de la autonomía. Saberes necesarios para la práctica educativa.* México, Siglo XXI.

Giroux, H. (1990). *Los Profesores como intelectuales. Hacia una pedagogía crítica del Aprendizaje.* Madrid, Centro de Publicaciones del Ministerio de Educación y Ciencia y Paidós.

Green, L. (2001). *Música, género y educación*. Madrid, Morata.

McLaren, P. (1997). *Pedagogía crítica y cultura depredadora*. Barcelona, Paidós.

McLary, S. (1991). *Femenine endings: music, gender and sexuality*. Minnesota, University of Minnesota Press.

Montero, R. (1995). *Historias de mujeres*. Madrid, Alfaguara.

Mordage, G. (coord.) (2011). *Toda educación es sexual*. Buenos Aires, La Crujía.

Nochlin, L. (1971). "Why have there been no great women artists?", *Art News* N° 69, pp. 22-39.

Plesh, M. (2002). "De mozas donosas y gauchos matreros", *Huellas... Búsquedas en Arte y Diseño* N° 2, pp. 24-31.

Puleo, A. (1999). "Un pensamiento intempestivo: la razón emancipatoria ilustrada en la filosofía de Celia Amorós", *Isegoría* N° 21, pp. 197-202.

Schafer, M. (1994). *The Soundscape: Our Sonic Environment and the Tuning of the World*. Vermont, Destinity Books.

Spravkin, M. (1998). "Enseñar plástica en la escuela", en: *Arte y escuela: aspectos curriculares y didácticos de la educación artística*. Buenos Aires, Paidós.

Terigi, F. (1998). "Reflexiones sobre el lugar de las artes en el curriculum escolar", en: *Arte y escuela: aspectos curriculares y didácticos de la educación artística*. Buenos Aires, Paidós.

—— (2007). "Nuevas reflexiones sobre el lugar de las artes en el curriculum escolar!", en Diker y Frigerio: *Educar (sobre) impresiones estéticas*. Buenos Aires, Del Estante.

Vasari, G. (1996). *Lives of the painters, sculptors and srchitects*. London, Everyman's Library.

Vicari, P. (2011). "El rol de la racionalidad crítica en la musicología histórica feminista, tensiones epistemológicas entre la virginidad y el bacanal", *4'33''* N° 4. Disponible en [http://www.artesmusicales.org/zuik/433_3_articulo1.php].

—— (2013). "Epistemología de la Didáctica. Un campo de fuegos cruzados: modelo de análisis de dimensiones valorativas", en Melogno, P. (comp.): *Problemas en filosofía de la ciencia*. Montevideo, UDELAR.

Vicari, P. y Paolini, A. (2011). "De arcontes, eunucos y momias: reflexiones filosófico-epistemológicas en torno al rol de la historia de la música", *4'33''* N° 3. Disponible en [http://www.artesmusicales.org/zuik/433_3_articulo1.php].

Walker, R. (2012). "Avoiding the dangers of postmodern nihilist curricula in music education", en Wayne, B y Frega, L. (eds.): *The Oxford handbook of philosophy in music education*. Oxford, Oxford University Press.

La presente edición se terminó de imprimir en febrero de 2015, en los talleres de Gráfica LAF s.r.l., ubicados en Monteagudo 741, San Martín, Provincia de Buenos Aires, Argentina.

www.ingramcontent.com/pod-product-compliance
Lightning Source LLC
Chambersburg PA
CBHW022004090426
42741CB00007B/881